前　言
Preface

　　本书以财政部最新的会计从业资格考试教材和考试大纲为准绳，在经过很长时间的一线教学和对历年考题的反复研究的基础上编撰而成。

　　本书具有"简""新""准"3大特点。

　　"简"——本书紧扣会计从业资格考试大纲和教材，精选习题，将学习难点化繁为简，方便考生把握重点、难点，提高复习效率。

　　"新"——本书按最新会计从业资格考试大纲和要求编写，准确抓住考试重点，具有极强的针对性。

　　"准"——本书涵盖会计从业资格考试的全部重要考点，书中的细节考点部分能精准地把握考题中最有可能出现的考点。

　　本书前4章分为5个部分：第1部分主要是让考生了解本章的考点，把握本章要复习的重点内容；第2部分为本章复习重点，主要帮助考生从整体上全面、系统、有重点、有针对性地进行总结，找出考试的重点、难点及容易忽视的薄弱环节，以提高学习效率；第3部分为历年真题及解析，主要是让考生了解近年来本章的考试题型和出题方式，了解考试的难易程度；第4部分为强化练习，主要是让考生通过做一些典型的习题来理解和巩固所学的知识点，帮助记忆，以便更好地掌握教材中的重点内容；第5部分为强化练习参考答案及解析。

　　本书由湖南财经工业职业技术学院贺旭红、刘洋、何万能、罗国兴、邹伟民、刘小海、侯乐鹃、肖福英、喻蓉、汪肖、李慧、匡孟秋，新道科技湖南公司的徐金鸿、田正军等同志共同编写，其中贺旭红、刘洋、何万能任主编，罗国兴、邹伟民、刘小海任副主编，最后由陈春泉、王文成主审。

编　者

2016年9月

工业和信息化高职高专"十三五"规划教材立项项目

高等职业教育财经类**名校精品**规划教材

会计从业资格考试辅导教材

ACCCUNTING COMPUTERIZATION EXAM
GUIDE AND SIMULATION TEST

会计电算化应试指导及全真模拟测试题

贺旭红 刘洋 何万能 主编

罗国兴 邹伟民 刘小海 副主编

陈春泉 王文成 主审

人民邮电出版社

北京

图书在版编目（CIP）数据

会计电算化应试指导及全真模拟测试题 / 贺旭红，
刘洋，何万能主编. -- 北京：人民邮电出版社，
2016.9
高等职业教育财经类名校精品规划教材
ISBN 978-7-115-43672-6

Ⅰ. ①会… Ⅱ. ①贺… ②刘… ③何… Ⅲ. ①会计电
算化－高等职业教育－习题集 Ⅳ. ①F232-44

中国版本图书馆CIP数据核字(2016)第229280号

内 容 提 要

  本书是会计从业资格证考证的辅导教材，是根据财政部最新的会计从业资格考试大纲编写而成的。全书针对会计基础工作的特点，按照职业教育"5 个对接"的原则，既强调针对会计从业资格证的考试标准，又兼顾会计信息化日实务操作，并融入全新的辅导教材思路进行编写。

  本书共分为 8 章，内容分别为：会计电算化概述、会计软件的运行环境、会计软件的应用、电子表格软件在会计中的应用、操作题考试技能点解析、账务处理系统实务操作题、财务管理系统实务操作题、财务供应链集成实务操作题。

  本书既可供参加会计从业资格证考试的学生使用，也可供其他从业人员学习会计电算化知识使用。

◆ 主　　编　贺旭红　刘　洋　何万能
　　副 主 编　罗国兴　邹伟民　刘小海
　　主　　审　陈春泉　王文成
　　责任编辑　李育民
　　责任印制　沈　蓉　焦志炜

◆ 人民邮电出版社出版发行　北京市丰台区成寿寺路 11 号
　　邮编　100164　电子邮件　315@ptpress.com.cn
　　网址　http://www.ptpress.com.cn
　　北京鑫正大印刷有限公司印刷

◆ 开本　787×1092　1/16
　　印张　16.5　　　　　　　　　2016 年 9 月第 1 版
　　字数　425 千字　　　　　　　2016 年 9 月北京第 1 次印刷

定价：39.80 元
读者服务热线：(010)81055256　印装质量热线：(010)81055316
反盗版热线：(010)81055315

目 录
Contents

第一章

会计电算化概述·1

主要考点·1

复习重点·1

第一节　会计电算化的概念及特征·1

第二节　会计软件的配备方式及其功能模块·4

第三节　企业会计信息化工作规范·6

历年真题及解析·9

强化练习·11

强化练习参考答案及解析·15

第二章

会计软件的运行环境·20

主要考点·20

复习重点·20

第一节　会计软件的硬件环境·20

第二节　会计软件的软件环境·22

第三节　会计软件的网络环境·23

第四节　会计软件的安全·24

历年真题及解析·25

强化练习·27

强化练习参考答案及解析·31

第三章

会计软件的应用·37

主要考点·37

复习重点·37

第一节　会计软件的应用流程·37

第二节　系统初始化·39

第三节　账务处理模块的应用·40

第四节　固定资产管理模块的应用·43

第五节　工资管理模块的应用·44

第六节　应收管理模块的应用·45

第七节　应付管理模块的应用·47

第八节　报表管理模块的应用·48

历年真题及解析·49

强化练习·52

强化练习参考答案及解析·55

第四章

电子表格软件在会计中的应用·60

主要考点·60

复习重点·60

第一节　电子表格软件的概述·60

第二节　数据的输入与编辑·64

第三节　公式与函数的应用·66

第四节　数据清单及其管理分析·70

历年真题及解析·72

强化练习·74

强化练习参考答案及解析·77

第五章

操作题考试技能点解析·81

第六章

账务处理系统实务操作题·129

账务处理系统实务操作题1·129

账务处理系统实务操作题2·134

账务处理系统实务操作题3·142

账务处理系统实务操作题4·148

账务处理系统实务操作题5·154

第七章

财务管理系统实务操作题·160

财务管理系统实务操作题1·160

财务管理系统实务操作题2·169

财务管理系统实务操作题3·179

财务管理系统实务操作题4·189

财务管理系统实务操作题5·200

第八章

财务供应链集成实务操作题

财务供应链集成实务操作题1·210

财务供应链集成实务操作题2·217

财务供应链集成实务操作题3·229

财务供应链集成实务操作题4·239

财务供应链集成实务操作题5·249

参考文献·258

第一章
会计电算化概述

主要考点

1. 会计电算化、会计信息化和会计软件的概念
2. 会计信息系统、ERP 与 ERP 系统的关系
3. XBRL 的发展历程、作用和优势
4. 会计电算化的特征
5. 会计软件的配备方式
6. 会计软件的功能模块
7. 企业会计信息化工作规范

复习重点

第一节 | 会计电算化的概念及特征

一、会计电算化的相关概念

1. 会计电算化

1981 年在长春召开的"财务、会计、成本应用电子计算机专题研讨会"上正式提出了"会计电算化"的概念。会计电算化有广义和狭义之分。

狭义的会计电算化是指把计算机和现代数据处理技术应用到会计工作中。

广义的会计电算化是指与实现会计工作电算化有关的所有工作,包括会计电算化软件的开发与应用、会计电算化人才的培训、会计电算化的宏观规划、会计电算化的制度建设、会计电算化软件市场的培育与发展。

【例 1-1】1981 年在长春召开的"财务、会计、成本应用电子计算机专题研讨会"上正式提出了(   )的概念。

A.电算会计　　　　B.会计电算化　　　　C.会计信息化　　　　D.电算化会计

答案:B

【解析】1981 年 8 月在长春召开的"财务、会计、成本应用电子计算机专题研讨会"上正式提出了"会计电算化"的概念。

【例1-2】狭义的会计电算化是指与实现电算化有关的所有工作。（　　）

答案：×

【解析】狭义的会计电算化是指把计算机和现代数据处理技术应用到会计工作中去。

2. 会计信息化

会计信息化是指利用计算机、网络通信等现代信息技术开展会计核算，以及利用上述手段将会计核算与其他经营管理活动有机结合的过程。会计电算化是会计信息化的初级阶段，是会计信息化工作的基础。

【例1-3】会计电算化是会计信息化工作的基础上，是一次质的飞跃。（　　）

答案：×

【解析】会计电算化是会计信息化工作的基础。

3. 会计软件

会计软件是指专门用于会计核算、财务管理的计算机软件、软件系统及其功能模块。

会计软件的功能如下。

（1）为会计核算、财务管理直接提供数据输入。

（2）生成凭证、账簿、报表等会计资料。

（3）对会计资料进行转换、输出、分析和利用。

【例1-4】凡是具备独立完成会计数据的输入、处理和输出功能的都是会计核算软件。（　　）

答案：√

【解析】凡是具备独立完成会计数据输入、处理和输出功能的模块的软件均可视为会计核算软件。

4. 会计信息系统

会计信息系统是企业管理信息系统（Enterprise Resource Planning，ERP）的一个重要子系统，其实质是将会计数据转换为会计信息的系统。

会计信息系统的分类如下。

（1）按信息技术的影响程度，会计信息系统可分为手工会计信息系统、传统自动化会计信息系统和现代会计信息系统。

（2）按功能和管理层次的高低，会计信息系统可分为会计核算系统、会计管理系统和会计决策支持系统。

【例1-5】下列说法中正确的是（　　）。

A．会计信息系统按信息技术的影响程度可分为手工、传统自动化和现代会计信息系统

B．会计信息系统按其功能和管理层次的高低，可分为会计核算系统、会计管理系统和会计决策支持系统

C．会计信息系统是企业管理信息系统（ERP）的一个重要子系统

D．会计核算系统主要是运用计算机替代手工核算，完成会计核算工作

答案：A、B、C、D

【解析】会计信息系统的实质是将会计数据转换为会计信息的系统。

5. ERP 和 ERP 系统

ERP是企业资源计划的简称，一是将企业内部资源进行整合，二是将企业与其外部供应商、客户等要素有机结合，实现物流、人流、资金流、信息流合一，其核心思想是供应链管理。

ERP 系统是覆盖整个企业管理的信息系统，会计信息系统是 ERP 系统的一个子系统。会计信息系统包括财务会计和管理会计两个子系统。

【例 1-6】 ERP 系统的目的是整合并优化企业资源，要求数据来源唯一、实时共享。（　　　）

答案：√

【解析】 ERP 系统的目的是整合、优化企业资源；信息集成的特点是数据来源单一，实时共享。

6. XBRL

XBRL（Extensible Business Reporting Language）即可扩展商业报告语言，是一种基于可扩展语言 XML（Extensible Markup Language）的开放性业务报告技术标准，以互联网和跨平台操作为基础，专门用于财务报告的编制、披露和使用。

XBRL 技术的发展历程如下。

2003 年 11 月，上海证交所在全国率先实施基于 XBRL 技术的上市公司信息披露标准；

2005 年 1 月，深圳证交所颁布了 1.0 版本的 XBRL 报送系统；

2005 年 4 月，上海证交所加入 XBRL 国际组织；

2006 年 3 月，深圳证交所加入 XBRL 国际组织；

2008 年 11 月，XBRL 中国地区组织成立；

2009 年 4 月，财政部将 XBRL 纳入会计信息化标准；

2010 年 10 月 19 日，国家标准化管理委员会和财政部颁布 XBRL 技术系列规范国家标准和企业会计准则通用分类标准，是中国 XBRL 发展历程中的一个里程碑。

【例 1-7】 XBRL 中国地区组织成立于（　　　）。

A．2006 年 3 月　　　B．2005 年 4 月　　　C．2010 年 10 月　　　D．2008 年 11 月

答案：D

【解析】 2008 年 11 月，XBRL 中国地区组织成立；2006 年 3 月，深圳证交所加入 XBRL 国际组织；2005 年 4 月，上海证交所加入 XBRL 国际组织；2010 年 10 月 19 日，国家标准化管理委员会和财政部颁布 XBRL 技术系列规范国家标准和企业会计准则通用分类标准。

二、会计电算化特征

（1）人机结合。

（2）会计核算自动化、集中化。

（3）数据处理及时、准确。

（4）内部控制多样化。

【例 1-8】 下列不属于会计电算化特征的是（　　　）。

A．计算机网络在会计电算化中的广泛应用，提高了数据汇总的速度，增强了企业集中管控的能力

B．利用计算机处理会计数据，可以在较短的时间内完成会计数据的分类、汇总、计算、传递、报告等工作

C．在会计电算化方式下，会计软件运用适当的处理程序和逻辑控制，能够避免在手工会计处理方式下出现的一些错误

D．内部控制由过去的纯粹人工控制变为计算机控制

答案：D

【解析】内部控制由过去的纯粹人工控制变为人工与计算机相结合的控制形式。

第二节 会计软件的配备方式及其功能模块

一、会计软件的配备方式

企业配备会计软件的方式有购买、定制开发、购买与开发相结合等。其中，定制开发包括企业自行开发、委托外部单位开发、企业与外部单位联合开发 3 种具体开发方式，如表 1-1 所示。

表 1-1　　　　　　　　　　　　　会计软件配备方式

配备方式		优点	缺点
购买通用会计软件		① 投入少、见效快； ② 软件性能稳定、质量可靠、运行效率高； ③ 软件维护和升级由软件公司负责； ④ 软件安全保密性强，用户只能执行软件功能，不能访问和修改源程序	① 软件针对性不强，难以适应企业特殊业务和流程； ② 软件功能设置往往过于复杂
定制开发	自行开发	① 能充分考虑自身的特点，针对性、适用性强； ② 企业员工对系统充分了解，出现问题能及时、高效地纠错或调整	① 系统开发要求高、周期长、成本高、试运行时间长； ② 需要大量计算机专业人才
	委托外部单位开发	① 软件针对性较强，降低了用户的使用难度； ② 对企业自身技术力量要求不高	① 委托开发费用高； ② 开发人员需花大量时间了解企业流程和客户要求； ③ 开发系统的实用性差，常常不适用企业的业务处理流程； ④ 外部单位的服务与维护承诺不易做好
	企业与外部单位联合开发	① 开发工作既考虑企业自身需求，又利用外单位的软件开发力量，开发的系统质量较高； ② 企业内部人员参与开发，对系统结构和流程熟悉，有利于以后系统的维护和升级	① 开发需要外部技术人员与内部技术人员、会计人员充分沟通，开发周期长； ② 开发费用相对较高
购买与开发相结合		对于本单位的需求，利用通用会计软件提供的接口进行定制开发，既省时间又省费用，是实现会计电算化的有效途径	

【例 1-9】企业配备会计软件的方式有（　　）。

A. 购买通用会计软件　B. 委托外部单位开发　C. 自行开发　D. 购买与开发相结合

答案：A、B、C、D

【解析】企业配备会计软件的方式有购买、定制开发、购买与开发相结合等。其中，定制开发包括企业自行开发、委托外部单位开发、企业与外部单位联合开发 3 种具体开发方式。

二、会计软件的功能模块

1. 会计软件各模块的功能描述

会计软件各模块的功能描述如表 1-2 所示。

表 1-2	会计软件各模块的功能描述
模块名称	功能描述
账务处理模块	会计软件的核心模块，以凭证为数据处理起点，完成凭证的填制、记账、银行对账、结账、账簿查询及打印输出
固定资产管理模块	以固定资产卡片和固定资产明细账为基础，完成固定资产会计核算、折旧计提和分配、设备管理及账簿查询分析
工资管理模块	以人力资源管理提供的员工及其工资为依据，完成工资数据的采集、核算、发放、工资费用的汇总和分摊、个人所得税的计算及账簿的查询分析
应收应付管理模块	以发票、费用单据、其他应收单据、应付单据为依据，完成销售、采购业务所形成的往来款项的处理
成本管理模块	提供成本核算、成本分析、成本预测，满足会计核算事前预测及事后核算分析的需要
报表管理模块	根据会计核算的数据，生成各种内部报表、外部报表、汇总报表，并生成各种分析报表
存货核算模块	以供应链产生的入库单、出库单、采购发票为依据，核算存货的出入库和库存金额、余额，确认采购成本、销售成本
财务分析模块	利用会计软件中的数据，完成对企业财务活动的分析，生成相关信息
预算管理模块	根据实际需要定义为利润中心、成本中心、投资中心等责任中心，实现对各责任中心的控制、分析和绩效考核
项目管理模块	对企业项目进行核算、控制与管理，是对物流、信息流、资金流的综合控制
其他管理模块	一般包括领导查询模块、决策支持模块等

各个模块之间既相互联系又相互独立，相关模块之间相互依赖、互通数据。

【例 1-10】会计软件的核心模块是（　　）。

A．账务处理模块　　B．账务分析模块　　C．应收应付管理模块　　D．报表管理模块

答案：A

【解析】账务处理模块是会计软件的核心模块。

2. 会计软件各模块之间的数据传递

各模块之间的主要数据关系如图 1-1 所示

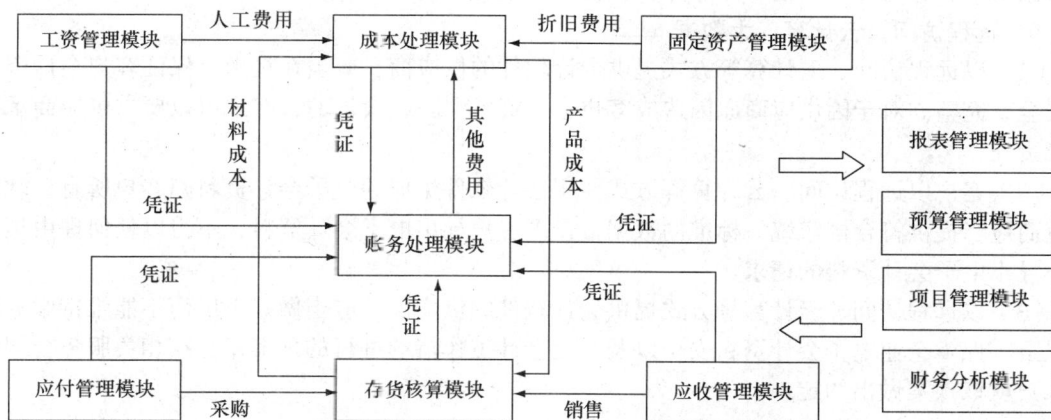

图 1-1　各模块之间的主要数据关系

【例 1-11】存货核算、工资管理、固定资产管理、项目管理等模块均可从成本管理模块获得有关成本数据。（　　　）。

答案：√

【解析】成本管理模块将相关数据传递给账务处理、存货核算、工资管理、固定资产管理、项目管理等模块。

第三节 | 企业会计信息化工作规范

一、会计软件和服务的规范

2013 年 12 月 6 日，财政部印发《企业会计信息化工作规范》，该《规范》自 2014 年 1 月 6 日起执行。1994 年 6 月 30 日，财政部发布的《商品化会计核算软件评审规则》和《会计电算化管理办法》予以废止。

1．合法

（1）会计软件应当保障企业按照国家统一会计准则制度开展会计核算，不得有违背国家统一会计准则制度的功能设计。

（2）会计软件应当具有符合国家统一标准的数据接口，满足外部会计监督需要。

（3）会计软件应当提供符合国家统一会计准则制度的会计科目分类和编码功能。

（4）会计软件应当提供符合国家统一会计准则制度的会计凭证、账簿和报表的显示和打印功能。

2．操作

（1）会计软件的界面应当使用中文并且提供对中文处理的支持，可以同时提供外国或者少数民族文字界面对照和处理支持。

（2）会计软件应当提供不可逆的记账功能，确保对同类已记账凭证的连续编号，不得提供对已记账凭证的删除和插入功能，不得提供对已记账凭证日期、金额、科目和操作人的修改功能。

3．会计档案

会计软件应当具有会计资料归档功能，提供导出会计档案的接口，在会计档案存储格式、元数据采集、真实性与完整性保障方面，符合国家有关电子文件归档与电子档案管理的要求。

4．远程访问、云计算、大数据

（1）以远程访问、云计算等方式提供会计软件的供应商，应当在技术上保证客户会计资料的安全、完整。对于因供应商原因造成客户会计资料泄露、毁损的，客户可以要求供应商承担赔偿责任。

（2）客户以远程访问、云计算等方式使用会计软件生成的电子会计资料归客户所有。软件供应商应当提供符合国家统一标准的数据接口供客户导出电子会计资料，不得以任何理由拒绝客户导出电子会计资料的请求。

（3）以远程访问、云计算等方式提供会计软件的供应商，应当做好本厂商不能维持服务的情况下，保障企业电子会计资料安全以及企业会计工作持续进行的预案，并在相关服务合同中与客户就该预案做出约定。

5．供应商

（1）鼓励软件供应商在会计软件中集成可扩展商业报告语言（XBRL）功能，便于企业生成符合国家统一标准的 XBRL 财务报告。

（2）软件供应商应当努力提高会计软件的相关服务质量，按照合同约定及时解决用户使用中的故障问题。会计软件存在影响客户按照国家统一会计准则制度进行会计核算问题的，软件供应商应当为用户免费提供更正程序。

（3）鼓励软件供应商采用呼叫中心、在线客服等方式为用户提供实时技术支持。

（4）软件供应商应当就如何通过会计软件开展会计监督工作，提供专门教程和相关资料。

【例 1-12】会计软件应当提供不可逆的记账功能，确保对同类已记账凭证的连续编号，不得提供对已记账凭证的删除和插入功能，不得提供对已记账凭证日期、金额、科目和操作人的修改功能。（　　）

答案：√

【解析】企业会计信息化工作规范第十条规定。

二、会计信息化建设

1．开展工作

（1）企业应当充分重视会计信息化工作，加强组织领导和人才培养，不断推进会计信息化在本企业的应用。企业应当指定专门机构或者岗位负责会计信息化工作。未设置会计机构和配备会计人员的企业，由其委托的代理记账机构开展会计信息化工作。

（2）企业开展会计信息化工作，应当根据发展目标和实际需要，合理确定建设内容，避免投资浪费。

（3）企业开展会计信息化工作，应当注重信息系统与经营环境的契合，建立健全适应信息化工作环境的制度体系。

（4）大型企业、企业集团开展会计信息化工作，应当注重整体规划，统一技术标准、编码规则和系统参数，实现各系统的有机整合，消除信息孤岛。

2．软件配备

（1）企业配备会计软件，应当根据自身技术力量以及业务需求，考虑软件功能、安全性、稳定性、响应速度、可扩展性等要求，合理选择购买、定制开发、购买与开发相结合等方式。定制开发包括企业自行开发、委托外部单位开发、企业与外部单位联合开发。

（2）企业通过委托外部单位开发、购买等方式配备会计软件，应当在有关合同中约定操作培训、软件升级、故障解决等服务事项，以及软件供应商对企业信息安全的责任。

3．与内外信息联系

（1）企业通过委托外部单位开发、购买等方式配备会计软件，应当在有关合同中约定操作培训、软件升级、故障解决等服务事项，以及软件供应商对企业信息安全的责任。

（2）企业应当促进会计信息系统与业务信息系统的一体化，通过业务的处理直接驱动会计记账，减少人工操作，提高业务数据与会计数据的一致性，实现企业内部信息资源共享。

（3）企业应当根据实际情况，开展本企业信息系统与银行、供应商、客户等外部单位信息系统的互联，实现外部交易信息的集中自动处理。

（4）企业进行会计信息系统前端系统的建设和改造，应当安排负责会计信息化工作的专门机构或者岗位参与，充分考虑会计信息系统的数据需求。

4．内部控制与阶段目标

（1）企业应当遵循企业内部控制规范体系的要求，加强对会计信息系统规划、设计、开发、运行、维护全过程的控制，将控制过程和控制规则融入会计信息系统，实现对违反控制规则情况的自动防范和监控，提高内部控制水平。

（2）处于会计核算信息化阶段的企业，应当结合自身情况，逐步实现资金管理、资产管理、预算控制、成本管理等财务管理信息化。

（3）处于财务管理信息化阶段的企业，应当结合自身情况，逐步实现财务分析、全面预算管理、风险控制、绩效考核等决策支持信息化。

（4）分公司、子公司数量多、分布广的大型企业、企业集团应当探索利用信息技术促进会计工作的集中，逐步建立财务共享服务中心。

三、信息化条件下的会计资料管理

1．审核

对于信息系统自动生成且具有明晰审核规则的会计凭证，可以将审核规则嵌入会计软件，由计算机自动审核。未经自动审核的会计凭证，应当先经人工审核再进行后续处理。

2．合规合法性

（1）实行会计工作集中的企业以及企业分支机构，应当为外部会计监督机构及时查询和调阅异地储存的会计资料提供必要条件。

（2）外商投资企业使用的境外投资者指定的会计软件或者跨国企业集团统一部署的会计软件，应当符合会计软件和服务的规范的要求。

（3）企业会计信息系统数据服务器的部署应当符合国家有关规定。数据服务器部署在境外的，应当在境内保存会计资料备份，备份频率不得低于每月一次。

（4）企业会计资料中对经济业务事项的描述应当使用中文，可以同时使用外国或者少数民族文字对照。

3．备份

（1）企业应当建立电子会计资料备份管理制度，确保会计资料的安全、完整，确保会计信息系统的持续、稳定运行。

（2）企业不得在非涉密信息系统中存储、处理和传输涉及国家秘密、关系国家经济信息安全的电子会计资料；未经有关主管部门批准，不得将其携带、寄运或者传输至境外。

（3）企业内部生成的会计凭证、账簿和辅助性会计资料，同时满足下列条件的，可以不输出纸面资料：所记载的事项属于本企业重复发生的日常业务；由企业信息系统自动生成；可及时在企业信息系统中以人类可读形式查询和输出；企业信息系统具有防止相关数据被篡改的有效机制；企业对相关数据建立了电子备份制度，能有效防范自然灾害、意外事故和人为破坏的影响；企业对电子和纸面会计资料建立了完善的索引体系。

（4）企业获得的需要外部单位或者个人证明的原始凭证和其他会计资料，同时满足下列条件的，可以不输出纸面资料：会计资料附有外部单位或者个人的、符合《中华人民共和国电子签名法》的可靠的电子签名；电子签名经符合《中华人民共和国电子签名法》的第三方认证；满足第四十条第（一）项、第（三）项、第（五）项和第（六）项规定的条件。

（5）企业会计资料的归档管理遵循国家有关会计档案管理的规定。

（6）实施企业会计准则通用分类标准的企业，应当按照有关要求向财政部报送 XBRL 财务报告。

四、会计信息化的监督管理

（1）企业使用会计软件不符合本规范要求的，由财政部门责令限期改正。限期不改的，财政部门应当予以公示，并将有关情况通报同级相关部门或其派出机构。

（2）财政部采取组织同行评议、向用户企业征求意见等方式对软件供应商提供的会计软件遵循本规范的情况进行检查。省、自治区、直辖市人民政府财政部门发现会计软件不符合本规范规定的，应当将有关情况报财政部。

（3）软件供应商提供的会计软件不符合本规范要求的，财政部可以约谈该供应商主要负责人，责令限期改正。限期内未改正的，由财政部予以公示，并将有关情况通报相关部门。

【例1-13】企业会计资料的归档管理，应遵循会计法的规定。（   ）

答案：√

【解释】企业会计信息化工作规范第四十二条规定。

历年真题及解析

一、单项选择题

1. 会计电算化后，下列说法中不正确的是（   ）。
    A. 会计人员没有什么任务了，工作都由计算机来完成
    B. 减轻了劳动强度
    C. 推进了会计管理制度的改革
    D. 会计人员可参与更多的管理工作

答案：A

【解析】会计电算化后尽管大部分会计核算基本上实现了自动化，但会计数据收集、审核和输入等工作仍需人工完成。

2. 计算机进行会计业务处理与手工进行会计业务处理的方法和流程（   ）。
    A. 完全相同   B. 完全不相同   C. 不完全相同   D. 以上都不对

答案：C

【解析】会计电算化的特征是人机结合、会计核算自动化、集中化。

3. （   ）是会计软件的核心模块。
    A. 工资管理模块   B. 账务处理模块   C. 固定资产管理模块   D. 报表管理模块

答案：B

【解析】账务处理模块是会计软件的核心模块。

4. 国内商品化会计软件报价一般包括（   ）几个部分。
    A. 会计软件价格和售后服务、培训价格   B. 会计软件价格
    C. 操作系统和会计软件价格   D. 数据库和会计软件价格

答案：A

【解析】软件供应商应当努力提高会计软件的相关服务质量，按照合同约定及时解决用户使用中的故障问题。

5. 一般中小企业实施会计电算化的合理做法是（   ）。
    A. 使用国外会计软件   B. 购买商品化会计软件
    C. 与外单位联合开发会计软件   D. 从其他企业复制会计软件

答案：B

【解析】商品化会计软件具有投入少、见效快、软件性能稳定、质量可靠、运行效率高、

软件维护和升级由软件公司负责等优势。

6. 下列选项中对通用会计软件的说法不正确的是（   ）。

  A. 由软件公司负责维护　　　　　　　B. 能满足企业的大部分需求

  C. 软件安全保密性强　　　　　　　　D. 为本单位使用而开发

答案：D

【解析】通用会计软件是软件公司为会计工作而专门设计开发，并以产品形式投入市场的应用软件。

二、多项选择题

1. 下列关于会计主体的说法中，正确的有（   ）。

  A. 会计主体一定是法律主体

  B. 会计主体可以是独立法人，也可以是非法人

  C. 会计主体可以是一个企业，也可以是企业中的一个特定组成部分

  D. 会计主体有可能是单一企业，也有可能是几个企业组成的企业集团

答案：B、C、D

【解析】会计主体与法律主体的关系是：法律主体一定是会计主体，但会计主体并不一定是法律主体。

2. 会计信息系统包括（   ）。

  A. 财务管理系统　　　　　　　　　　B. 会计核算系统

  C. 会计管理系统　　　　　　　　　　D. 会计决策支持系统

答案：B、C、D

【解析】会计信息系统按功能和管理层次高低可分为会计核算系统、会计管理系统和会计决策支持系统。

3. 会计电算化的作用表现为（   ）。

  A. 提高了会计核算的水平和质量

  B. 减轻了会计人员的劳动强度

  C. 推动了会计技术、方法、理论创新和观念更新

  D. 节约了成本

答案：A、B、C

【解析】会计电算化通过会计核算手段的变革，极大地减轻了会计人员的劳动强度，提高了会计核算的水平和质量，促进了会计职能的转变，提高了会计人员的业务素质。

4. 在会计电算化方式下，许多会计核算工作基本实现了自动化，但仍需人工完成的工作有（   ）。

  A. 会计数据的汇总　B. 会计数据的输入　C. 会计数据的收集　　D. 会计数据的审核

答案：B、C、D

【解析】会计电算化后尽管大部分会计核算基本上实现了自动化，但会计数据的收集、审核和输入等工作仍需人工完成。

5. 下列模块中，存货核算模块向其传递数据的模块有（   ）。

  A. 成本管理模块　　B. 工资管理模块　　C. 账务处理模块　　　D. 应付管理模块

答案：A、C、D

【解析】存货管理模块将核算完成的数据按照需要分别传递到成本管理模块、账务处理模块和应付管理模块。

三、判断题

1. 会计核算软件应当按照国家统一的会计制度规定的内容和表格，打印输出机内原始凭证、记账凭证、日记账、明细账、总账和会计报表。（　　）

答案：√

【解析】企业会计信息化工作规范第九条规定。

2. 会计电算化是一个单纯的计算机系统。（　　）

答案：×

【解析】会计电算化广义上是指与实现会计工作电算化有关的所有工作，包括会计电算化软件的开发与应用、会计电算化人才的培训、会计电算化的宏观规划、会计电算化的制度建设、会计电算化软件市场的培育与发展。

3. 利用预算管理模块既可编制全面预算，又可编制非全面预算。（　　）

答案：√

【解析】利用预算管理模块既可编制全面预算，又可以编制非全面预算；既可以编制流动预算，又可编制固定预算、零基预算。

4. 会计信息系统是企业管理信息系统的一个重要子系统。（　　）

答案：√

【解析】会计信息系统是将会计数据转换成会计信息的系统，是企业管理信息系统的一个重要子系统。

5. 账务处理模块以记账凭证为接口与其他功能模块有机连接在一起，构成完整的会计核算系统。（　　）

答案：√

【解析】账务处理模块是会计软件的核心模块，以记账凭证为接口与其他功能模块有机连接在一起，构成完整的会计核算系统。

强化练习

一、单项选择题

1. ERP的核心思想是（　　）。
   A. 供应链管理　　　B. 财务管理　　　C. 成本管理　　　D. 经营管理

2. 账务处理系统和工资核算系统之间的数据应通过（　　）自动完成。
   A. 自动转账凭证　　B. 报表传递　　　C. 自动转账功能　　D. 软盘传送

3. 会计电算化下，许多会计核算基本上实现了自动化，但（　　）工作仍需手工完成。
   A. 登记账簿　　　　B. 会计数据的收集　C. 记账　　　　　D. 审核签字

4. 下列各项中，不属于购买通用会计软件的优点的是（　　）。
   A. 企业投入少、见效快、实现信息化的过程简单
   B. 软件维护和升级由软件公司负责
   C. 软件安全保密性强，厅户只能执行软件功能，不能修改源程序
   D. 软件功能设置简单

5. 我国正式提出"会计电算化"是在（   ）。

    A. 1980 年 8 月   B. 1981 年 8 月   C. 1979 年 8 月   D. 1982 年 8 月

6. 下列选项中不属于会计电算化特征的是（   ）。

    A. 全部工作由计算机完成   B. 内部控制多样化

    C. 会计核算自动化、集中化   D. 数据处理及时、准确

7. XBRL 是一种基于（   ）开放性的业务报告技术标准。

    A. XML   B. HTML   C. XSL   D. PPT

8. 我国的 XBRL 发展始于（   ）领域。

    A. 国际贸易   B. 证券   C. 金融   D. 银行

9. 会计软件各功能模块通过（   ）以记账凭证为接口连接起来。

    A. 报表管理模块   B. 工资管理模块   C. 账务处理模块   D. 成本管理模块

10. 下列会计电算化下会计核算工作由计算机自动完成的是（   ）。

    A. 会计数据的收集   B. 会计数据的输入   C. 会计数据的汇总   D. 会计数据的审核

11. 下列叙述中正确的是（   ）。

    A. 会计电算化是会计信息化的初级阶段和基础工作

    B. 实施会计电算化为的是增加会计人员就业

    C. 实施会计电算化为的是提高计算机技术水平

    D. 实施会计电算化为的是提高会计人员待遇

12. 下列软件中不是会计核算软件的是（   ）。

    A. 应收应付软件   B. 固定资产核算软件

    C. 工资核算软件   D. 人力资源管理软件

13. 在会计电算化方式下，会计软件运用适当的处理程序和逻辑控制，能够避免在手工会计处理方式下出现的一些错误，体现的是会计电算化（   ）的特征。

    A. 人机结合   B. 会计核算软件自动化、集中化

    C. 数据处理及时、准确   D. 内部控制多样化

14. 存货核算模块将应计入外购入库成本的运费等采购费用和应计入委托加工入库成本的加工费传递到（   ）模块。

    A. 成本管理   B. 应付管理   C. 账务处理   D. 应收管理

15. 下列模块中，（   ）与工资核算模块之间存在数据传递关系。

    A. 固定资产管理模块   B. 财务分析模块

    C. 账务处理模块   D. 应付管理模块

16. 下列不属于账务处理模块功能的是（   ）。

    A. 凭证的输入与处理   B. 结账

    C. 账簿查询   D. 对企业财务活动进行分析

17. 商品化会计软件与定制开发会计软件的最大区别在于（   ）。

    A. 是否准确   B. 是否通用   C. 是否迅速   D. 是否安全

18. 《企业会计信息化工作规范》于（   ）起施行。

    A. 2013 年 12 月 6 日   B. 2014 年 1 月 6 日

    C. 2013 年 12 月 31 日   D. 2014 年 1 月 1 日

19. 存货管理模块与（ ）没有勾稽关系。

    A. 成本管理模块   B. 应付管理模块

    C. 固定资产管理模块   D. 账务处理模块

20. 会计软件可以不具备的功能有（ ）。

    A. 符合国家统一标准的数据接口   B. 会计资料归档

    C. 记录、生成用户操作日志   D. 集成 XBRL

21. 处于（ ）信息化阶段的企业，应当结合自身情况，逐步实现资金管理、资产管理、预算控制、成本管理等财务管理信息化。

    A. 财务管理   B. 会计核算   C. 管理会计   D. 决策支持

22. XBRL 中国地区组织成立于（ ）。

    A. 2003 年 11 月   B. 2005 年 4 月   C. 2008 年 11 月   D. 2010 年 10 月

23. 2003 年 11 月，（ ）率先在全国实施基于 XBRL 的上市公司信息披露标准。

    A. 深圳证券交易所   B. 上海证券交易所   C. 中国证监会   D. 财政部

24. 用户操作日志中可以不记录的内容是（ ）。

    A. 操作人员   B. 操作时间   C. 操作地点   D. 操作内容

25. 下列关于用远程访问和云计算等方式提供会计软件的供应商的说法不正确的是（ ）。

    A. 应在技术上保证客户会计资料的安全、完整

    B. 对于因供应商原因造成的客户资料泄露、毁损的，客户可以要求供应商承担赔偿责任

    C. 客户原因造成的会计资料损失，供应商也要承担责任

    D. 客户以远程访问、云计算等方式使用会计软件造成的电子会计资料归客户所有

二、多项选择题

1. 下列关于会计电算化和会计信息化关系的说法中正确的有（ ）。

    A. 会计电算化是会计信息化的初级阶段   B. 会计信息化是会计电算化的初级阶段

    C. 会计电算化是会计信息化的基础工作   D. 会计信息化是会计电算化的基础工作

2. 企业应用 XBRL 的优点在于（ ）。

    A. 适应变化的会计准则的要求

    B. 使财务数据具有更广泛的可比性

    C. 帮助数据使用者更快捷、方便地调用、读取和分析数据

    D. 提供更为精确的财务报告与更具有可信度和相关性的信息

3. 会计信息根据信息技术的影响程序可划分为（ ）。

    A. 手工会计信息系统   B. 传统自动化会计信息系统

    C. 现代会计信息系统   D. 会计决策支持系统

4. 下列各项中属于广义会计电算化工作的有（ ）。

    A. 会计电算化人才培训   B. 会计电算化制度建设

    C. 会计电算化宏观规划、市场培育与发展   D. 会计电算化软件的开发与应用

5. 会计信息系统按其功能和管理层次的高低，可分为（ ）。

    A. 会计核算系统   B. 会计管理系统

    C. 会计分析系统   D. 会计决策支持系统

6. 通用会计软件一般是指（   ）。

    A. 一种应用软件

    B. 为某单位使用而开发的软件

    C. 软件公司为会计工作而专门设计开发的软件

    D. 以产品形式投入市场的软件

7. ERP 实现对企业（   ）的一体化管理。

    A. 物质资源   B. 人力资源   C. 财务资源   D. 信息资源

8. 下列模块中，（   ）与成本管理模块进行数据传递。

    A. 工资管理模块   B. 账务处理模块   C. 固定资产管理模块   D. 存货核算模块

9. 企业会计信息化的 3 个阶段是（   ）。

    A. 会计核算信息化   B. 财务管理信息化

    C. 管理会计信息化   D. 决策支持信息化

10. 《企业会计信息化工作规范》的规范对象有（   ）。

    A. 企业   B. 行政事业单位   C. 会计软件供应商   D. 财政部门

11. 财政部主管全国会计信息化工作，其主要职责是（   ）。

    A. 拟定企业会计信息化发展政策   B. 起草、制定企业会计信息化技术标准

    C. 指导和监督企业开展会计信息化工作   D. 规范会计软件功能

12. 处于会计核算信息化阶段的企业，应当结合自身情况，逐步实现（   ）等财务管理信息化。

    A. 资金管理   B. 资产管理   C. 预算控制   D. 成本管理

13. 处于财务管理信息化阶段的企业，应当结合自身情况，逐步实现（   ）等决策支持信息化。

    A. 财务分析   B. 全面预算管理   C. 风险控制   D. 绩效考核

14. 会计软件应当提供不可逆的记账功能，确保对同类已记账凭证的连续编号，不得提供对已记账凭证（   ）的修改功能。

    A. 日期   B. 金额   C. 科目   D. 操作人

15. 会计软件应当提供符合国家统一会计制度准则制度的（   ）的显示和打印功能。

    A. 会计凭证   B. 会计账簿   C. 会计报表   D. 用户操作日志

16. 下列关于会计软件和服务规范的表述中正确的有（   ）。

    A. 会计软件应当生成用户操作日志，确保日志的安全、完整

    B. 以远程访问、云计算等方式提供会计软件的供应商，应当在技术上保证会计资料的安全、完整

    C. 鼓励软件供应商在会计软件中集成可扩展商业报告语言（XBRL）功能，便于企业生成符合国家统一标准的 XBRL 财务报告

    D. 会计软件应当保障企业按照国家统一会计准则制度开展会计核算，不得有违背国家统一会计准则制度的功能设计

17. 下列关于会计信息系统与 ERP 关系的表述中正确的有（   ）。

    A. ERP 系统包括会计信息系统   B. 会计信息系统是 ERP 的一个重要子系统

    C. 会计信息系统包括 ERP 系统   D. ERP 系统与会计信息系统没有关系

18. 下列关于会计资料档案管理的表述中正确的有（　　　）。
    A. 会计软件的界面应当使用中文并且提供对中文处理的支持，同时可以提供外国或者少数民族文字界面对照和处理支持
    B. 外商投资企业使用境外投资者指定的会计软件或者跨国公司统一部署的会计软件，应当符合会计软件和服务的规范的要求
    C. 企业会计资料中对经济业务事项的描述应当使用中文，可以同时使用外国或者少数民族文字对照
    D. 企业不得在非涉密信息系统中存储、处理和传输涉及国家秘密、关系国家经济信息安全的电子会计资料；未经有关主管部门批准，不得将其携带、寄运或者传输至境外
19. 某高校实施会计电算化时一般需选择（　　　）。
    A. 账务处理模块　　 B. 固定资产管理模块　C. 工资管理模块　　　　 D. 成本管理模块
20. 企业自行开发软件的优点有（　　　）。
    A. 针对性强　　　　　　　　　　　　　B. 适用性强
    C. 能及时高效地纠错和调整　　　　　　D. 成本低

三、判断题

1. 会计电算化将提高会计核算的水平和质量。（　　　）
2. 会计软件应当提供可逆的记账功能，可以提供对已记账凭证的删除功能。（　　　）
3. 相对于会计信息化而言，会计电算化是一次质的飞跃。（　　　）
4. 1994年4月，在深圳召开的"会计电算化理论专家座谈会"上，与会专家认为，会计电算化正逐步向会计管理信息化的高级阶段迈进。（　　　）
5. 在会计电算化环境下，各项工作都由计算机自动完成。（　　　）
6. 会计软件以账务处理模块为核心，按职能的不同来进行模块的划分。（　　　）
7. 通用会计软件的针对性强，且功能设置也非常简单。（　　　）
8. ERP系统中会计信息系统包括财务会计和管理会计两个子系统。（　　　）
9. 企业会计资料的归档管理应遵循《会计法》的规定。（　　　）
10. 一般来说，中小企业选择会计电算化所需软件的合理做法是本单位自行开发软件。（　　　）
11. 存货核算模块与账务处理模块不存在数据传输关系。（　　　）
12. 决策支持系统是一种辅导人员进行决策的人机会话系统，代替人类进行决策，降低决策风险。（　　　）
13. 会计软件各模块既相互联系又相互独立，有各自的目标和任务。（　　　）
14. 会计信息系统是ERP的一个重要的子系统。（　　　）
15. 预算管理模块既可以编制滚动预算，也可以编制固定预算，但不能编制零基预算。（　　　）

强化练习参考答案及解析

一、单项选择题

1. 答案：A
【解析】ERP的核心思想是供应链管理。
2. 答案：A
【解析】账务处理系统和工资核算系统之间的数据应通过自动转账凭证来完成。

3. 答案：B

【解析】会计电算化后尽管大部分会计核算基本上实现了自动化，但会计数据的收集、审核和输入等工作仍需人工完成。

4. 答案：D

【解析】商品化会计软件具有投入少、见效快、软件性能稳定、质量可靠、运行效率高、软件维护和升级由软件公司负责等优势。

5. 答案：B

【解析】1981 年 8 月，在长春召开的"财务、会计、成本应用电子计算机专题研讨会"上正式提出了"会计电算化"的概念。

6. 答案：A

【解析】会计电算化的特征有人机结合、会计核算自动化、集中化，数据处理及时、准确，内部控制多样化。

7. 答案：A

【解析】XBRL 是一种基于 XML 的开放性业务报告技术标准。

8. 答案：B

【解析】2003 年 11 月，上海证交所在全国率先实施基于 XBRL 技术的上市公司信息披露标准。

9. 答案：C

【解析】账务处理模块是会计软件的核心模块，该模块以记账凭证为接口与其他模块有机连接在一起。

10. 答案：C

【解析】会计电算化后尽管大部分会计核算基本上实现了自动化，但会计数据的收集、审核和输入等工作仍需人工完成。

11. 答案：A

【解析】会计电算化是会计信息化的初级阶段，是会计信息化工作的基础。

12. 答案：D

【解析】凡是具备独立完成会计数据输入、处理和输出功能的都是会计核算软件。人力资源管理不属于会计核算软件。

13. 答案：C

【解析】在会计电算化下，数据及时、准确的表现是会计软件运用适当的处理程序和逻辑控制，能够避免在手工会计处理方式下出现的一些错误。

14. 答案：B

【解析】存货核算模块为成本管理模块提供材料出库结算的结果；存货核算模块将应计入外购入库成本的运费等采购费用和应计入委托加工入库成本的加工费传递到应付管理模块。

15. 答案：C

【解析】账务处理模块是会计软件的核心模块，该模块以记账凭证为接口与其他模块有机连接在一起。

16. 答案：D

【解析】账务处理模块以凭证为数据处理起点，完成凭证填制、记账、银行对账、结账、账簿查询及打印输出。

17. 答案：B

【解析】通用会计软件最主要的特征是通用。

18. 答案：B

【解析】《企业会计信息化工作规范》于 2013 年 12 月 6 日印发，2014 年 1 月 6 日起施行。

19. 答案：C

【解析】存货管理模块将核算完成的数据按照需要分别传递到成本管理模块、应付管理模块和账务处理模块。

20. 答案：D

【解析】《企业会计信息化工作规范》第 11～14 条规定，会计软件必须具有符合国家统一标准的数据接口、会计资料归档、记录生成用户操作日志、鼓励集成 XBRL 的功能。

21. 答案：B

【解析】参考《企业会计信息化工作规范》第 23 条有关规定。

22. 答案：C

【解析】XBRL 中国地区组织成立于 2008 年 11 月。

23. 答案：B

【解析】2003 年 11 月，上海证交所在全国率先实施基于 XBRL 技术的上市公司信息披露标准。

24. 答案：C

【解析】用户操作日志中必须记录操作人员、操作时间和操作内容。

25. 答案：C

【解析】因客户原因造成的会计资料损失，供应商不承担责任。

二、多项选择题

1. 答案：A、C

【解析】会计电算化是会计信息化的初级阶段，是会计信息化工作的基础。

2. 答案：A、B、C、D

【解析】企业应用 XBRL 的优点在于：提供更为精确的财务报告及更具可信度和相关性的信息；降低数据采集成本，提高数据流转及交换效率；帮助数据使用者更快捷、方便地调用、读取和分析数据；使财务数据具有更广泛的可比性；增加资料在未来的可读性与可维护性；适应变化的会计准则制度的要求。

3. 答案：A、B、C

【解析】会计信息根据信息技术的影响程度可划分为手工会计信息系统、传统自动化会计信息系统和现代会计信息系统。

4. 答案：A、B、C、D

【解析】广义的会计电算化是指与实现会计工作电算化有关的所有工作，包括会计电算化软件的开发与应用、会计电算化人才的培训、会计电算化的宏观规划、会计电算化的制度建设、会计电算化软件市场的培育与发展。

5. 答案：A、B、D

【解析】会计信息系统按其功能和管理层次的高低，可分为会计核算系统、会计管理系统和会计决策支持系统。

6. 答案：A、B、D

【解析】通用会计软件是软件公司为会计工作而专门设计开发，以产品形式投入市场的软件。

7. 答案：A、B、C、D

【解析】ERP 是企业资源计划的简称，一是将企业内部资源进行整合，二是将企业与其外部供应商、客户等要素有机结合，实现物流、人流、资金流、信息流合一。

8. 答案：A、B、C、D

【解析】工资管理模块、账务处理模块、固定资产管理模块、存货核算模块均与成本管理模块进行数据传递。

9. 答案：A、B、D

【解析】企业会计信息化的 3 个阶段是会计核算信息化、财务管理信息化和决策支持信息化。

10. 答案：A、C、D

【解析】《企业会计信息化工作规范》的规范对象有企业（含记账代理机构）、会计软件供应商和财政部门。

11. 答案：A、B、C、D

【解析】《企业会计信息化工作规范》第 4 条规定，财政部主管全国会计信息化工作，其主要职责是拟定企业会计信息化发展政策；起草、制定企业会计信息化技术标准；指导和监督企业开展会计信息化工作；规范会计软件功能。

12. 答案：A、B、C、D

【解析】参考《企业会计信息化工作规范》第 23 条有关规定。

13. 答案：A、B、C、D

【解析】参考《企业会计信息化工作规范》第 23 条有关规定。

14. 答案：A、B、C、D

【解析】参考《企业会计信息化工作规范》第 10 条有关规定。

15. 答案：A、B、C

【解析】参考《企业会计信息化工作规范》第 9 条有关规定。

16. 答案：A、B、C、D

【解析】参考《企业会计信息化工作规范》第 6、11、14、17 条有关规定。

17. 答案：A、B

【解析】会计信息系统是 ERP 的一个重要子系统。

18. 答案：B、C、D

【解析】选项 A 是会计软件与服务的内容。

19. 答案：A、B、C

【解析】行政事业单位不需要成本管理。

20. 答案：A、B、C

【解析】成本高是企业自行开发软件的缺点。

三、判断题

1. 答案：√

【解析】会计电算化的应用减轻了会计人员的劳动强度，提高了工作效率；缩短了会计数据的处理周期，提高了会计数据的时效性；提高了会计数据处理的正确性和规范性。

2. 答案：×

【解析】参考《企业会计信息化工作规范》第 10 条有关规定。

3. 答案：×

【解析】相对于会计电算化而言，会计信息化是一次质的飞跃。

4. 答案：×

【解析】1999 年 4 月，在深圳召开的"会计信息化理论专家座谈会"上，与会专家认为，会计电算化正逐步向会计管理信息化的高级阶段迈进。

5. 答案：×

【解析】会计电算化后尽管大部分会计核算基本上实现了自动化，但会计数据的收集、审核和输入等工作仍需人工完成。

6. 答案：√

【解析】会计软件以账务处理模块为核心，按功能划分为若干个相对独立的子系统。

7. 答案：×

【解析】通用会计软件的缺点是针对性不强，软件功能的设置往往过于复杂。

8. 答案：√

【解析】会计信息系统包括财务会计和管理会计两个子系统。

9. 答案：×

【解析】《企业会计信息化工作规范》规定，企业会计资料的归档管理遵循有关会计档案管理的规定。

10. 答案：×

【解析】自行开发软件需要大量的计算机专业技术人才，中小企业难以提供，且费用较高。

11. 答案：×

【解析】存货核算模块将入库（出库）材料或商品汇总数据生成转账凭证传递到账务处理模块。

12. 答案：×

【解析】决策支持系统是一种辅导人员进行决策的人机会话系统，它不能代替人类进行决策，而是以现代信息技术为手段，为决策者提供各种信息，并建立数据模型，降低决策风险。

13. 答案：√

【解析】会计软件是由各功能模块共同组成的有机整体，为实现相应功能，相关模块之间相互依赖、互通数据。

14. 答案：√

【解析】会计信息系统是企业管理信息系统的一个重要的子系统。

15. 答案：×

【解析】预算管理模块既可以编制滚动预算，也可以编制固定预算和零基预算。

第二章
会计软件的运行环境

主要考点

1. 会计软件的硬件环境
2. 会计软件的软件环境
3. 会计软件的网络环境
4. 计算机病毒的特点、分类、防范措施、检测与清除手段
5. 计算机黑客的常用手段及其防范措施
6. 安全使用会计软件的基本要求

复习重点

第一节 会计软件的硬件环境

一、硬件设备

硬件设备一般包括输入设备、处理设备、存储设备、输出设备和通信设备（网络电缆等）。

1. 输入设备

计算机常见的输入设备有键盘、鼠标、光电自动扫描仪、条形码扫描仪（又称扫码器）、二维码识读设备、POS 机、芯片读卡器、语音输入设备、手写输入设备等。

各输入设备的功能如下。

键盘：用来完成会计数据或相关信息的输入工作。

鼠标：用来完成会计软件中的各种用户指令，选择会计软件各功能模块的功能菜单。

扫描仪：用来完成原始凭证和单据的扫描，并将扫描结果存入会计软件的相关数据库中。

【例 2-1】下列各组设备中，全部属于输入设备的一组是（　　）。

A. 键盘、磁盘和打印机　　　　　　　　　B. 键盘、扫描仪和鼠标

C. 键盘、鼠标和显示器　　　　　　　　　D. 硬盘、打印机和键盘

答案：B

【解析】计算机常见的输入设备有键盘、鼠标、光电自动扫描仪、条形码扫描仪（又称扫

码器）、二维码识读设备、POS 机、芯片读卡器、语音输入设备、手写输入设备等。

【例 2-2】在会计软件中，键盘一般用来选择各项功能模块的菜单。（　　）

答案：×

【解析】在会计软件中，键盘一般用来完成会计数据或相关信息的输入工作。

2．处理设备

处理设备主要是指计算机主机。中央处理器（Central Processing Unit，CPU）是计算机主机的核心部件，主要功能是按照程序给出的指令序列，分析并执行指令。

【例 2-3】CPU 是指是（　　）。

A．运算器　　　　　　　　B．控制器　　　　　　C．存储器　　　　　　D．中央处理器

答案：D

【解析】中央处理器（CPU）是计算机主机的核心部件，主要功能是按照程序给出的指令序列分析并执行指令。

3．存储设备

计算机的存储设备包括内存储器和外存储器，如表 2–1 所示。

表 2-1　　　　　　　　　　　　　　　计算机存储器的分类及特点

存储分类	内存（主存储器）		外存（辅助存储器）		
包括	ROM	RAM	硬盘	U 盘	光盘
特点	内容只能读出、不能写入，电源断后，信息不会丢失	存储容量小、读写速度快、断电后信息完全消失	容量大、读写速度较快	体积小、容量几十兆到几十吉字节、使用方便	体积小、容量大

【例 2-4】计算机的存储器包括（　　）。

A．内存储器　　　　　　B．大存储器　　　　　　C．小存储器　　　　　D．外存储器

答案：A、D

【解析】计算机的存储设备包括内存储器和外存储器。

【例 2-5】一般内存可分为（　　）。

A．RAM　　　　　　　　B．CD-R　　　　　　C．CD-RW　　　　　　D．ROM

答案：A、D

【解析】内存储器即内存，分为随机存储器（Random Access Memory，RAM）和只读存储器（Read-Only Memory，ROM）。

4．输出设备

计算机常见的输出设备有显示器和打印机。

在会计软件中，显示器既可以显示用户在系统中输入的各种命令和信息，也可以显示系统生成的各种会计数据和文件；打印机一般用于打印输出各类凭证、账簿、财务报表等各种会计资料。

【例 2-6】打印机是常见的（　　）设备。

A．输出　　　　　　　　B．通信　　　　　　C．输入　　　　　　D．处理

答案：A

【解析】计算机常见的输出设备有显示器和打印机。

二、硬件结构

硬件结构是指硬件设备的不同组合方式。电算化会计信息系统中常见的硬件结构通常有单机结构、多机松散结构、多用户结构和微机局域网络 4 种形式，如表 2-2 所示。

表 2-2　　　　　　　　　　　　　硬件结构

硬件结构形式		工作方式	优点	缺点	主要适应对象
单机结构		一台微机同一时刻只能一人使用	① 使用简单； ② 配置成本低； ③ 数据共享程度高； ④ 一致性好	① 速度低； ② 只能一个成员进行操作； ③ 不能进行分布式处理	数据输入量小的企业
多机松散结构		有多台微机，但每台微机都有相应的输入输出设备，每台微机仍属单机结构	① 输入输出集中程度高； ② 速度快	① 数据共享性能差； ② 系统整体效率低	数据输入量较大的企业
多用户结构（联机结构）		整个系统配备一台计算机主机和多个终端，距离较近(0.1 千米左右)	① 会计数据可以通过各终端分散输入； ② 集中存储和处理	① 费用较高； ② 应用软件较少； ③ 主机负载过大； ④ 易拥塞	数据输入量大的企业
微机局域网络	客户机/服务器（C/S）结构	由一台服务器将许多中低档微机连接在一起相互通信、共享资源，组成一个功能更强的计算机网络系统	① 技术成熟； ② 速度快； ③ 处理大量数据； ④ 一致性好	① 软件安装维护的工作量大； ② 仅限于局域网的范围内	大中型企业
	浏览器/服务器（B/S）结构		① 维护和升级方式简单； ② 运行成本低	运行数据负荷较重	

【例 2-7】有多台微机，但每台微机都有相应的输入输出设备，每台微机仍属单机结构，各台微机不发生直接的数据联系，以上描述的是（　　）。

A．单机结构　　　B．多用户结构　　　C．多机松散结构　　　D．微机局域网络

答案：C

【解析】多机松散结构是指有多台微机，但每台微机都有相应的输入输出设备，每台微机仍属单机结构，各台微机不发生直接的数据联系（通过磁盘、光盘、U 盘、移动硬盘等传送数据）。

【例 2-8】客户机/服务器结构模式下，客户机配备大容量存储器并安装数据库管理系统。（　　）

答案：×

【解析】客户机/服务器结构模式下，服务器配备大容量存储器并安装数据库管理系统。

第二节 | 会计软件的软件环境

一、软件的类型

按照用途与性能，计算机软件可以划分为系统软件和应用软件。

1．系统软件

系统软件通常包括操作系统、数据库管理系统、支撑软件和语言处理程序等。

2．应用软件

应用软件是为解决各类实际问题而专门设计的软件。会计软件属于应用软件。

【例2-9】为解决各类应用问题而编写的计算机程序称为（　　）。

A．系统软件　　　　　B．应用软件　　　　　C．实用程序　　　　　D．工具软件

答案：B

【解析】应用软件是为解决各类实际问题而专门设计的软件。

二、安装会计软件的前期准备

（1）必须安装符合会计软件的运行操作系统。

（2）安装数据库管理系统。

（3）安装计算机缺少的支撑软件。

（4）安装会计软件，同时应考虑会计软件与数据库系统的兼容性。

【例2-10】在确保计算机操作系统满足会计软件的运行要求，并安装好数据库管理软件和支撑软件后，用户方可开始安装会计软件。（　　）

答案：√

【解析】在确保计算机操作系统满足会计软件的运行要求，并安装好数据库管理软件和支撑软件后，技术支持人员方可开始安装会计软件，同时应考虑会计软件与数据库系统的兼容性。

第三节　会计软件的网络环境

一、计算机网络基本知识

1．计算机网络的概念与功能

计算机网络的功能主要体现在资源共享、数据通信和分布处理3个方面。

2．计算机网络的分类

（1）按照覆盖的地理范围划分，计算机网络可以分为局域网、城域网和广域网。

（2）按照使用范围划分，计算机网络可分为公用网和专用网。

（3）按照网络配置划分，计算机网络可分为同类网、单服务器网和混合网。

（4）按照网络对数据的组建方式划分，计算机网络可分为分布式数据组织网络系统和集中式数据组织网络系统。

【例2-11】下列对于广域网的描述中，错误的是（　　）。

A．广域网络一般要租用专线

B．广域网络通过接口信息处理协议和线路连接起来，构成网状结构，解决寻径问题

C．广域网地理上的距离一般不超过10千米

D．广域网的覆盖范围可以是一个国家或多个国家，甚至整个世界

答案：C

【解析】广域网是一种远程网，涉及长距离的通信，覆盖范围可以是一个国家或多个国家，甚至整个世界。由于广域网地理上的距离可以超过几千千米，所以信息衰减非常严重，这种网络一般要租用专线，通过接口信息处理协议和线路连接起来，构成网状结构，解决寻径问题。

二、会计信息系统网络组成部分

（1）服务器。

（2）客户机。

（3）网络连接设备。

网络连接设备是把网络中的通信线路连接起来的各种设备的总称，这些设备包括中继器、交换机和路由器等。

【例 2-12】计算机网络是在统一的网络协议下，将地理位置分散的独立的计算机连接在一起。（　　）

答案：√

【解析】计算机网络是在统一的网络协议下，将地理位置分散的独立的计算机连接在一起。

第四节 会计软件的安全

一、安全使用会计软件的基本要求

（1）严格管理账套的使用权限。

（2）定期打印、备份重要的账簿和报表数据。

（3）严格管理软件版本升级。

二、计算机病毒的防范

计算机病毒是指编制者在计算机程序中插入的破坏计算机功能或数据，影响计算机的使用并且能够自我复制的一组计算机指令或程序代码。

1．计算机病毒的特点

计算机病毒的特点是寄生性、传染性、潜伏性、隐蔽性、破坏性和可触发性。

2．计算机病毒的类型

（1）按破坏能力分类，计算机病毒可分为良性病毒和恶性病毒。

（2）按存在方式分类，计算机病毒可分为引导型病毒、文件病毒和网络病毒。

【例 2-13】计算机病毒的寄生性是指病毒可以寄生在正常的程序中，但是不会跟随正常程序一起运行。（　　）

答案：×

【解析】计算机病毒的寄生性是指病毒可以寄生在正常的程序中，跟随正常程序一起运行。

3．导致病毒感染的人为因素

（1）不规范的网络操作。

（2）使用被病毒感染的磁盘。

4．感染计算机病毒的主要症状

（1）屏幕上出现异常现象。

（2）系统运行出现异常现象。

（3）程序运行出现异常现象。

（4）磁盘出现异常现象。

（5）打印机出现异常现象。

5．防范计算机病毒的措施

（1）规范使用 U 盘的操作。在使用外来 U 盘时应该首先用杀毒软件检查是否有病毒，确认无病毒后再使用。

（2）使用正版软件，杜绝购买盗版软件。

（3）谨慎下载与接收网络上的文件和电子邮件。

（4）经常升级杀毒软件。

（5）在计算机上安装防火墙。

（6）经常检查系统内存。

（7）计算机系统要专机专用，避免使用其他软件。

三、计算机黑客的防范

1. 黑客的常用手段

（1）破解密码。

（2）IP嗅探与欺骗。

（3）攻击系统漏洞。

（4）端口扫描。

2. 防范黑客的措施

（1）制定相关的法律法规加以约束。

（2）数据加密。

（3）身份认证。

（4）建立完善的访问控制策略。

【例2-14】计算机病毒是一种（　　　）。

A. 计算机命令　　　　B. 细菌病毒　　　　　C. 计算机程序　　　　D. 外部设备

答案：C

【解析】计算机病毒是指编制者在计算机程序中插入的破坏计算机功能或数据，影响计算机使用并且能够自我复制的一组计算机指令或程序代码。

历年真题及解析

一、单项选择题

1. 下列属于计算机数据输入设备的是（　　　）。

A. 显示器　　　　B. 打印机　　　　C. 绘图仪　　　　D. 键盘

答案：D

【解析】计算机常见的输入设备有键盘、鼠标、光电自动扫描仪、条形码扫描仪（又称扫码器）、二维码识读设备、POS机、芯片读卡器、语音输入设备、手写输入设备等。

2. 内存与光盘相比，主要差别是（　　　）。

A. 存取速度快、容量小　　　　　　　　B. 存取速度快、容量大

C. 存取速度慢、容量大　　　　　　　　D. 存取速度慢、容量小

答案：A

【解析】内存储器一般存储容量较小，但数据存取速度较快。外存储器一般存储容量较大，但数据存取速度较慢。光盘属于外存储器，所以内存与光盘相比，存取速度快、容量小。

3. U盘属于（　　　）。

A. 内部存储器　　　B. 高速缓冲存储器　　　C. 只读存储器　　　D. 外部移动存储器

答案：D

【解析】U 盘属于外部移动存储器。高速缓冲存储器、只读存储器均属于内存储器。

4. 会计软件是基于（　　　）的应用软件。

    A. 操作系统   B. 数据库系统   C. 应用系统   D. 办公系统

答案：B

【解析】数据库具有存储和管理会计数据的作用，会计软件是基于数据库系统的应用软件。

5. 一个单位或部门组建的小范围网络通常称为（　　　）。

    A. 局域网（LAN） B. 城域网（MAN） C. 广域网（WAN）   D. 微机局域网络

答案：A

【解析】局域网是一种在小区域内使用的，由多台计算机组成的网络，覆盖范围通常局限在 10 千米范围之内，属于一个单位或部门组建的小范围网。

答案：A

【解析】软件供应商应当努力提高会计软件的相关服务质量，按照合同约定及时解决用户使用中的故障问题。

6. 下列各项中，通过计算机网络传播感染网络中病毒的是（　　　）。

    A. 引导型病毒   B. 网络病毒   C. 文件型病毒   D. 恶性病毒

答案：B

【解析】网络病毒是通过计算机网络传播感染网络中可执行文件的病毒；引导型病毒是在系统开机时进入内存后控制系统，进行病毒传播和破坏活动的病毒；文件型病毒是感染计算机存储设备中的可执行文件，当执行该文件时，再进入内存，控制系统，进行病毒传播和破坏活动的病毒。

二、多项选择题

1. 以下属于计算机输入设备的有（　　　）。

    A. 键盘   B. 鼠标   C. 打印机   D. 扫描仪

答案：A、B、D

【解析】打印机属于输出设备。

2. 微机内存储器分为（　　　）。

    A. 只读存储器（ROM）   B. 软盘存储器

    C. 随机读写存储器（RAM）   D. 硬盘存储器

答案：A、C

【解析】微机内存储器分为只读存储器（ROM）和随机读写存储器（RAM）。

3. 下列各项中，属于微机局域网络硬件结构的有（　　　）。

    A. 多机松散结构   B. 多用户结构

    C. 客户机/服务器（C/S）结构   D. 浏览器/服务器（B/S）结构

答案：C、D

【解析】电算化会计信息系统中常见的硬件结构通常有单机结构、多机松散结构、多用户结构和微机局域网络 4 种形式。其中，微机局域网络通常分为客户机/服务器结构和浏览器/服务器结构两种结构。

4. 语言处理程序包括（　　　）。

    A. 汇编程序   B. 解释程序   C. 编译程序   D. 执行程序

答案：A、B、C

【解析】语言处理程序包括汇编程序、解释程序和编译程序。

5. 预防计算机病毒的措施主要有（　　）。

    A. 使用正版软件，杜绝购买盗版软件

    B. 谨慎下载与接收网络上的文件和电子邮件

    C. 规范使用 U 盘的操作

    D. 经常升级杀毒软件

答案：A、B、C、D

【解析】防范计算机病毒的措施主要有：①规范使用 U 盘的操作，在使用外来 U 盘时应该首先用杀毒软件检查是否有病毒，确认无病毒后再使用；②使用正版软件，杜绝购买盗版软件；③谨慎下载与接收网络上的文件和电子邮件；④经常升级杀毒软件；⑤在计算机上安装防火墙；⑥经常检查系统内存；⑦计算机系统要专机专用，避免使用其他软件。

三、判断题

1. 硬件设备一般包括输入设备、处理设备、存储设备、输出设备、操作系统和机房设施。（　　）

答案：×

【解析】硬件设备一般包括输入设备、处理设备、存储设备、输出设备和通信设备（网络电缆等）。操作系统是系统软件。

2. RAM 中的信息既能读出也能写入，计算机掉电（停电）时，信息将全部丢失。（　　）

答案：√

【解析】RAM 中的信息可以随时读出和写入，用来存放计算机工作时所需要的程序和数据。由于 RAM 依靠计算机电源供电，当计算机掉电（停电）时，RAM 中的信息会完全丢失。

3. 单机结构适用于数据输入量小的企业。（　　）

答案：√

【解析】单机结构属于单用户工作方式，一台微机同一时刻只能一人使用，适用于数据输入量小的企业。

4. 在客户机/服务器（C/S）结构模式下，服务器是实现系统功能的核心部分，且客户端维护的工作量小。（　　）

答案：×

【解析】在浏览器/服务器结构模式下，服务器是实现会计软件功能的核心部分，且客户端维护的工作量小。（　　）

5. 恶性病毒对系统的破坏力大，包括删除文件、破坏盗取数据、格式化硬盘、使系统瘫痪等。（　　）

答案：√

【解析】恶性病毒对计算机系统的破坏力大，包括删除文件、破坏盗取数据、格式化硬盘、使系统瘫痪等。

强化练习

一、单项选择题

1. 为解决各类应用问题而编写的计算机程序称为（　　）。

    A. 系统软件　　　　B. 应用软件　　　　C. 实用程序　　　　D. 工具软件

2. 计算机的操作系统是一种（　　　）。

    A. 便于计算机操作的规范   B. 管理计算机系统资源的软件

    C. 便于计算机操作的硬件   D. 计算机硬件资源

3. 会计核算软件属于（　　　）。

    A. 系统软件   B. 操作系统   C. 工具软件   D. 应用软件

4. 广域网的覆盖范围最大可以是（　　　）。

    A. 多个国家   B. 整个世界   C. 一个国家   D. 整个城市

5. 计算机中的存储器 RAM 是指（　　　）。

    A. 只读存储器   B. 随机存储器   C. 辅助存储器   D. 外存储器

6. 单机结构属于单用户工作方式，一台微机同一时刻允许（　　　）使用。

    A. 一人   B. 一人或两人   C. 三人   D. 多人

7. （　　　）是指按一定的方式组织起来的数据的集合。

    A. 操作系统   B. 数据   C. 支撑软件   D. 语言处理软件

8. 适用于一般计算机用户，操作简单、使用方便的检测病毒的方法是（　　　）。

    A. 人工检测   B. 自动检测   C. 重新安装系统   D. 购置新电脑

9. 计算机病毒不能通过（　　　）传播。

    A. 网络   B. 软盘   C. 电源   D. 硬盘

10. 按存在的方式，可以将计算机病毒分为文件型病毒、引导型病毒和（　　　）。

    A. 系统病毒   B. 良性病毒   C. 恶性病毒   D. 网络病毒

11. 计算机病毒的主要特点不包括（　　　）。

    A. 病毒可以寄生在正常的程序中，跟随正常程序一起运行

    B. 病毒未发作时不易被发现

    C. 计算机病毒只以软盘、硬盘和光盘为媒介进行传播

    D. 病毒可以破坏电脑，造成电脑运行速度变慢、死机、蓝屏等问题

12. 若发现某 U 盘已经感染病毒，则可（　　　）。

    A. 将该 U 盘报废

    B. 换一台计算机再使用该 U 盘上的文件

    C. 将该 U 盘上的文件拷贝到另一张 U 盘上使用

    D. 用杀毒软件清除该 U 盘上的病毒或者在确认无病毒的计算机上格式化该 U 盘

13. 下列不属于计算机病毒特点的是（　　　）。

    A. 隐蔽性   B. 感染性   C. 危险性   D. 潜伏性

14. 下列（　　　）行为，会威胁到会计软件的安全。

    A. 合理的财务分工

    B. 定期打印账簿和报表

    C. 经常使用安装有会计软件的机器下载资料

    D. 及时进行软件升级

15. 计算机网络按其所覆盖的地理范围的大小不同，可分为（　　　）。

    A. 局域网、广域网和万维网   B. 局域网、广域网和国际互联网

    C. 局域网、广域网和城域网   D. 广域网、因特网和万维网

16. 整个系统配备一台计算机主机和多个终端，以上描述的是（   ）。

    A. 单机结构   B. 多机松散结构   C. 微机局域网络   D. 多用户结构

17. 硬件结构是指硬件设备的不同组合方式，常见的会计信息系统的硬件结构不包括（   ）。

    A. 单机结构   B. 多机松散结构   C. 微机局域网络结构   D. 互联网结构

18. RAM 的特点是（   ）。

    A. RAM 是外存储器

    B. 存储在其中的信息可以永久保存

    C. 一旦断电，存储在其中的信息将全部消失且无法恢复

    D. 存储在其中的数据不能改写

19. （   ）是整个计算机的指挥中心，它负责从存储器中取出指令，并在对指令进行分析判断后产生一系列的控制信号，去控制计算机各部件自动连续地工作。

    A. 存储器   B. 运算器   C. 控制器   D. 中央处理器

20. 下列各项中属于硬件设备的是（   ）。

    A. 操作系统   B. 数据库管理系统   C. 输入设备   D. 语言处理程序

21. 一般情况下，（   ）存储器的容量最大。

    A. ROM   B. RAM   C. 软盘   D. 硬盘

22. 计算机硬件的基本组成是（   ）。

    A. 输入、输出设备，处理、存储设备，通信设备

    B. 键盘、软盘、内存、CPU、显示器

    C. 打印机、触摸屏、键盘、软盘

    D. 鼠标、打印机、主机、显示器、存储器

23. 鼠标是微机的一种（   ）。

    A. 输出设备   B. 输入设备   C. 存储设备   D. 运算设备

24. 内存与光盘相比，主要差别是（   ）。

    A. 存取速度快、容量小   B. 存取速度快、容量大

    C. 存取速度慢、容量大   D. 存取速度慢、容量小

25. 打印机是常见的（   ）设备。

    A. 输出   B. 通信   C. 输入   D. 处理

二、多项选择题

1. 下列属于外部设备的是（   ）。

    A. 键盘   B. 软盘   C. 硬盘   D. 打印机

2. 处理设备主要是指计算机主机，中央处理器主要包括（   ）。

    A. 运算器   B. 控制器   C. 寄存器   D. 存储器

3. 若计算机在工作过程中突然断电，则计算机（   ）不会丢失。

    A. ROM 和 RAM 中的信息   B. ROM 中的信息

    C. RAM 中的信息   D. 硬盘中的信息

4. 下列属于单机结构缺点的是（   ）。

    A. 使用简单、配置成本低   B. 数据共享程度低

    C. 集中输入速度低   D. 不能同时允许多个成员进行操作

5. 会计软件从系统环境看，包括（   ）。

    A. 硬件环境   B. 网络环境   C. 软件环境   D. 操作环境

6. 数据库系统的组成部分包括（   ）。

    A. 数据库   B. 数据库管理系统   C. 应用程序   D. 硬件

7. 会计信息系统的网络组成部分包括（   ）。

    A. 服务器   B. 客户机   C. 网络连接设备   D. 通信设备

8. 下列各项中属于计算机病毒防范措施的是（   ）。

    A. 规范使用 U 盘的操作   B. 减少盗版软件的购买

    C. 在装有会计软件的电脑上安装游戏软件   D. 经常升级杀毒软件

9. 黑客的攻击目标几乎遍及计算机系统的每一个组成部分，其中主要攻击对象有（   ）。

    A. 网络组件   B. 网络服务   C. 计算机系统   D. 信息资源

10. 防止黑客进入的主要措施有（   ）。

    A. 制定相关法律   B. 采用防火墙   C. 安装防毒软件   D. 数据加密

11. 计算机网络可以共享的资源有（   ）。

    A. 软件   B. 硬件   C. 数据   D. 网卡

12. 下列各项中，属于网络连接设备的有（   ）。

    A. 交换机   B. 集线器   C. 路由器   D. 中继器

13. 系统软件通常包括（   ）。

    A. 操作系统   B. 支撑软件   C. 应用软件   D. 数据库管理系统

14. 下列属于计算机常见输入设备的有（   ）。

    A. CPU   B. 鼠标   C. 扫描仪   D. 二维码识读设备

15. 下列各项中，不属于应用软件的有（   ）。

    A. 会计软件   B. 支撑软件   C. 语言处理程序   D. Word 2007

16. 内部存储器和外部存储器相比有（   ）的特点。

    A. 针对性强   B. 适用性强

    C. 能及时、高效地纠错和调整   D. 成本低

17. 下列各项中，属于黑客常用攻击手段的有（   ）。

    A. IP 嗅探和欺骗   B. 攻击系统漏洞   C. 密码破解   D. 端口扫描

18. 计算机的存储器包括（   ）。

    A. 内存储器   B. 大存储器   C. 小存储器   D. 外存储器

19. 计算机网络按地理位置可以分为（   ）。

    A. 局域网   B. 无线网   C. 城域网   D. 广域网

20. 感染计算机病毒的主要症状主要有（   ）。

    A. 系统异常重新启动

    B. 系统经常无故发生死机现象

    C. 文件的日期、时间、属性、大小等发生变化

    D. 程序、数据丢失或文件损坏

21. 下列各项中，属于计算机语言处理程序的工作有（   ）。

    A. 文字录入   B. 查杀病毒   C. 解释程序   D. 编译程序

22. 为防止硬盘上的会计数据遭到意外或被人为破坏，用户需要定期将硬盘数据备份到其

他（　　　）。

    A．移动硬盘   B．光盘   C．网盘   D．U盘

23．存储器可以分为（　　　）。

    A．基本存储器   B．辅助存储器   C．外存储器   D．内存储器

24．随机内存储器的特点有（　　　）。

    A．存储容量小   B．存储速度快   C．存储容量大   D．断电后数据消失

25．下列各项中，属于单机硬件结构优点的有（　　　）。

    A．一致性好   B．使用简单、配置成本低

    C．数据共享程度高   D．输入速度快

三、判断题

1．CPU和RAM是计算机的外部设备。（　　　）

2．在会计软件中，鼠标一般用来完成会计数据或相关信息的输入工作。（　　　）

3．单机结构属于单用户工作方式，一台微机同一时刻只能一人使用。（　　　）

4．安装会计软件前要确保计算机的操作系统符合会计软件的运行要求，可能要对操作系统进行一些简单的配置，检查完操作系统后即可安装会计软件。（　　　）

5．汇编语言在计算机中不需要编译，能直接执行。（　　　）

6．计算机网络的特点是共享计算机硬件、软件及数据等资源。（　　　）

7．计算机病毒是一种人为特制的具有破坏性的程序。（　　　）

8．使用杀毒软件可以检查和清除所有的病毒。（　　　）

9．应用软件是为解决各类应用问题而设计的各种计算机软件，文字处理和电子表格软件都属于应用软件。（　　　）

10．为了防止他人偷窥会计系统数据，离开电脑时要立即退出会计软件。（　　　）

11．安装会计软件前，应确保已经安装数据库管理软件，同时应考虑会计软件与数据库系统的兼容性。（　　　）

12．在多用户硬件结构中，会计数据可以通过各终端分散输入，并集中存储和处理。（　　　）

13．CPU是计算机主机的核心部件。（　　　）

14．多用户结构适用于输入量大的企业。（　　　）

15．单机结构不能进行分布式处理，仅适用于数据输入量小的企业。（　　　）

🌱 强化练习参考答案及解析

一、单项选择题

1．答案：B

【解析】应用软件是为解决各类实际问题而专门设计的软件。

2．答案：B

【解析】操作系统是指计算机系统中负责支撑应用程序的运行环境以及用户操作环境的系统软件，具有对硬件直接监管、管理各种计算机资源以及提供面向应用程序的服务等功能。

3．答案：D

【解析】会计核算软件是应用软件。

4. 答案：B

【解析】广域网是一种远程网，涉及长距离的通信，覆盖范围可以是一个国家或多个国家，甚至整个世界。

5. 答案：B

【解析】RAM（Random Access Memory）是随机存储器的简称。

6. 答案：A

【解析】单机结构属于单用户工作方式，一台微机同一时刻只能一人使用。

7. 答案：B

【解析】数据库是指按一定的方式组织起来的数据的集合，它具有数据冗余度小、可共享等特点。

8. 答案：B

【解析】自动检测是指通过一些诊断软件来判断一个系统或一个软件是否有计算机病毒。自动检测比较简单，一般用户都可以进行。

9. 答案：C

【解析】计算机病毒可以通过软盘、硬盘或网络进行传播。

10. 答案：D

【解析】计算机病毒可分为引导型病毒、文件型病毒和网络病毒。

11. 答案：C

【解析】计算机病毒的特点包括：①寄生性——病毒可以寄生在正常的程序中，跟随正常程序一起运行；②传染性——病毒可以通过不同途径进行传播；③潜伏性——病毒可以事先潜伏在电脑中不发作，然后在某一时间集中、大规模爆发；④隐蔽性——病毒未发作时不易被发现；⑤破坏性——病毒可以破坏电脑，造成电脑运行速度变慢、死机、蓝屏等问题；⑥可触发性——病毒可以在条件成熟时被触发。计算机病毒还可以通过网络来传播。

12. 答案：D

【解析】若发现某 U 盘已经感染病毒，则可用杀毒软件清除该 U 盘上的病毒或者在确认无病毒的计算机上格式化该 U 盘。

13. 答案：C

【解析】计算机病毒的特点包括寄生性、传染性、潜伏性、隐蔽性、破坏性和可触发性。

14. 答案：C

【解析】计算机系统要专机专用，应谨慎下载与接收网络上的文件和电子邮件。

15. 答案：C

【解析】计算机网络按覆盖的地理范围进行划分，可分为广域网、局域网和城域网。

16. 答案：D

【解析】多用户结构也称为联机结构。整个系统配备一台计算机主机和多个终端。

17. 答案：D

【解析】硬件结构是指硬件设备的不同组合方式。电算化会计信息系统中常见的硬件结构通常有单机结构、多机松散结构、多用户结构和微机局域网络 4 种形式。

18. 答案：C

【解析】RAM 是随机存储器，是内存储器的一种，RAM 既可从中读取数据又可向它写入数据，一旦断电，信息会丢失且无法恢复。

19. 答案：C

【解析】控制器是整个计算机的指挥中心，负责从存储器中取出指令，并对指令进行分析判断后产生一系列的控制信号，去控制计算机各部件自动连续地工作。

20. 答案：C

【解析】计算机硬件设备包括输入设备、处理设备、存储设备、输出设备和通信设备。选项 A、B、D 属于系统软件的范畴。

21. 答案：D

【解析】内存储器一般存储容量较小，外存储器一般存储容量较大。在这 4 个选项中，RAM 和 ROM 属于内存储器，软盘和硬盘属于外存储器，但软盘容量小，故硬盘容量最大。

22. 答案：A

【解析】计算机硬件设备一般包括输入设备、处理设备、存储设备、输出设备和通信设备（网络电缆等）。

23. 答案：B

【解析】计算机常见的输入设备有键盘、鼠标、光电自动扫描仪、条形码扫描仪（又称扫码器）、二维码识读设备、POS 机、芯片读卡器、语音输入设备、手写输入设备等。

24. 答案：A

【解析】内存储器一般存储容量较小，但数据存取速度较快。外存储器一般存储容量较大，但数据存取速度较慢。光盘属于外存储器，所以内存与光盘相比，存取速度快、容量小。

25. 答案：D

【解析】计算机常见的输出设备有显示器和打印机。

二、多项选择题

1. 答案：A、B、C、D

【解析】外部设备包括外存储器（磁盘、内置硬盘、光盘、移动硬盘、U 盘等）、输入设备（键盘、鼠标、扫描仪、条形码输入器、写字板、触摸屏、数码相机等）、输出设备（显示器、打印机、绘图仪等）。

2. 答案：A、B

【解析】中央处理器主要包括运算器和控制器。

3. 答案：B、D

【解析】RAM 依靠计算机电源供电，当计算机断电时，RAM 中的信息会完全丢失，并不可恢复。ROM 依靠电池供电，所以即使关闭计算机电源，ROM 中的信息也不会丢失。因此，常用 ROM 来存放重要的、固定的并且反复使用的程序和数据。

4. 答案：C、D

【解析】单机结构的优点在于使用简单、配置成本低、数据共享程度高、一致性好；其缺点在于集中输入速度慢，不能同时允许多个成员进行操作，并且不能进行分布式处理。它适用于数据输入量小的企业。

5. 答案：A、C

【解析】完整的会计软件包括硬件环境和软件环境。

6. 答案：A、B、C、D

【解析】数据库系统主要由数据库和数据库管理系统组成，此外还包括应用程序、硬件和用户。

7. 答案：A、B、C

【解析】会计信息系统的网络组成部分包括服务器、客户机和网络连接设备。

8. 答案：A、D

【解析】选项B，应该使用正版软件，杜绝购买盗版软件；选项C，计算机系统要专机专用，避免使用其他软件。

9. 答案：A、B、C、D

【解析】黑客的攻击目标几乎遍及计算机系统的每一个组成部分，其中主要的攻击对象有网络组件、网络服务、计算机系统和信息资源、网络客户端等。

10. 答案：A、B、D

【解析】防范黑客的措施包括：①制定相关法律法规加以约束；②数据加密；③身份认证；④建立完善的访问控制策略；⑤建立防黑客扫描和检测系统，一旦检测到被黑客攻击，迅速做出应对措施；⑥在网络中采用防火墙、防黑客软件等。

11. 答案：A、B、C

【解析】在计算机网络中，各种资源可以相互通用，用户可以共同使用网络中的软件、硬件和数据。

12. 答案：A、B、C、D

【解析】网络连接设备是把网络中的通信线路连接起来的各种设备的总称，这些设备包括中继器、交换机、路由器、集线器等。

13. 答案：A、B、D

【解析】软件系统分为系统软件和应用软件。其中，系统软件是用来控制计算机运行、管理计算机的各种资源，并为应用软件提供支持和服务的一类软件。系统软件通常包括操作系统、数据库管理系统、支撑软件和语言处理程序等。

14. 答案：B、C、D

【解析】计算机常见的输入设备有键盘、鼠标、光电自动扫描仪、条形码扫描仪（又称扫码器）、二维码识读设备、POS 机、芯片读卡器、语音输入设备、手写输入设备等。CPU 是计算机硬件系统。

15. 答案：B、C

【解析】应用软件是为解决各类实际问题而专门设计的软件。会计软件、Word 2007 是应用软件。支撑软件和语言处理程序是系统软件。

16. 答案：A、B

【解析】内存储器简称内存。与外存相比，内存容量较小、存取速度较快。

17. 答案：A、B、C、D

【解析】黑客的常用手段包括密码破解、IP 嗅探与欺骗、攻击系统漏洞、端口扫描。

18. 答案：A、D

【解析】计算机的存储设备包括内存储器和外存储器。

19. 答案：A、C、D

【解析】按照覆盖的地理范围进行分类，计算机网络可以分为局域网、城域网和广域网 3 类。

20. 答案：A、B、C、D

【解析】当计算机感染病毒时，系统会表现出一些异常症状，主要有：①系统启动时间比平时长，运行速度减慢；②系统经常无故发生死机现象；③系统异常重新启动；④计算机存储系统的存储容量异常减少，磁盘访问时间比平时长；⑤系统不识别硬盘；⑥文件的日期、时间、属性、大小等发生变化；⑦打印机等一些外部设备工作异常；⑧程序、数据丢失或文件损坏；⑨系统的蜂鸣器出现异常响声；⑩其他异常现象。

21．答案：C、D

【解析】语言处理程序包括汇编程序、解释程序和编译程序等。

22．答案：A、B、D

【解析】为防止硬盘上的会计数据遭到意外或被人为破坏，用户需要定期将硬盘数据备份到其他磁性介质上（如U盘、光盘、移动硬盘等）。网盘不是磁性介质。

23．答案：C、D

【解析】计算机的存储设备包括内存储器和外存储器。

24．答案：A、B、D

【解析】随机存储器RAM的存储容量较小，但数据存取速度较快，断电后，RAM中的数据将会消失。

25．答案：A、B、C

【解析】单机结构的优点在于使用简单、配置成本低、数据共享程度高、一致性好；其缺点在于集中输入速度低，不能同时允许多个成员进行操作，并且不能进行分布式处理。

三、判断题

1．答案：×

【解析】CPU和RAM是计算机的内部设备。

2．答案：×

【解析】在会计软件中，键盘一般用来完成会计数据或相关信息的输入工作。

3．答案：√

【解析】本题考核单机结构的概念。

4．答案：×

【解析】检查完操作系统后，还需要安装数据库管理系统和其他支持性软件，才能安装会计软件。

5．答案：×

【解析】汇编语言需要用汇编程序进行翻译，翻译成计算机硬件能够直接识别和执行的机器指令代码。

6．答案：√

【解析】计算机网络的特点是共享硬件资源和共享软件资源，软件资源又分为共享软件和共享数据。

7．答案：√

【解析】计算机病毒是一种人为蓄意编制的具有自我复制能力并可以制造计算机系统故障的计算机程序。

8．答案：×

【解析】使用杀毒软件并不能检查和清除所有的病毒。

9．答案：√

【解析】应用软件是在硬件和系统软件的支持下，为解决各类具体应用问题而编制的软件。

计算机用户日常使用的绝大多数软件，如文字处理软件、表格处理软件、游戏软件等，都是应用软件。

10. 答案：√

【解析】为了防止他人偷窥会计系统数据，离开电脑时要立即退出会计软件。

11. 答案：√

【解析】会计软件是基于数据库系统的应用软件。安装会计软件前，应确保已经安装数据库管理软件，同时应考虑会计软件与数据库系统的兼容性。

12. 答案：√

【解析】多用户结构的优点在于会计数据可以通过各终端分散输入，并集中存储和处理。

13. 答案：√

【解析】CPU 是计算机主机的核心部件。

14. 答案：√

【解析】多用户结构适用于输入量大的企业。

15. 答案：√

【解析】单机结构属于单用户工作方式，一台微机同一时刻只能一人使用。其缺点在于集中输入速度低，不能同时允许多个成员进行操作，并且不能进行分布式处理，适用于数据输入量小的企业。

第三章
会计软件的应用

主要考点

1. 会计软件的应用流程
2. 账务处理模块的应用
3. 固定资产管理模块的应用
4. 工资管理模块的应用
5. 应收管理模块的应用
6. 应付管理模块的应用
7. 报表管理模块的应用

复习重点

第一节 | 会计软件的应用流程

会计软件的应用流程一般包括系统初始化、日常处理和期末处理等环节。

一、系统初始化

系统初始化是系统首次使用时，根据企业的实际情况进行参数设置，并录入基础档案与初始数据的过程。系统初始化在系统初次运行时一次性完成，但部分设置可以在系统使用后进行修改。

系统初始化的内容包括系统级初始化和模块级初始化。

（1）系统级初始化的内容主要包括：创建账套并设置相关信息，增加操作员并设置权限，设置系统公用基础信息。

（2）模块级初始化的内容主要包括：设置系统控制参数，设置基础信息，录入初始数据。

【例3-1】下列说法中错误的是（　　）。

A．系统初始化包括系统级初始化和模块级初始化

B．系统级初始化是设置会计软件所公用的数据、参数和系统公用的基础信息

C．系统初始化工作必须完整且尽量满足企业的需求

D．创建账套并设置相关信息是模块级初始化的内容

答案：D

【解析】创建账套并设置相关信息是系统级初始化的内容。

【例3-2】系统初始化的部分设置可以在系统使用后进行修改。（　　）

答案：√

【解析】系统初始化在系统初次运行时一次性完成，但部分设置可以在系统使用后进行修改。

二、日常处理

日常处理是指每个会计期间内，企业日常运营过程中重复、频繁发生的业务处理过程。

日常处理的特点：日常业务发生频繁，需要输入的数据量大；日常业务在每个会计期间内重复发生，所涉及金额不尽相同。

【例3-3】系统正式启用后的日常会计业务处理不包括（　　）。

A．原始数据输入　　　　　　　　　　B．数据加工处理和账表输出

C．结转本期损益以及转账　　　　　　D．信息的分析和利用

答案：C

【解析】结转本期损益以及转账是期末处理的内容。

【例3-4】期初余额录入完毕后，如果试算不平衡，则不能进行日常处理。（　　）

答案：×

【解析】期初余额录入完毕后，如果试算不平衡，则不能进行记账工作，但是可以填制凭证。

三、期末处理

期末处理是指在每个会计期间的期末所要完成的特定业务。

期末处理主要包括转账、对账、结账等。其特点是有较为固定的处理流程，业务可以由计算机自动完成。

【例3-5】关于月末结账处理，下列描述中不正确的是（　　）。

A．结账前必须将所有凭证登记入账　　B．某月结账后，将不能再输入该月凭证

C．某月结账后，该月不能再记账　　　D．每月可多次结账

答案：D

【解析】结账每个月只能进行一次。

【例3-6】结账后仍然可以输入当期记账凭证（　　）。

答案：×

【解析】结账后，将不能再输入当期凭证。

四、数据管理

数据管理主要包括数据备份和数据还原。

（1）数据备份。数据备份是指将会计软件的数据输出保存在其他存储介质上，以备后续使用，主要包括账套备份、年度账备份等。

（2）数据还原。数据还原又称数据恢复，是指将备份的数据使用会计软件恢复到计算机硬盘上，它与数据备份是一个相反的过程，主要包括账套还原、年度账还原等。

【例3-7】与数据备份相反的操作过程是（　　）。

A．数据处理　　　　B．数据修改　　　　C．数据分析　　　　D．数据还原

答案：D

【解析】数据还原又称数据恢复，它与数据备份是一个相反的过程。

第二节 系统初始化

一、创建账套并设置相关信息

1．创建账套

账套是存放会计核算对象的所有会计业务数据文件的总称。一个账套只能保存一个会计核算对象的业务资料，在同一个会计软件中可以建立一个或多个账套。

2．设置账套相关信息

账套信息主要包括账套号、企业名称、企业性质、会计期间、记账本位币等。

3．修改账套参数

如果账套参数已被使用，进行修改可能会造成数据的紊乱，所以对账套参数的修改应当谨慎。

【例3-8】账套建立后，（　　　）不能修改。

A．账套号　　　　　　B．企业名称　　　　　　C．会计期间　　　　　　D．企业性质

答案：A、C

【解析】账套信息中的账套名称、单位信息中的所有信息、核算信息中除企业类型和行业性质外，其他不允许修改。

二、管理用户并设置权限

1．管理用户

用户是指有权登录系统，对会计软件进行操作的人员。管理用户包括用户的增加、注销等操作。

2．设置权限

在增加用户后，一般根据用户在企业核算工作中所担任的职务、分工来设置、修改其对各功能模块的权限。通过设置权限，用户不能进行没有权限的操作，也不能查看没有权限的数据。

只有以系统管理员的身份登录，才能增加操作员；操作员在系统中具有唯一性；系统管理员为系统预置用户，不能删除，也不能进行账务处理；所设置的操作员一旦使用，就不能被删除；账套主管不能增加操作员，但能对所管理账套进行权限设置。

【例3-9】系统管理员可以填制凭证。（　　　）

答案：×

【解析】系统管理员不能进行账务处理。

三、设置系统公用基础信息

1．设置编码方案

编码方案设置包括编码级次、各级编码长度及其含义。设置对象包括部门、职员、客户、供应商、科目、存货分类、成本对象等。

2．设置基础档案

基础档案设置一般包括部门档案、职员信息、往来单位信息、项目信息。

3．设置收付结算方式

收付结算方式设置一般包括结算方式编码、结算方式名称等。

4．设置凭证类别

系统提供了 5 种常用的分类方式供用户选择：①记账凭证；②收款凭证、付款凭证、转账凭证；③现金凭证、银行凭证、转账凭证；④现金收款、现金付款、银行收款、银行付款、转账凭证；⑤自定义凭证类别。

5．设置外币

设置所使用外币的币种、核算方法和具体汇率，需要输入币符、币名、固定汇率和浮动汇率等信息。

6．设置会计科目

设置会计科目是填制会计凭证、记账、编制报表等各项工作的基础。

增加会计科目时，应遵循先设置上级会计科目，再设置下级会计科目的顺序。会计科目编码、会计科目名称不能为空。增加的会计科目编码必须遵循会计科目编码方案。

删除会计科目时，必须先从末级会计科目删除。删除的会计科目不能为已经使用的会计科目。

会计科目的名称可以是汉字、英文字母、数字等，但不能为空。

增加明细科目时，系统将自动与其一级会计科目类型保持一致，不能更改。

某一会计科目可以同时设置多种相容的辅助核算。

【例 3-10】会计核算中，（　　）是往来科目。

A．应付职工薪酬　　　　B．管理费用　　　　C．应收账款　　　　D．销售费用

答案：C

【解析】应收账款是客户往来科目。

第三节　账务处理模块的应用

一、账务处理模块初始化工作

账务处理模块初始化工作主要包括设置控制参数和录入会计科目初始数据。

（1）设置控制参数。设置的控制参数包括凭证编号方式，是否允许操作人员修改他人凭证，凭证是否必须输入结算方式和结算号，现金流量科目是否必须输入现金流量项目，出纳凭证是否必须经过出纳签字，是否对资金及往来科目实行赤字提示等。

（2）录入会计科目初始数据。录入会计科目初始数据包括录入会计科目期初余额、录入会计科目本年累计发生额。

【例 3-11】在会计软件初始设置中，录入期初余额时（　　）。

A．只要求录入一级初始余额　　　　　　　B．只要求录入中间级科目的期初余额

C．只要求录入末级科目的期初余额　　　　D．每级科目均需录入期初余额

答案：C

【解析】在会计软件初始设置中，录入期初余额时只要求录入末级科目的期初余额，系统会根据下级会计科目自动汇总生成上级会计科目的期初余额。

【例 3-12】期初余额试算不平衡，将（　　）。

A．不能记账　　　　B．可以记账　　　　C．不能输入凭证　　　　D．可以输入凭证

答案：A、D

【解析】期初余额录入完毕后，如果试算不平衡，不能进行记账工作，但是可以填制凭证。

二、账务处理模块日常处理

账务处理模块日常处理工作主要包括凭证管理、出纳管理和账簿查询。

1．凭证管理

凭证管理包括凭证录入、凭证修改、填制凭证注意事项、凭证审核、凭证记账和凭证查询。

（1）凭证录入。凭证录入的内容有凭证类别、凭证编号、制单日期、附件张数、摘要、会计科目、发生金额、制单人等。

（2）凭证修改。凭证可以修改的内容有摘要、科目、金额及方向等；凭证类别、编号不能修改，制单日期的修改也会受到限制。

（3）凭证审核。审核凭证时，制单与审核不能同为一人；审核凭证只能由具有审核权限的人员进行；已经审核的凭证不能修改和删除，如要修改或删除，则要取消审核。

（4）凭证记账。记账由有记账权限的人进行，由计算机自动进行；期初余额不平衡，不能记账；上月未结账，本月不能结账；未被审核的凭证不能记账；记账可以多次；记账过程中不应人为终止记账。

2．出纳管理

出纳的主要职责是现金和银行存款的管理。

现金日记账、银行存款日记账及资金日报表的管理要求日清月结。

支票管理包括支票购置、支票领用和支票报销。

银行对账包括银行对账初始数据录入、银行对账单录入和编制银行存款余额调节表。对账分自动对账和手动对账。

3．账簿查询

账簿查询包括科目账查询和辅助账查询两种。

科目账查询包括总账、明细账、余额表、多栏式明细账、日记账（除现金日记账、银行存款日记账之外的其他日记账）查询。

辅助账查询包括客户往来、供应商往来、个人往来、部门核算、项目核算的辅助总账、辅助明细账查询。

【例3-13】填制凭证时，输入的会计科目编码应为（　　）编码。

A．一级科目　　　　B．二级科目　　　　C．明细科目　　　　D．末级科目

答案：D

【解析】填制凭证时必须录入到会计科目的最末级。

【例3-14】在填制凭证中，由制单人自己填写的有（　　）。

A．科目　　　　　　B．摘要　　　　　　C．凭证类别　　　　D．制单时间

答案：A、B、C、D

【解析】填制凭证中，由制单人填写的内容有凭证类别、凭证编号、制单日期、附件张数、摘要、会计科目、发生金额等。

【例3-15】已登账的记账凭证有错误时，可用红字凭证冲销法或补充登记法进行更正。（　　）

答案：√

【解析】会计软件应当提供不可逆的记账功能，已记账的凭证有错误时可用红字凭证冲销

法或补充登记法进行更正。

【例 3-16】下列选项中，不属于出纳管理工作的是（　　）。

A．现金日记账、银行存款日记账和资金日报表的管理

B．支票管理

C．进行银行对账并输出银行存款余额调节表

D．费用的管理

答案：D

【解析】出纳管理的主要工作包括现金日记账、银行存款日记账及资金日报表的管理；支票管理；进行银行对账并输出银行存款余额调节表。

【例 3-17】基本会计核算账簿管理包括（　　）的查询及打印。

A．总账　　　　　B．余额表　　　　　C．明细账　　　　　D．客户往来账

答案：A、B、C

【解析】基本会计核算账簿管理包括总账、余额表、明细账的查询及打印，客户往来账属于辅助核算。

三、账务处理模块期末处理

账务处理模块期末处理是指会计人员在每个会计期间的期末所要完成的特定业务，主要包括会计期末的转账、对账、结账等。

1．自动转账

自动转账一般包括转账定义和转账生成。生成凭证前一般应将之前的凭证进行审核、记账。

2．对账

对账主要包括总账和明细账、总账和辅助账、明细账和辅助账的核对。

只有对账正确，才能进行结账。

3．结账

结账时应注意：有未记账凭证，则本月不能结账；上月未结账，则本月不能结账；对账不正确不能结账；试算不平衡不能结账；损益类科目有余额不能结账；其他模块已经启用，账务处理模块必须在其他模块结账后才能结账。

【例 3-18】期末自动生成期间损益转账凭证后，不需要进行审核、记账就可直接进行结账了。（　　）

答案：×

【解析】自动生成的转账凭证同样要进行后续的审核、记账。

【例 3-19】以下说法中正确的是（　　）。

A．对账一般是在月末发生，一个月只做一次

B．期末转账业务通常是企业在每个会计期间结账前都要进行的固定业务

C．自动转账是对于期末那些摘要、借贷方会计科目固定不变，发生金额的来源或计算方法基本相同，相应凭证处理基本固定的会计业务

D．期间损益结转需要将所有未记账凭证审核记账后进行

答案：B、C、D

【解析】为了保证账证相符、账账相符，用户应该经常进行对账，至少一个月一次。

第四节 | 固定资产管理模块的应用

一、固定资产管理模块初始化工作

固定资产管理模块初始化工作主要包括设置控制参数、设置基础信息和录入原始卡片。

1. 设置控制参数

（1）设置启用会计期间。固定资产管理模块的启用会计期间不得早于系统中该账套建立的期间。

（2）设置折旧的有关内容。

（3）设置固定资产编码。固定资产编码是区分每一项固定资产的唯一标识。

2. 设置基础信息

基础信息的设置包括设置折旧对应科目、增减方式、使用状况、折旧方法、固定资产类别。

增加方式包括直接购买、投资者投入、捐赠、盘盈、在建工程转入、融资租入等。

减少方式包括出售、盘亏、投资转出、捐赠转出、报废、毁损、融资租出等。

使用状态包括在用、经营性出租、大修理停用、季节性停用、不需要和未使用。

折旧方法包括不提折旧、平均年限法、工作量法、年数总和法和双倍余额递减法。

3. 录入原始卡片

在初始使用固定模块时，应该录入当期期初的固定资产数据，作为后续固定资产核算和管理的起始基础。

【例3-20】以下说法中正确的是（   ）。

A．固定资产原始卡片的录入必须在第一个期间结账前录入完成

B．原始卡片中固定资产使用的日期要早于固定资产模块启用的日期

C．每一个固定资产在固定资产管理模块中都有一张卡片与其对应

D．固定资产卡片实质上就是固定资产档案管理

答案：B、C、D

【解析】原始卡片的录入不限制必须在第一个期间结账前，任何时候都可以录入原始卡片。

二、固定资产管理模块日常处理

固定资产管理模块日常处理主要包括固定资产的增加、减少、变动等。

固定资产变动业务包括价值信息变更和非价值信息变更。

1. 价值信息变更

（1）原值变动。原值变动包括重新估价、增加或改良、部分拆除、调整原来的暂估价、原记录价值有误等。

（2）折旧要素的变更。折旧要素的变更包括使用年限调整、折旧方法调整、净残值调整、累计折旧调整等。

2. 非价值信息变更

非价值信息变更包括使用部门变动、使用状况变动、存放地点变动等。

【例3-21】在固定资产核算系统中，能够确定固定资产是否计提折旧的数据项是（   ）。

A．资产名称　　　　B．资产原值　　　　C．折旧方法　　　　D．使用状况

答案：D

【解析】不同使用状况的固定资产的折旧计提处理也有所区别。

【例3-22】以下选项中属于固定资产管理模块中固定资产变动业务的是（　　）。

A．新增固定资产　　　　　　　　　　B．固定资产减少

C．固定资产价值变动　　　　　　　　D．固定资产价值使用部门变动

答案：C、D

【解析】固定资产变动业务是指已有的固定资产价值变动，或虽然价值不发生变动但会对后续固定资产账务处理产生影响的业务。

【例3-23】固定资产管理模块中自动产生的转账凭证将传递到总账系统，并自动登记入账。
（　　）

答案：×

【解析】固定资产管理模块自动产生的转账凭证将传递到总账系统，但是传递到总账系统后，需要经过审核人员审核后方可登记入账。

三、固定资产管理模块期末处理

固定资产管理模块期末处理主要包括计提折旧、对账、月末结账、相关数据查询。

【例3-24】固定资产管理模块执行（　　）操作后，才能开始处理下一个月的业务。

A．生成凭证　　　　B．账簿输出　　　　C．结账　　　　D．对账

答案：C

【解析】同账务处理模块一样，固定资产管理模块也只有在结账后才能开始下一个月的业务处理。

【例3-25】固定资产核算系统中，信息查询输出功能可以输出固定资产（　　）。

A．卡片　　　　B．明细账　　　　C．折旧表　　　　D．总账

答案：A、B、C、D

【解析】以上账表都可以在固定资产管理模块中进行查询。

【例3-26】固定资产管理系统中，当月减少的固定资产，当月都必须计提折旧。（　　）

答案：×

【解析】当月减少的固定资产，是否计提折旧要依据折旧相关参数的设置，可以设置当月不再计提折旧。

第五节　工资管理模块的应用

一、工资管理模块初始化工作

工资管理模块初始化工作主要包括设置参数和录入工资基础数据。

1．设置参数

设置参数包括设置工资类别、工资项目、工资项目计算公式、工资类别所对应的部门、所得税、工资费用分摊等。

2．录入工资基础数据

工资基础数据的录入方式有单个记录录入、成组数据录入、按条件成批替换、公式计算、从外部直接导入数据。

【例3-27】工资管理模块中，工资数据编辑的所有项目内容来自（　　）定义。

A．部门设置　　　　　B．职工编号　　　　　C．工资项目　　　　　D．职工项目

答案：C

【解析】工资管理模块中，工资数据编辑的所有项目内容来自工资项目定义。

【例3-28】在工资管理模块中，数据输入的方式有（　　）。

A．从外部直接导入数据　　　　　　B．成组数据录入

C．公式计算　　　　　　　　　　　D．按条件成批替换

答案：A、B、C、D

【解析】在工资管理模块中，数据可通过外部直接导入、成组数据录入、公式计算、按条件替换等方式输入。

二、工资管理模块日常处理

工资管理模块日常处理主要包括工资计算、个人所得税计算、工资分摊、生成记账凭证。

【例3-29】在工资管理模块中，可将工资数据分成两大类，即基本不变数据和变动数据。以下数据中属于基本不变数据的是（　　）。

A．基本工资　　　　B．出勤天数　　　　C．每月扣款　　　　D．实发工资

答案：A

【解析】在工资管理模块中，可将工资数据分成两大类，即基本不变数据和变动数据。基本工资属于基本不变数据，出勤天数、每月扣款、实发工资属于变动数据。

【例3-30】工资管理模块主要用来计算职工的（　　），并根据工资用途进行分配。

A．应发工资　　　　B．实发工资　　　　C．养老保险金　　　　D．住房公积金

答案：A、B

【解析】工资管理模块主要用来计算职工应发工资和实发工资，并根据工资用途进行分配。

【例3-31】工资核算系统中，应先设置工资项目，再设置计算公式。（　　）

答案：√

【解析】工资计算公式是针对各个具体的工资项目进行设置的，所以必须先设置工资项目，才能进行计算公式的设置。

三、工资管理模块期末处理

工资管理模块期末处理主要包括期末结账和工资表的查询输出。

【例3-32】以下说法中不正确的是（　　）。

A．工资管理系统中期末处理是针对具体的工资类别进行的

B．工资管理系统中工资类别汇总时必须关闭所有的工资类别

C．汇总工资类别时扣税基数需要重新设置

D．工资管理系统中多个工资类别可以一起进行期末结账

答案：D

【解析】工资管理系统需要对不同的工资类别分别进行期末结账。

第六节 | 应收管理模块的应用

一、应收管理模块初始化工作

应收管理模块初始化工作主要包括设置控制参数和基础信息及期初余额录入。

1．控制参数和基础信息的设置

（1）基础信息的设置。基础信息的设置主要包括企业名称、银行账号、启用年份和会计期间的设置。

（2）坏账处理方式的设置。在账套使用过程中，如果当年已计提过坏账准备，则坏账准备处理方式这一参数不能修改；如确需修改，只能在下一年修改。

（3）应收款核销方式的设置。应收款核销方式确定收款与销售发票、应收单据之间的对应关系。

（4）规划选项。规划选项核销是否自动生成凭证、预收冲应收是否生成凭证。

2．期初余额

初期余额一般涉及初始单据、初始票据、初始坏账的录入。

【例3-33】在应收款系统中，所有账龄区间都可以根据需要修改和删除。（　　）

答案：√

【解析】账龄区间是根据企业应收账款欠款时间，将应收账款划分成若干等级。

二、应收管理模块日常处理

应收管理模块日常处理主要包括应收处理、票据管理和坏账处理。

【例3-34】在应收款系统中，取消坏账处理的前提条件是（　　）。

A．坏账处理的日期在已经结账月末内　　　　B．坏账处理后已经制单

C．坏账处理后尚未制单　　　　　　　　　　D．坏账处理采用直接转销法

答案：C

【解析】在应收款系统中，取消坏账处理的前提条件是坏账处理后尚未制单，若已经制单，则取消制单，删除凭证，再取消坏账处理。

【例3-35】在应收管理模块中，下列属于其转账处理的是（　　）。

A．预收冲应收　　　　B．应收冲应付　　　　C．应付冲应付　　　　D．预付冲应付

答案：A、B

【解析】应收模块的转账处理主要包括应收冲应收、预收冲应收和应收冲应付。应付模块的转账处理主要包括应付冲应付和预付冲应付。

【例3-36】应收账款核算系统业务处理的起点是录入应收款记账凭证。（　　）

答案：×

【解析】应收账款核算系统业务处理的起点是录入应收单据。

三、应收管理模块期末处理

应收管理模块期末处理主要包括期末结账、应收账款查询和应收账龄分析。

【例3-37】以下有关应收管理模块期末处理的说法中不正确的是（　　）。

A．月末结账后，发现错误可以取消结账，取消结账必须在本月总账未进行结账前进行

B．应收管理模块与销售管理模块同时应用时，应收管理模块应在销售管理模块月末结账前完成

C．发票和应收单必须全部审核完成后才能进行应收管理期末结账

D．年度末进行应收管理结账，应对所有核销、坏账、转账处理全部制单

答案：B

【解析】应收管理模块应在销售管理模块结账完成后才能进行结账处理。

【例3-38】应收账款核算系统中，每月结账前应核销全部收款单据。（　　）

答案：√

【解析】应收账款月末前需要核销全部收款单据才能进行结账处理。

第七节 | 应付管理模块的应用

一、应付管理模块初始化工作

应付管理模块初始化工作主要包括设置控制参数和基础信息及期初余额录入。

1．控制参数和基础信息的设置

（1）基础信息的设置。基础信息的设置主要包括企业名称、银行账号、启用年份和会计期间的设置。

（2）应付款核销方式的设置。应付款核销方式确定付款与采购发票、应付单据之间的对应关系。

（3）规划选项。规划选项核销是否自动生成凭证、预付冲应付是否生成凭证。

2．期初余额

期初余额一般涉及初始单据和初始票据的录入。

【例3-39】下列选项中不是应付管理模块初始化的工作的是（　　）。

A．设置会计科目　　　　　　　　　　　　B．设置对应科目结算方式

C．设置坏账准备处理方法　　　　　　　　D．设置账龄区间

答案：C

【解析】坏账准备业务处理是应收管理模块的功能。在应付管理模块中，没有坏账准备处理功能，也就没有在初始化工作中设置坏账准备处理方法的需要。

【例3-40】初次使用应付管理模块时，应将系统启用前未处理完的所有供应商的应付账款、预付账款、应付票据等数据录入到系统，以便以后的核销处理。（　　）

答案：√

【解析】应付管理模块是对供应商往来进行管理，在系统启用时必须将所有供应商往来明细数据录入到系统中。

二、应付管理模块日常处理

应付管理模块日常处理主要包括应付处理和票据管理。

【例3-41】应付款管理系统处理的票据中不包含（　　）。

A．采购发票与应付单　B．付款单和退款单　　C．应付票据　　　　　D．应收票据

答案：D

【解析】应收票据属于应收款管理系统的业务范畴。

【例3-42】应付管理模块中，应付款一般可以按（　　）进行核销。

A．部门　　　　　　　B．单据　　　　　　C．存货　　　　　　D．采购员

答案：B、C

【解析】应付款核销方式一般有两种：一种是按单据核销，另一种是按存货（即产品）核销。

三、应付管理模块期末处理

应付管理模块期末处理主要包括期末结账、应付账款查询和应付账龄分析。

【例 3-43】下列有关应付款管理系统期末处理的说法中正确的有（　　）。

A. 当月业务全部处理完毕，在采购管理模块月末结账的前提下，可执行应付管理模块的月末结账功能

B. 如果在月末结账后发现错误可以取消结账

C. 应付账款单据查询主要是对采购发票和付款单等单据进行查询

D. 应付款账表查询也能实现应付款总账、明细账和单据之间的联查

答案：A、B、C、D

【解析】当月业务全部处理完毕后，在采购管理模块月末结账的前提下，可执行应付管理模块的期末结账功能；如果在已结账月份中还有数据要处理，则可以取消月末结账处理；单据查询主要是对采购发票和付款单等单据的查询；账表查询主要是对往来总账、往来明细账、往来余额表的查询，以及总账、明细账、单据之间的联查。

第八节 报表管理模块的应用

一、报表的数据来源

报表的数据来源主要包括手工录入、报表管理模块中的其他报表、系统内的其他模块。

【例 3-44】（　　）是报表业务中工作量最大、准确性要求最高的部分。

A. 报表录入　　　　　　B. 报表分析　　　　　　C. 报表输出　　　　　　D. 报表定义

答案：A

【解析】在报表业务处理中，录入工作是最为关键的，工作量大、准确性要求高。

二、报表管理模块应用的基本流程

报表管理模块应用的基本流程主要包括格式设置、公式设置、数据生成、报表文件保存、报表文件输出。

格式设置的具体内容一般包括定义报表尺寸、定义报表行高和列宽、画表格线、定义单元属性、定义组合单元、设置关键字等。

公式设置包括计算公式、审核公式和舍位平衡公式。

报表文件的输出包括屏幕查询输出、图形输出、磁盘输出、打印输出和网络传送。

【例 3-45】会计报表处理系统中，某一会计期间在任何条件均未改动的情况下，报表经过一次编制和多次编制的结果是（　　）。

A. 不同　　　　　　B. 不完全相同　　　　　　C. 一定相同　　　　　　D. 不确定

答案：C

【解析】报表数据用来反映会计期间的业务状况，在任何条件不改变的情况下，会计报表系统编制的报表结果应该是完全相同的。

【例 3-46】依据数据来源的不同，可以将计算公式分为（　　）。

A. 表内取数公式　　　B. 账务取数公式　　　C. 本表他页取数公式　　D. 他表取数公式

答案：A、B、C、D

【解析】依据数据来源的不同，可以将计算公式分为表内取数公式、账务取数公式、本表他页取数公式和他表取数公式4大类。

历年真题及解析

一、单项选择题

1. 下列设置内容中属于报表表样格式的是（　　）。

　　A. 字体字号　　　　　B. 边框样式　　　　　C. 行高列宽　　　　　D. 数据颜色

答案：C

【解析】属于报表表样格式内容的是设置行高列宽。

2. 关于彻底删除一张未审核凭证的要求，下列操作中正确的是（　　）。

　　A. 可直接删除　　　　　　　　　　B. 可将其作废

　　C. 先作废，再整理凭证断号　　　　D. 先整理凭证断号，再作废

答案：C

【解析】彻底删除一张未审核凭证，应先作废，再整理凭证断号。

3. 报表系统中，要生成有数据的报表，最重要的一个步骤是（　　）。

　　A. 输入关键字　　　B. 保存报表格式　　　C. 组合单元　　　D. 画表格线

答案：A

【解析】用友报表系统中，要生成有数据的报表，最重要的一个步骤是输入关键字。

4. 工资管理系统的初始化设置不包括（　　）。

　　A. 设置工资项目　　　　　　　　B. 设置工资类别

　　C. 设置工资项目计算公式　　　　D. 工资变动数据的录入

答案：D

【解析】工资管理模块初始化工作包括设置基础信息和录入工资基础数据。设置基础信息包括设置工资类别、设置工资项目、设置工资项目计算公式、设置工资类别所对应的部门、设置所得税。选项 D 是工资管理模块日常处理业务。

5. 账务处理模块初始设置不包括（　　）内容。

　　A. 设置凭证编号方式　　　　　　B. 出纳凭证是否需要出纳签字

　　C. 录入初始数据　　　　　　　　D. 设置系统公用基础信息

答案：D

【解析】系统公用基础信息是在系统级初始化中设置的。

6. （　　）是填制会计凭证、记账、编制报表等各项工作的基础。

　　A. 设置会计科目　　B. 设置收付结算方式　　C. 设置凭证类别　　　D. 设置基础档案

答案：A

【解析】设置会计科目是将企业进行会计核算所需要使用的会计科目录入到系统中，并按照企业核算要求和业务要求，对每个科目的核算属性进行设置。设置会计科目是填制会计凭证、记账、编制报表等各项工作的基础。

7. 下列说法中错误的是（　　）。

　　A. 系统初始化包括系统级初始化和模块级初始化

　　B. 系统级初始化包括操作员的权限设置

　　C. 系统初始化工作必须完整且尽量满足企业的需求

D. 创建账套并设置相关信息是模块级初始化的内容

答案：D

【解析】创建账套并设置相关信息是系统级初始化的内容。

8. 下列不能进行结账工作的情况是（　　　）。

A. 本月记账凭证已经全部记账　　　　　　B. 总账与明细账、总账与辅助账对账正确

C. 科目余额试算不平衡　　　　　　　　　D. 其他启用的子系统已结账

答案：C

【解析】对科目余额试算不平衡，不能进行结账。

9. 账务处理系统中，数据备份功能是将计算机内的（　　　）复制到软盘上予以保存。

A. 程序　　　　　　B. 凭证、科目和账簿　C. 系统　　　　　　　D. 命令

答案：B

【解析】备份账套是指将所选账套数据从本系统中复制出来。账套数据包括凭证、科目和账簿。

二、多项选择题

1. 应付账款中的账表查询主要包括（　　　）。

A. 往来总账　　　　　　　　　　　　　　B. 往来明细账

C. 往来余额表　　　　　　　　　　　　　D. 往来总账与明细账的联查

答案：A、B、C、D

【解析】应付账款中的账表查询主要是针对往来总账、往来明细账、往来余额表的查询，以及总账、明细账、单据之间的联查。

2. 在报表系统中，下列选项中，（　　　）是系统提供的默认关键字。

A. 单位名称　　　　B. 年　　　　　　　C. 月　　　　　　　　D. 日

答案：A、B、C、D

【解析】报表管理系统一般共提供 4 种关键字，它们是"单位名称""年""月""日"，此外，报表管理系统还提供一个自定义关键字。

3. 属于固定资产非价值信息变更的有（　　　）。

A. 折旧方法调整　　B. 使用年限调整　　C. 使用状况变动　　D. 使用部门变动

答案：C、D

【解析】固定资产变动业务包括价值信息变更和非价值信息变更两部分内容。价值信息的变更包括固定资产原值变动、折旧要素的变更（使用年限调整、折旧方法调整、净残值率调整、累计折旧调整等）；非价值信息变更包括固定资产的使用部门变动、使用状况变动、存放地点变动等。

4. 设置工资项目是计算工资的基础，包括（　　　）。

A. 项目名称　　　　B. 项目类型　　　　C. 数据长度　　　　D. 小数位数

答案：A、B、C、D

【解析】设置工资项目是计算工资的基础，包括工资项目的名称、类型、数据长度、小数位数等。

5. 支票报销时，应填入待报销支票的相关信息包括（　　　）。

A. 支票号　　　　　B. 结算方式　　　　C. 支票用途　　　　D. 收款人名称

答案：A、B、D

【解析】待报销支票需要填入的信息包括支票号、结算方式、签发日期、收款人名称、付款金额等。

6. 出纳对资金日报表的管理包括（　　　）。

　　A. 查询
　　B. 输出
　　C. 打印资金日报表
　　D. 提供当日借、贷金额合计和余额

答案：A、B、C、D

【解析】出纳对资金日报表的管理包括查询、输出或打印资金日报表，提供当日借、贷金额合计和余额，以及发生额业务量等信息。

7. 属于固定资产非价值信息变更的有（　　　）。

　　A. 折旧方法调整　　B. 使用年限调整　　C. 使用状况变动　　D. 使用部门变动

答案：C、D

【解析】固定资产变动业务包括价值信息变更和非价值信息变更两部分内容。价值信息的变更包括固定资产原值变动、折旧要素的变更（使用年限调整、折旧方法调整、净残值率调整、累计折旧调整等）；非价值信息变更包括固定资产的使用部门变动、使用状况变动、存放地点变动等。

8. 设置工资项目是计算工资的基础，包括（　　　）。

　　A. 项目名称　　B. 项目类型　　C. 数据长度　　D. 小数位数

答案：A、B、C、D

【解析】设置工资项目是计算工资的基础，包括工资项目的名称、类型、数据长度、小数位数等。

三、判断题

1. 应收/应付账款核算模块中只有设置了账龄区间才能进行账龄分析。（　　　）

答案：√

【解析】在应收/应付管理系统初始化设置中，必须进行账龄区间设置，否则统计分析下的账龄分析功能无法进行。

2. 支票管理功能包括支票的购置、领用和报销。（　　　）

答案：√

【解析】支票管理功能主要包括支票的购置、领用和报销。

3. 账务处理系统中的数据备份只需将计算机内的凭证、科目表和账簿文件复制到硬盘上予以保存即可。（　　　）

答案：×

【解析】账务处理系统中的数据备份功能是系统提供的专门功能，而不是简单地将计算机内的凭证、科目表和账簿文件复制到硬盘上保存即可。

4. 实行会计电算化的单位，对于机制记账凭证，要认真审核，做到会计科目使用正确，数字准确无误。（　　　）

答案：√

【解析】实行会计电算化的单位，对于机制记账凭证，要认真审核，做到会计科目使用正确，数字准确无误。

5. 对于同一张记账凭证，应当具有权限控制功能，防止同一用户对同一张凭证同时具有输入、修改权和审核权。（ ）

答案：√

【解析】本题考核会计电算化岗位的设置。对于同一张记账凭证，应当具有权限控制功能，防止同一用户对同一张凭证同时具有输入、修改权和审核权。

6. 科目一旦设定完毕，如果录入期初余额或编制凭证时已使用过该科目，则该科目及其上级科目都不能再进行修改，但可以删除。（ ）

答案：×

【解析】科目一旦设定完毕，如果录入期初余额或编制凭证时已使用过该科目，则该科目及其上级科目都不能再进行修改和删除。

强化练习

一、单项选择题

1. 应收款自动核销时，如果收款单据的数额小于应收款单据的数额，则（ ）。
   A. 收款单据和应收款单据完全核销
   B. 收款单据会全部核销，应收款单据部分核销
   C. 收款单据部分核销，应收款单据完全核销
   D. 收款单据和应收款单据均部分核销

2. 在工资核算系统中，下列选项中涉及工资变动数据处理的是（ ）。
   A. 人员调出　　　B. 当月扣款　　　C. 基本工资　　　D. 职位变动

3. 在固定资产核算系统的卡片中，能够唯一确定每项资产的数据项是（ ）。
   A. 资产名称　　　B. 资产编号　　　C. 类别编号　　　D. 规格型号

4. 固定资产卡片项目定义完毕，原始卡片录入后，卡片项目一般（ ）。
   A. 可以增加，不可以修改　　　　　B. 可以修改
   C. 只能增加　　　　　　　　　　　D. 只能删除

5. 为了分别管理生产人员和财务人员的工资，工资核算系统应该设置（ ）。
   A. 职工性别　　　B. 专业类别　　　C. 人员类别　　　D. 部门类别

6. 某企业的工资项目"基本工资"的宽度是 10，小数位是 2，则该企业职工的基本工资的整数部分最多有（ ）位数。
   A. 5　　　　　　　B. 6　　　　　　　C. 7　　　　　　　D. 8

7. 职工工资中的变动项目是指每月都会发生变化的工资项目，如（ ）。
   A. 基本工资　　　B. 交通补贴　　　C. 加班工资　　　D. 职务工资

8. （ ）可以动态反映每一客户的资料及欠款信息。
   A. 应收子系统　　B. 应付子系统　　C. 采购子系统　　D. 存货子系统

9. 应收款自动核销时，如果收款单据的数额小于应收款单据的数额，则（ ）。
   A. 收款单据和应收款单据完全核销
   B. 收款单据会全部核销，应收款单据部分核销
   C. 收款单据部分核销，应收款单据完全核销
   D. 收款单据和应收款单据均部分核销

10. 报表系统中，可以用（　　　）来唯一标识一个表页。
    A. 单元　　　　　　B. 函数　　　　　　C. 区域　　　　　　D. 关键字

11. （　　　）科目编码必须按财政部的统一编码方案进行编制。
    A. 明细　　　　　　B. 末级　　　　　　C. 一级　　　　　　D. 所有

12. 下面不属于基础档案设置范畴的是（　　　）。
    A. 企业信息　　　B. 部门信息　　　C. 往来单位信息　　　D. 存货信息

13. 启用账套后，操作员不能再修改（　　　）。
    A. 科目类型　　　B. 操作员口令　　　C. 初始余额　　　D. 结算方式

14. 设置外币为浮动汇率时，需要按（　　　）输入汇率。
    A. 日　　　　　　B. 月　　　　　　C. 季　　　　　　D. 年

15. 对于已作废的凭证，可以通过（　　　）功能将其彻底删除。
    A. 凭证修改　　　B. 凭证审核　　　C. 凭证记账　　　D. 凭证整理/删除

16. 下列说法中正确的是（　　　）。
    A. 审核人员和制单人员可以为同一人
    B. 错误凭证的修改只能由凭证录入者进行
    C. 已经通过审核的凭证不能被修改或者删除
    D. 审核未通过的凭证经过修改后可以进行记账处理

17. 在电算化会计核算流程中，通过（　　　）操作后，记账凭证将成为正式会计档案，不能再被修改。
    A. 记账凭证编制　　B. 记账凭证审核　　C. 记账凭证记账　　D. 会计报表编制

18. （　　　）能反映每日资金发生的业务笔数。
    A. 现金和银行存款总账　　　　　　B. 资金余额表
    C. 资金日报表　　　　　　　　　　D. 现金和银行存款日报表

19. 支付业务处理完成后，应该对相关支票进行（　　　）处理。
    A. 支票登记　　　B. 支票领用　　　C. 支票报销　　　D. 不需处理

20. 银行对账是将企业的银行存款日记账和（　　　）进行核对，并生成银行存款余额调节表。
    A. 支票登记簿　　B. 资金日报表　　C. 银行对账单　　D. 现金日记账

21. 银行对账时，自动对账是指计算机系统自动进行（　　　）。
    A. 总账与记账凭证的核对
    B. 企业银行日记账未达账项与银行对账单的核对与勾销
    C. 明细账与总账的核对
    D. 明细账与记账凭证的核对

二、多项选择题

1. 结账前要进行的检查包括（　　　）。
    A. 检查本月业务是否全部记账，如有未记账凭证则不能结账
    B. 月末结转必须全部完成并已记账，否则本月不能结账
    C. 检查上月是否已结账，如果上月未结账，则本月不能结账
    D. 核对总账与明细账、主体账与辅助账、总账系统与其他子系统的数据是否已经一致，如果不一致，则不能结账

2. 电算化系统中恢复功能是系统非常重要的基本功能，进行这一工作时应当（　　　）。

    A. 所有人员均有恢复权　　　　　　　　B. 检查备份日期

    C. 恢复往年资料前备份当前资料　　　　D. 指定专人操作

3. 下列关于会计科目编码设置的描述中正确的是（　　　）。

    A. 科目编码必须唯一

    B. 科目编码应按级次的先后顺序建立

    C. 各级科目编码必须按会计制度的要求设定

    D. 科目编码应为全编码

4. 以下不是"账务处理"下的功能的是（　　　）。

    A. 凭证录入　　　　B. 结算方式　　　　C. 期末结账　　　　D. 账套修改

5. 凭证一旦保存，其（　　　）不能修改。

    A. 凭证类别　　　　B. 制单日期　　　　C. 摘要　　　　　　D. 凭证编号

6. 外币设置需要输入的信息有（　　　）。

    A. 币符　　　　　　B. 币名　　　　　　C. 汇率类型　　　　D. 折算方式

7. 当记账凭证录入完毕存盘时，系统会自动对录入的内容进行检验，下列属于凭证录入时系统自动校验的内容的有（　　　）。

    A. 借贷方金额是否相等　　　　　　　　B. 会计科目是否符合凭证的类别限制条件

    C. 凭证号是否合理　　　　　　　　　　D. 附单据数是否填写

8. 下列关于凭证修改不正确的叙述是（　　　）。

    A. 操作员只能修改自己填制的凭证，但凭证编号不能修改

    B. 已经审核的凭证能直接修改

    C. 修改未审核的机内凭证无需保留线索

    D. 修改已记账的机内凭证无需保留线索

9. 关于凭证记账的操作控制，下列说法中正确的是（　　　）。

    A. 期初余额不平衡则不能记账　　　　　B. 上月未结账，则本月不可记账

    C. 未被审核的凭证不能记账　　　　　　D. 记账过程中，不应人为终止记账

10. 以下说法中正确的是（　　　）。

    A. 现金日记账、银行存款日记账的查询是出纳管理的工作

    B. 只有指定现金和银行科目后，才能进行现金、银行存款有关科目的凭证填制工作

    C. 只有指定现金和银行科目后，才能进行现金日记账、银行存款日记账的查询工作

    D. 只有指定现金和银行科目后，才能进行银行对账

11. 支票管理的功能主要包括（　　　）。

    A. 支票购置　　　　B. 支票领用　　　　C. 支票转账　　　　D. 支票报销

12. 系统进行自动对账的条件一般包括（　　　）。

    A. 业务发生的日期相同　　　　　　　　B. 结算方式相同

    C. 结算票号相同　　　　　　　　　　　D. 发生金额相同

13. 以下说法中正确的是（　　　）。

    A. 对账一般是在月末发生，一个月只做一次

    B. 期末转账业务通常是企业在每个会计期间结账前都要进行的固定业务

C. 自动转账是指对于期末那些摘要、借贷方会计科目固定不变，发生金额的来源或计算方法基本相同，相应凭证处理基本固定的会计业务

D. 期间损益结转需要将所有未记账凭证审核记账后进行

14. 以下说法中正确的是（　　）。

A. 对账工作主要是保证固定资产管理模块的资产价值、折旧、减值准备等与账务处理模块中对应科目的金额相一致

B. 固定资产要对账成功必须保证固定资产业务都已生成了凭证，并传递给总账系统，完成记账处理

C. 对账成功后才能进行月末结账

D. 自动计提折旧是固定资产管理模块一项重要功能

15. 工资费用分配中工资和福利费一般按照（　　）进行分配。

A. 职工部门　　　　B. 职工类别　　　　C. 职工职称　　　　D. 职工工龄

16. 应收账款核算系统的坏账处理业务包括（　　）。

A. 坏账准备计提　　　　　　　　　　B. 坏账发生处理

C. 坏账收回处理　　　　　　　　　　D. 坏账追缴过程记录

17. 下列有关应付款管理系统日常业务处理方法说法中正确的有（　　）。

A. 当总账系统与应付款系统集成使用时，供应商往来核算的日常处理必须在应付款管理系统中进行

B. 当总账系统与应付款系统集成使用时，供应商往来核算可能在应付款系统中进行，也可能在总账系统中进行

C. 当应付款系统没有启用时，可以通过总账系统来实现供应商往来核算单据的处理

D. 如果总账系统与应付款系统及采购管理系统集成使用，则采购发票必须在采购管理模块中填制，并在审核后自动传递给应付管理模块

三、判断题

1. 所有其他核算系统的记账凭证必须传递到总账系统中进行处理。（　　）
2. 记账前，应当将记账前的全部数据进行备份，保存记账前的数据。（　　）
3. 基础档案的设置必须在系统初始化时完成。（　　）
4. 凭证类别一旦设置，就不能修改。（　　）
5. 删除会计科目时，应先删除上一级科目，然后再删除本级科目。（　　）
6. 凭证录入摘要不能为空。（　　）
7. 操作员只能修改自己填制的凭证。（　　）
8. 任何用户都可以查询符合条件的凭证。（　　）
9. 出纳人员可以通过人工识别来进行手工对账。（　　）
10. 账务处理系统中，自动转账所产生的记账凭证也需要经审核后才能登账。（　　）
11. 固定资产模块的启用日期必须大于等于总账的未结账月份。（　　）

强化练习参考答案及解析

一、单项选择题

1. 答案：B

【解析】在应收管理系统中进行应收款自动核销时，如果收到的款项小于原有单据的数额，

那么应收款单据只能得到部分核销，未核销的余款留待以后核销。

2. 答案：B

【解析】工资变动是指对工资可变项目的具体数额进行修改，以及对个人的工资数据进行修改、增删。当月扣款会涉及工资变动数据的录入。

3. 答案：B

【解析】资产编号是识别各项资产的唯一标识。

4. 答案：A

【解析】项目一旦投入使用，则不能修改，但可以增加，也可以删除未使用的卡片项目。

5. 答案：C

【解析】人员类别是指按某种特定的分类方式将企业员工分成若干类别，如管理人员、生产人员、营销人员等。

6. 答案：C

【解析】宽度是 10 表示总共可以有 10 位，小数位为 2，小数点占 1 位，所以整数部分最多有 7 位。

7. 答案：C

【解析】加班工资是每个月都可能发生变化的工资项目，而其他项目相对比较固定。

8. 答案：A

【解析】应收管理主要是用于核算和管理与客户往来的账款，通过应收管理模块，可以动态地反映每一客户的资料及欠款信息。

9. 答案：B

【解析】在应收管理系统中进行应收款自动核销时，如果收到的款项小于原有单据的数额，那么应收款单据只能得到部分核销，未核销的余款留待以后核销。

10. 答案：D

【解析】在报表系统中，一个报表文件可以由多张表页构成，可以用关键字来唯一标识一个表页。

11. 答案：C

【解析】会计制度规定，一级科目编码必须按财政部的统一编码方案进行编制。

12. 答案：A

【解析】企业信息在创建账套和修改账套时设置。设置基础档案是后续进行具体核算、数据分类、汇总的基础，其内容一般包括设置企业部门档案、职员信息、供应商信息、客户信息、项目信息等。

13. 答案：C

【解析】启用账套后，初始余额是不能再修改的。但是科目类型、操作员口令和结算方式都可以根据实际情况进行修改。

14. 答案：A

【解析】浮动汇率需要按日设置，固定汇率需要按月设置。

15. 答案：D

【解析】凭证的彻底删除需要通过两步，第一步是进行作废凭证，第二步由系统自动整理/删除凭证。

16．答案：C

【解析】审核人员和制单人员属于不相容的岗位，凭证的修改不一定只能由本人修改，审核未通过的凭证经过修改后必须重新经过审核才能记账。

17．答案：C

【解析】记账凭证记账后，将不能再被修改。会计软件必须提供不可逆记账功能。

18．答案：C

【解析】资金日报表以日为单位，列示现金、银行存款科目当日累计借方发生额和贷方发生额，计算出当日的余额，并累计当日发生的业务笔数，对每日的资金收支业务、金额进行详细汇报。

19．答案：C

【解析】对已领用的支票，在支付业务处理完毕后，应进行报销处理。

20．答案：C

【解析】银行对账是指在每月月末，企业的出纳人员将企业的银行存款日记账与开户银行发来的当月银行存款对账单进行逐笔核对，勾对已达账项，找出未达账项，并编制每月银行存款余额调节表的过程。

21．答案：B

【解析】自动对账是银行日记账未达账项与银行对账单自动核对与勾销。

二、多项选择题

1．答案：A、B、C、D

【解析】以上都是结账前需要进行的检查工作。

2．答案：B、C、D

【解析】电算化系统中的恢复功能是系统非常重要的基本功能，进行这一工作时应当检查备份日期，恢复往年资料前备份当前资料，指定专人操作。

3．答案：A、C、D

【解析】科目编码需要遵循级次编码要求，但可以随时根据需要来进行科目编码的增加工作。

4．答案：B、D

【解析】结算方式和账套修改属于系统初始化的内容。

5．答案：A、D

【解析】凭证一旦保存，其凭证类别、凭证编号就不能修改。

6．答案：A、B、C、D

【解析】设置外币时，需要输入币符、币名、固定汇率或浮动汇率、记账汇率和折算方式等信息。

7．答案：A、B、C

【解析】附单据数是凭证录入选填项，其他几项都是会计软件自动校验的内容之一。

8．答案：B、D

【解析】已审核的凭证不能直接修改，必须先由审核人员首先在审核模块中取消对该凭证的审核标志，使凭证恢复到未审核状态，然后再由制单人员对凭证进行修改。会计软件应当提供不可逆的记账功能。

9．答案：A、B、C、D

【解析】以上说法都是正确的。

10. 答案：A、C、D

【解析】只有指定现金和银行科目后，才能进行出纳管理工作，也就是查询现金和银行账、进行银行对账以及进行出纳签字工作。

11. 答案：A、B、D

【解析】支票管理主要是对企业的支票票据进行管理，包括支票购置、领用和报销工作。

12. 答案：A、B、C、D

【解析】以上都可以成为系统进行自动对账的条件，其中，发生额相同是对账的基本条件。

13. 答案：B、C、D

【解析】为了保证账证相符、账账相符，用户应该经常进行对账，至少一个月一次。

14. 答案：A、B、C、D

【解析】计提折旧、对账和结账是固定资产期末处理的 3 项重要功能，以上有关的说法都是正确的。

15. 答案：A、B

【解析】工资费用的分摊一般按照部门和类别进行，不同部门、不同类别的人员分摊科目的设置也不同。

16. 答案：A、B、C

【解析】应收账款核算系统的坏账处理业务主要包括坏账准备计提、坏账发生处理和坏账收回处理。

17. 答案：B、C、D

【解析】当总账系统与应付款系统集成使用时，如果供应商往来不受控于应付系统，则供应商往来的核算在总账系统中完成，那么应付款系统的日常业务只是查询、核销和打印有关供应商往来资料；如果供应商往来受控于应付系统，则供应商往来的核算在应付款系统中完成，主要包括单据录入、单据结算及制单、账表查询等。

三、判断题

1. 答案：√

【解析】所有系统生成的记账凭证都必须传到总账系统中进行审核和记账处理。

2. 答案：√

【解析】记账前应该对数据做好备份工作。

3. 答案：×

【解析】基础档案可以在以后的工作中根据实际需要再进行设置。

4. 答案：×

【解析】凭证类别设置后，在没有使用前可以进行删除和修改；已使用的凭证类别不能删除，也不能修改。

5. 答案：×

【解析】修改或删除会计科目应遵循"自下而上"的原则，先删除或修改下级科目，再删除或修改本级科目。

6. 答案：√

【解析】凭证摘要是必填项，不能为空，若为空，系统会进行提示。

7. 答案：×

【解析】在总账处理系统中进行参数设置时，可以设置是否允许他人修改凭证。

8. 答案：×

【解析】只有拥有查询权限的用户才能查询相应的凭证。

9. 答案：√

【解析】在特殊情况下，银行对账无法通过设置的对账条件由系统自动识别，这时需要出纳人员通过人工识别来进行勾对。

10. 答案：√

【解析】任何记账凭证都必须经过审核后才能进行记账处理。

11. 答案：√

【解析】固定资产模块的启用日期必须大于等于会计核算账套的启用日期，且必须大于等于总账的未结账月份。

第四章
电子表格软件在会计中的应用

☞ **主要考点**

1. 电子表格软件的主要功能
2. Excel 软件的用户界面
3. 启动与退出 Excel 软件的常用方法
4. Excel 文件管理的常用方法
5. 数据的输入、编辑
6. Excel 的公式与函数运用
7. Excel 的数据排序、筛选与分类汇总的方法
8. 数据透视表的创建与设置方法
9. 图表的插入方法

📖 **复习重点**

第一节 | 电子表格软件的概述

一、常用的电子表格软件

（1）Windows 操作系统下常用的电子表格软件有微软的 Excel、金山 WPS 电子表格。

（2）Mac 操作系统下常用的电子表格软件有苹果的 Numbers。

（3）专业的电子表格软件有 Lotus Notes。

（4）第三方电子表格软件有 Formula One。

其中，微软的 Excel 软件已广泛应用于会计、统计、金融、财经、管理等领域。

二、电子表格的主要功能

电子表格的主要功能有建立工作簿、管理数据、实现数据网上共享、制作图表和开发应用系统。

（1）建立工作簿。每个工作簿包含若干个工作表，每个工作表由若干行和列组成，行和列交叉形成单元格；单元格是工作表的最小组成单位。

Excel 2003 中每个工作簿默认有 3 个工作表，每张工作表由 65 536 行和 256 列组成。

Excel 2007 中每个工作簿默认有 3 个工作表，每张工作表由 1 048 576 行和 16 384 列组成。

Excel 2013 中每个工作簿默认有 1 个工作表，每张工作表由 1 048 576 行和 16 384 列组成。

（2）管理数据。管理数据是指输入、存储数据，编制各种表格；对数据进行检索、排序、筛选、分类、汇总。

（3）实现数据网上共享。实现数据网上共享是指创建超链接，获取局域网或互联网上共享的数据。

（4）制作图表。Excel 提供了散点图、柱形图、饼图、条形图、面积图、拆线图、气泡图、三维图等 14 类 100 多种基本图表。

（5）开发应用系统。开发应用系统是指利用自带的宏语言，自行编写和开发应用系统。

【例 4-1】在 Excel 中，光标处在 D4 地址中，说明该光标位于工作表的（　　）。

A．第 D 行、第 4 列　　B．第 4 行、第 3 列　　C．第 4 行、第 4 列　　D．第 3 行、第 4 列

答案：C

【解析】工作表由若干行和若干列组成，列标记为 A，B，…，行标记为 1，2，3，…，则 D4 表示第 4 列、第 4 行。

三、Excel 软件的启动与退出

（1）启动。Excel 软件的启动方法有"开始"菜单列示快捷命令法、快捷方式法、启动文件法、运行对话框。

（2）退出。Excel 软件的退出方法是单击"关闭"按钮；单击标题栏控制图标；选择"文件"→"退出"命令或按"Alt+F4"键。注意：如果当前有多个工作簿运行，则以上操作只是将光标所在的文件关闭，其他处于打开状态的 Excel 文件仍在运行。

【例 4-2】Excel 启动的方法有 4 种。（　　）

答案：√

【解析】Excel 的启动一般有菜单法、快捷方式法、启动文件法、运行对话框。

四、Excel 软件的用户界面

Excel 有各种不同的版本，版本不同其菜单的组成也略有不同，在此以 Excel 2010 为列来介绍 Excel 的窗口组成。

（1）标题栏。标题栏用来显示正在编辑的工作表的文件名以及所使用的软件名。

（2）"文件"选项卡。在"文件"选项卡中可以使用基本命令，如"新建""打开""另存为""打印"和"关闭"。

（3）快速访问工具栏。在快速访问工具栏中有一些常用命令，如"保存"和"撤销"命令。用户也可以添加自己的常用命令。

（4）功能区。功能区中是工作时需要用到的命令。它与其他软件中的"菜单"或"工具栏"相同。

（5）编辑窗口。编辑窗口用来显示正在编辑的工作表。工作表由行和列组成。用户可以输入或编辑数据。工作表中的方形称为"单元格"。

（6）显示按钮。显示按钮使用可以根据自己的要求更改正在编辑的工作表的显示模式。

（7）滚动条。滚动条使用户可以更改正在编辑的工作表的显示位置。

（8）缩放滑块。缩放滑块使用户可以更改正在编辑的工作表的缩放设置。

（9）状态栏。状态栏用来显示正在编辑的工作表的相关信息。

工作簿是指 Excel 环境中用来储存并处理工作数据的文件。也就是说，Excel 文档就是工作簿。它是 Excel 工作区中一个或多个工作表的集合，其扩展名为 XLS，在 Excel 中默认的 3 个工作表分别是 Sheet1、Sheet2 和 Sheet3。

工作表是显示在工作簿窗口中的表格。一个工作表可以由 65 536 行和 256 列构成。行的编号从 1 到 65 536，列的编号依次用字母 A，B，…，IV，表示。行号显示在工作簿窗口的左边，列号显示在工作簿窗口的上边。

【例 4-3】Excel 2010 的窗口主要有 9 个组成部分。（   ）

答案：√

【解析】Excel 2010 的窗口由标题栏、"文件"选项卡、快速访问工具栏、功能区、编辑窗口、显示按钮、滚动条、缩放滑块和状态栏 9 个部分组成。

【例 4-4】下列选项中，用于显示当前单元格名字和当前单元格内容的是（   ）。

A．标题栏   B．菜单栏   C．地址栏   D．编辑区

答案：D

【解析】编辑区由名称框、取消输入按钮、确认输入按钮、插入函数按钮和编辑栏构成，用来显示当前单元格名字和当前单元格内容。

【例 4-5】Excel 中有关工作簿的概念，下列叙述中错误的是（   ）。

A．一个 Excel 文件就是一个工作簿   B．一个 Excel 文件可包含多个工作簿

C．一个 Excel 工作簿可包含一张工作表   D．一个 Excel 工作簿可包含多张工作表

答案：A、D

【解析】Excel 工作簿是用来储存并处理工作数据的文件，每一个工作簿可以拥有许多不同的工作表。

【例 4-6】下列关于 Excel 2010 单元格、工作表、工作簿概念的说法中错误的是（   ）。

A．一个工作簿中最多可以包含 255 个工作表

B．一个新建的工作簿中一定包含 3 个工作表

C．一个工作表可以包含 65 536×255 个单元格

D．一个单元格中可以存入文字、数字、日期、时间

答案：B

【解析】一个新建的工作簿不一定包含 3 个工作表，因为可以通过修改默认设置，改变新建工作簿文件中工作表的个数。

五、工作表的基本操作

工作表的基本操作包括选定单元格，编辑单元格，工作表的选中、插入和删除，格式的设置等。

1．选定单元格

通常在一张工作表中始终有一个粗黑边框的单元格，称为活动单元格。选定单元格可以用鼠标和键盘来进行。

2．工作表的插入和删除

插入工作表的方法是选定插入新工作表的位置，选择"插入"→"工作表"命令即可。

删除工作表的方法是选定要删除的工件表，选择"删除"→"删除工作表"命令即可。

3．工作表格式的设置

选择 Excel 表格中需要设置的列、行、单元格或单元格区域，然后右键选择"设置单元格格式"菜单，或者选择完区域后单击"格式"菜单中的"单元格"项目，即可找到"单元格格式"项目。

（1）"数值"标签。当我们遇到将数字转换为文字、小数点位数、百分比、转换时间日期等问题时，如果使用"设置单元格式"菜单中的"数字"标签，可以清楚地看到其中的"数值"就是设置纯数字的格式，如小数位数、是否使用千分位等，依次类推。

（2）"对齐"标签。"对齐"标签主要用来设置对齐方式，如常见的居中对齐。需要注意的是，对齐方式有两个方向——垂直方向和水平方向，可以用来设定 9 种不同的位置。当一行内容较多，而列宽有限时可以勾选"自动换行"显示全部。而勾选"合并单元格"则可将单元格合并，取消勾选则可以取消合并单元格。

（3）"字体"标签。"字体"标签可以用来非常方便地设定文字的颜色、字体、字号、下划线等。

（4）"边框"标签。当用户需要打印 Excel 表格内容的时候，边框就非常有用了（不设置边框，打印的时候是看不到的）。如果用户的打印机支持彩打，不妨试试不同的线型和颜色，这将为用户设置漂亮的表格提供强大的帮助。

（5）"图案"标签。"图案"标签用来设置填充颜色和图案的地方，这也是美化 Excel 表格的重要工具。

【例 4-7】Excel 中表示单元格名称时，前面是行号，后面是列号。（   ）

答案：×

【解析】Excel 单元格名称用列标+行号来表示。

【例 4-8】Excel 活动单元格右下角的小黑方块称为填充柄。（   ）

答案：√

【解析】通过填充柄可复制单元格内容，完成序列填充等操作。

【例 4-9】Excel 操作中，将 A3 设置为当前单元格，单击"插入"菜单中的"行"命令后，空行将添加在 A3 的（   ）。

A．上方　　　　B．下方　　　　C．左侧　　　　D．右侧

答案：A

【解析】Excel 中行的插入默认就是在活动单元格所在行的上方。

【例 4-10】在 Excel 默认情况下，通过窗口标题栏看到的工作簿默认名称是（   ）。

A．Sheet1　　　　B．Book1　　　　C．表格 1　　　　D．文档 1

答案：B

【解析】Excel 中新建工作簿文件默认的文件名是 Book+数字号，即新建的第一个文件名是 Book1，新建的第二个文件名是 Book2，以此类推。

六、Excel 文件的管理

Excel 文件的管理主要包括新建、保存、关闭、打开、加密、备份、修改与删除等工作。

1．新建

在以打开现成的 Excel 文件的方式启动 Excel 软件的过程中，有 3 种方法建立空白工作簿：

按快捷键"Ctrl+N";打开"文件"菜单,单击"新建"命令;单击工具栏中的"新建"按钮。

2．保存

保存 Excel 文件的方法有 4 种:按"F12"键;按"Ctrl+S"键;单击工具栏中的"保存"按钮;单击"文件"菜单中的"保存"或"另存为"命令。

3．关闭

可以采取退出 Excel 软件的方法关闭打开的文件;还可以采用以下 3 种方法来关闭 Excel 文件:单击工具栏中的"关闭"按钮;按"Ctrl+F4"键;单击"文件"菜单中的"关闭"命令。

4．打开

打开 Excel 文件的方法有 5 种:双击 Excel 文件打开;单击快捷菜单中的"打开"命令;单击"文件"菜单中的"打开"命令;单击常用工具栏中的"打开"按钮;按"Ctrl+O"组合键。

5．加密

执行"文件"→"另存为"命令,单击"工具"按钮,选择"常规"选项可进行 Excel 文件的加密设置。

6．备份

在对 Excel 文件进行加密的同时勾选"生成备份文件"复选框,则可以自动创建备份文件。

7．修改

通常在已打开的文件中进行 Excel 文件的修改,包括修改单元格内容、增删单元格和行列、调整单元格和行列的顺序、增删工作表和调整工作表的顺序等。

8．删除

删除 Excel 文件的方法是选中要删除的 Excel 文件,按"Delete"键进行删除;或用鼠标右键单击要删除的文件,选择"删除"命令。

【例 4-11】单击快速访问工具栏中的"关闭"按钮,可关闭当前 Excel 文件,Excel 软件仍在运行,可通过快捷键"Ctrl+O"来创新新工作簿。( )

答案:×

【解析】单击快速访问工具栏中的"关闭"按钮,可关闭当前的 Excel 文件,Excel 软件仍在运行,快捷键"Ctrl+O"用于 Excel 文件的打开。

第二节 | 数据的输入与编辑

一、数据输入

输入数据是最基本的操作,Excel 提供了两种数据输入的方法:单个单元数据输入和系列数据自动填充输入。

(1)单个单元数据输入。单个单元数据输入可以最多输入 32 000 个字符,输入后可按回车键、"Tab"键或单击编辑栏中的"√"确认。Excel 对输入的数据自动进行类型判断,并进行相应的处理:文本左对齐,数值右对齐,输入分数时应先输入"0"和" ",即一个 0 和一个空格,然后再输入分数,否则将作为日期处理。

日期和时间输入:按"Ctrl+;"组合键输入当天日期;按"Ctrl+Shift+;"组合键输入当前时间。

(2)在单张工作表的多个单元格中录入相同的内容。选定单元格区域,在当前活动单元格或对应的编辑栏中录入所需的数字或文本,通过组合键"Ctrl+Enter"确认录入的内容。

（3）在单张工作表的多个单元格中录入部分相同的内容。通过执行"设置单元格格式"→"数字"→"自定义"命令来实现，如录入的为数据，则在"类型"文本框中输入部分相同的数据和"#"；如录入的为数据，则在"类型"文本框中输入部分相同的数据和"@"。

（4）在工作组的一个单元格或多个单元格中录入相同的数据。按住"Ctrl"键，选取多个工作表，将其合并成工作组；在目标单元格中，如同按照在单个单元格中录入数据的方法录入相关数据；在一个单元格区域中，如同按照在单张工作表中录入数据的方法在多个单元格中录入相关数据。

（5）单元格数据的快速填充。如表4-1所示。

表4-1 单元格数据的填充

填充方式		内容
相同数据的填充	数字型以及不具有增或减的文字型数据	直接沿填充方向拖动填充柄至结束的单元格
	日期型或具有增或减的文字型数据	按住"Ctrl"键，沿填充方向拖动填充柄至结束的单元格
序列的填充	数字型数据	按住"Ctrl"键，沿填充方向拖动填充柄至结束的单元格
	日期型或具有增或减的文字型数据	直接沿填充方向拖动填充柄至结束的单元格
填充序列类型的指定	利用自动填充序列后，可以指定序列类型，如填充日期值时，可以指定按月填充、按年填充或按日填充	

（6）导入其他数据库的数据。Excel可获取SQL Server、Access等数据库的数据。

【例4-12】在单元格中输入数值和文字数据，默认的对齐方式是（ ）。

A．左对齐　　　　　　　　　　　　B．右对齐

C．分别为左对齐和右对齐　　　　　　D．分别为右对齐和左对齐

答案：D

【解析】在单元格中输入数值，默认的对齐方式为右对齐，输入文字默认是左对齐。

二、数据编辑

1．数据的复制与剪切

复制是将某个单元格或单元格区域的内容复制到指定的其他单元格或单元格区域中，原来单元格或单元格区域的内容不变。复制的快捷键为"Ctrl+C"。

剪切是将某个单元格或单元格区域的内容剪切到指定的其他单元格或单元格区域中，原来单元格或单元格区域的内容将被删除。剪切的快捷键为"Ctrl+X"。

粘贴是将某个单元格或单元格区域的内容复制和剪切的内容覆盖到指定的其他单元格或单元格区域中。粘贴的快捷键为"Ctrl+V"。

2．数据的查找与替换

使用Excel中的"查找"命令，可以快速查找到含有指定字符、文本、公式或批注的单元格。替换则可以在查找的同时自动进行替换。

Excel中的通配符"？"代替任意单个字符，"*"代替任意多个字符。

查找的快捷键为"Ctrl+F"；替换的快捷键为"Ctrl+H"。

【例4-13】通过"选择性粘贴"命令不可以完成的操作是（　　）。

A．粘贴单元格的全部信息　　　　　　　B．粘贴单元格的部分字符

C．粘贴单元格的格式　　　　　　　　　D．粘贴单元格的批注

答案：B

【解析】通过"选择性粘贴"命令可以完成粘贴全部、公式、数值、格式、批注等。

【例4-14】下列快捷键使用正确的有（　　）。

A．复制的快捷键为"Ctrl+C"　　　　　　B．剪切的快捷键为"Ctrl+X"

C．粘贴的快捷键为"Ctrl+V"　　　　　　D．查找的快捷键为"Ctrl+H"

答案：A、B、C

【解析】查找的快捷键为"Ctrl+F"。

三、数据的保护

1．保护工作簿

（1）限制编辑权限。在 Excel 中执行"审阅"→"保护工作簿"命令，可为当前工作簿保护以下两项内容。

结构：勾选此复选框后，将禁止在当前工作簿中进行插入、删除、移动、复制、隐藏或取消隐藏工作表的操作。

窗口：勾选此复选框后，在当前工作簿的窗口将不再显示，禁止进行新建、放大、缩小、移动或分拆工作簿窗口的操作。

（2）设置工作簿打开权限密码。在工作簿打开的状态下，执行"文件"→"信息"→"保护工作簿"→"用密码进行加密"命令。

2．保护工作表

执行"工具"→"保护"→"保护工作表"命令。

3．锁定单元格

锁定单元格可以使单元格中的内容不能被修改，使用"锁定单元格"功能必须启用"保护工作表"功能。

【例4-15】要撤销对工作表的保护，应先撤销对单元格的保护。（　　）

答案：×

【解析】要撤销对单元格的保护，应先撤销对工作表的保护。

第三节 | 公式与函数的应用

一、公式的应用

1．公式的概念及其构成

公式是指由等号"="、运算体和运算符在单元格中按特定顺序连接而成的运算表达式。Excel 中，运算符主要有 4 种类型：算术运算符、比较运算符、文本运算符和引用运算符。

Excel 中，公式总是以等号"="开始，以运算体结束，相邻的两个运算体之间必须使用能够正确表达二者运算关系的运算符进行连接。

算术运算符和文本运算符优于比较运算符。

2．公式的创建、编辑与修改

（1）公式的创建。Excel 中，创建公式的方式包括手动输入和移动点击输入。

手动输入公式时如有小圆括号，应注意其位置是否适当以及左括号是否与右括号相匹配。移动点击输入数值所在单元格的地址后，单元格将处于"数据点模式"。

（2）公式的编辑和修改。

① 双击公式所在的单元格，直接在单元格内修改内容。

② 选中公式所在的单元格，按"F2"键，直接在单元格内修改内容。

③ 选中公式所在的单元格后单击公式编辑栏，在公式编辑栏中进行更改。

需注意的是，在编辑或者移动点击输入公式时，不能随便移动方向键或者单击公式所在单元格以外的单元格，否则单元格内光标移动之前的位置将自动输入所移至单元格的地址名称。

3．公式的运算次序

对于只由一个运算符或者多个优先级次相同的运算符（如既有加号又有减号）构成的公式，Excel 将按照从左到右的顺序自动进行智能运算；但对于由多个优先级次不同的运算符构成的公式，Excel 将自动按照公式中运算符优先级次从高到低进行智能运算。

为了改变运算优先顺序，应将公式中需要最先计算的部分使用一对左右小圆括号括起来，但不能使用中括号。公式中左右小圆括号的对数超过一对时，Excel 将自动按照从内向外的顺序进行计算。

4．公式运算结果的显示

Excel 根据公式自动进行智能运算的结果默认显示在该公式所在的单元格里，编辑栏则相应显示公式表达式的完整内容。该单元格处于编辑状态时，单元格也将显示等号"="及其运算体和运算符，与所对应编辑栏显示的内容相一致。

（1）查看公式中某步骤的运算结果。

① 选中公式所在的单元格，双击或按"F2"键进入编辑状态。

② 选中公式中需要查看其运算结果的运算体和运算符，按"F9"键后，被选中的内容将转化为运算结果，该运算结果同时处于被选中状态。

在运算结果处于被选中状态时，如果按下确认键或者移动光标键，公式中参与运算的运算体和运算符将不复存在，而被该结果所替代；如果移动鼠标去单击其他单元格，公式所在的单元格将由编辑状态切换成数据点状态，并同时显示被选中单元格的地址或名称。

③ 按"Esc"键或"Ctrl+Z"组合键（或单击"撤销"按钮），运算结果将恢复为公式表达式的原来内容。

（2）公式默认显示方式的改变。

① 在单元格显示运行结果时，选中单元格，按"Ctrl+`"组合键或者单击"显示公式"（适用于 Excel 2013）菜单命令，可切换为显示公式内容。

② 在单元格显示公式内容时，选中单元格，按"Ctrl+`"组合键或者单击"显示公式"（适用于 Excel 2013）菜单命令，或者单击"公式审核模式"（适用于 Excel 2003）菜单命令，可切换为显示运行结果。

（3）将公式运算结果转换为数值。采用复制、粘贴的方法将公式原地复制后，进行选择性粘贴，但只粘贴数值。

【例 4-16】在 Excel 的算术运算符中，优先级最高的是（　　）。

A．加　　　　　　　　B．减　　　　　　　　C．乘　　　　　　　　D．乘方

答案：D

【解析】算术运算符优先级最高的是乘方，其次是乘、除，最后是加、减。

【例 4-17】Excel 中，公式总是以等号"="开始。（   ）

答案：√

【解析】Excel 中，公式总是以等号"="开始，以运算体结束。

二、单元格的引用

1．引用的类型

（1）相对引用。相对引用是指源数据所在单元格与引用源数据的单元格的相对位置，当复制使用了相对引用的公式到别的单元格时，被粘贴公式中的引用将自动更新，数据源将指向与当前公式所在单元格位置相对应的单元格。在相对引用中，所引用的单元格地址的列坐标和行坐标前面没有任何标示符号。Excel 默认使用的单元格引用是相对引用。

（2）绝对引用。绝对引用是指源数据所在单元格在工作表中的绝对位置，当复制使用了绝对引用的公式到别的单元格时，被粘贴公式中的引用不会更新，数据源仍然指向原来的单元格。在绝对引用中，所引用的单元格地址的列坐标和行坐标前面分别加入标示符号"$"。如果要使复制公式时数据源的位置不发生改变，应当使用绝对引用。

（3）混合引用。混合引用是指所引用单元格地址的行标与列标中只有一个是相对的，可以发生变动，而另一个是绝对的。

2．输入单元格引用

（1）在单元格地址的列标和行标前直接输入"$"符号。

（2）输入完单元格地址后，重复按"F4"键选择合适的引用类型。

3．跨工作表单元格引用

跨工作表单元格引用是指引用同一工作簿里其他工作表中的单元格，又称三维引用，需要按照以下格式进行跨表引用。

工作表名!数据源所在单元格地址

4．跨工作簿单元格引用

跨工作簿单元格引用是指引用其他工作簿中的单元格，又称外部引用，需要按照以下格式进行跨工作簿引用。

［工作簿名］工作表名!数据源所在单元格地址

【例 4-18】下列选项中，属于 Excel 中常用的单元格引用的有（   ）。

A．相对引用   B．绝对引用   C．链接引用   D．混合引用

答案：A、B、D

【解析】Excel 中常用的单元格引用有相对引用、绝对引用和混合引用。

三、函数的应用

函数的基本格式是：函数名（参数序列）。参数序列是用于限定函数运算的各个参数，这些参数除中文外都必须使用英文半角字符。函数只能出现在公式中。

1．常用函数

（1）统计函数。

① MAX：用于返回数值参数中的最大值，忽略参数中的逻辑值和文本。

② MIN：用于返回数值参数中的最小值，忽略参数中的逻辑值和文本。

③ SUM：用于计算单元格区域中所有数值的和。

④ SUMIF：用于对满足条件的单元格求和。

⑤ AVERAGE：用于返回参数的算术平均值。

⑥ AVERAGEIF：用于返回某个区域内满足给定条件的所有单元格的算术平均值。

⑦ COUNT：用于计算包含数字的单元格以及参数列表中数字的个数。

⑧ COUNTIF：用于对区域中满足单个指定条件的单元格进行计数。

（2）文本函数。

① LEN：用于返回文本字符串中的字符数。

② RIGHT：用于从文本字符串中最后一个字符开始返回指定个数的字符。

③ MID：用于返回文本字符串中从指定位置开始的指定数目的字符。

④ LEFT：用于返回文本字符串中第一个字符开始至指定个数的字符。

（3）逻辑函数。

IF（logical_test，value_if_true，value_if_false）用于判断"logical_test"的内容是否为真，如果为真则返回"value_if_true"；如果为假则返回"value_if_false"。

（4）查找与引用函数。

① LOOKUP：用于返回向量（单行区域或单列区域）或数组中的数值。它具有两种语法形式：向量形式和数组形式。

向量形式：LOOKUP（lookup_value，lookup_vector，result_vector）用于在单行区域或单列区域（称为"向量"）中查找值，然后返回第二个单行区域或单列区域中相同位置的值。

数组形式：LOOKUP（lookup_value，array）用于在数组的第一行或第一列中查找指定的值，并返回数组最后一行或最后一列内同一位置的值。

② INDEX：用于返回表格或数组中的元素值，此元素由行号和列号的索引值给定。

③ MATCH：用于在单元格区域中搜索指定项，然后返回该项在单元格区域中的相对位置。

（5）日期与时间函数。

① YEAR：用于返回某日期对应的年份。

② MONTH：用于返回某日期对应的月份，介于 1 到 12 之间。

③ DAY：用于返回某日期对应的天数，介于 1 到 31 之间。

④ NOW：用于返回当前的日期和时间。

2．基本财务函数

（1）SLN。SLN（cost，salvage，life）用于返回某项资产以直线法计提的每一期的折旧值。

cost 是必需参数，指固定资产的原值。salvage 是必需参数，指固定资产的残值。life 是必需参数，指固定资产的折旧期数。

（2）DDB。DDB（cost，salvage，life，period，factor）用于使用双倍余额递减法或其他指定的方法，计算一项固定资产在给定期间内的折旧值。

cost 是必需参数，指固定资产的原值。salvage 是必需参数，指固定资产的残值。life 是必需参数，指固定资产的折旧期数。period 是必需参数，指需要计算折旧值的期间。period 必须使用与 life 相同的单位。factor 是可选参数，指余额递减速率。如果 factor 被省略，则默认为 2，即使用双倍余额递减法。

（3）SYD。SYD（cost，salvage，life，per）用于返回某项资产按年数总和折旧法计算的在第"per"期的折旧值。

cost 是必需参数，指固定资产的原值。salvage 是必需参数，指固定资产的残值。life 是必需参数，指固定资产的折旧期数。per 是必需参数，指第几期，其单位必须与 life 相同。

【例4-19】LEN函数是求一个数值的绝对值。（　　　）

答案：×

【解析】LEN函数是求一个字符串的长度，即字符串中字符的个数。

【例4-20】以下各函数中，用于求平均值的函数是（　　　）。

A．AVERAGE　　　　　B．TODAY　　　　　C．SUM　　　　　D．COUNT

答案：A

【解析】AVERAGE函数是对给出的各个参数求平均值。

第四节 | 数据清单及其管理分析

一、数据清单的构建

1. 数据清单的概念

Excel中，数据库是通过数据清单或列表来实现的。

数据清单是一种包含一行列标题和多行数据且每行同列数据的类型和格式完全相同的Excel工作表。

数据清单中的列对应数据库中的字段，列标志对应数据库中的字段名称，每一行对应数据库中的一条记录。

2. 构建数据清单的要求

构建数据清单的要求主要有如下几点。

（1）列标志应位于数据清单的第一行，用以查找和组织数据、创建报告。

（2）同一列中各行数据项的类型和格式应当完全相同。

（3）避免在数据清单中间放置空白的行或列，但在需将数据清单和其他数据隔开时，应在它们之间留出至少一个空白的行或列。

（4）尽量在一张工作表上建立一个数据清单。

二、记录单的使用

1. 记录单的概念

记录单又称数据记录单，是快速添加、查找、修改或删除数据清单中相关记录的对话框。

2. 通过记录单处理数据清单的记录

（1）通过记录单处理记录的优点。通过记录单处理记录的优点主要有：界面直观，操作简单，减少数据处理时行列位置的来回切换，避免输入错误，特别适用于大型数据清单中记录的核对、添加、查找、修改或删除。

（2）"记录单"对话框的打开。打开"记录单"对话框的方法是：输入数据清单的列标志后，选中数据清单的任意一个单元格，单击"数据"菜单中的"记录单"命令。

打开"记录单"对话框后，只能通过"记录单"对话框来输入、查询、核对、修改或者删除数据清单中的相关数据，但无法直接在工作表的数据清单中进行相应的操作。

（3）在"记录单"对话框中输入新记录。在数据录入的过程中，如果发现某个文本框中的数据录入有误，可将光标移入该文本框，直接进行修改；如果发现多个文本框中的数据录入有误，不便逐一修改，可通过单击"还原"按钮放弃本次确认前的所有输入，光标将自动移入第一个空白文本框，等待数据录入。

（4）利用"记录单"对话框查找特定单元格。通过查询，符合条件的记录将分别出现在对话框相应列后的文本框中，"记录状态"显示区相应显示记录的次序数以及数据清单中记录的总条数。这种方法尤其适合于具有多个查询条件的查询，只要在对话框多个列名后的文本框内同时输入相应的查询条件即可。

（5）利用"记录单"对话框核对或修改特定记录。查找到待核对或修改的记录后，在对话框相应列后的文本框中逐一核对或修改。在确认修改前，"还原"按钮处于激活状态，可通过单击"还原"按钮放弃本次确认前的所有修改。

（6）利用"记录单"对话框删除特定记录。记录删除后无法通过单击"还原"按钮来撤销。

三、数据的管理与分析

1．数据的排序

（1）快速排序。使用快速排序的操作步骤为：在数据清单中选定需要排序的各行记录，执行工具栏或功能区中的"排序"命令。

（2）自定义排序。使用自定义排序的操作步骤为：在"数据"菜单或功能区中打开"排序"对话框，在"排序"对话框中选定排序的条件、依据和次序。

2．数据的筛选

数据的筛选是指利用"数据"菜单中的"筛选"命令对数据清单中的指定数据进行查找和其他操作。

（1）快速筛选。使用快速筛选的操作步骤为：在数据清单中选定任意单元格或需要筛选的列，执行"数据"菜单或功能区中的"筛选"命令，第一行的列标识单元格右下角出现向下的三角图标；单击适当列的第一行，在弹出的下拉列表中取消勾选"全选"，勾选筛选条件，单击"确定"按钮可筛选出满足条件的记录。

（2）高级筛选。使用高级筛选的操作步骤为：编辑条件区域；打开"高级筛选"对话框；选定或输入"列表区域"和"条件区域"，单击"确定"按钮。

（3）清除筛选。对经过筛选后的数据清单进行第二次筛选时，之前的筛选将被清除。

3．数据的分类汇总

数据的分类汇总是指在数据清单中按照不同的类别对数据进行汇总统计。分类汇总采用分级显示的方式显示数据，可以收缩或展开工作表的行数据或列数据，实现各种汇总统计。

（1）创建分类汇总。需设置采用的"汇总方式"和"选定汇总项"的内容，数据清单将以选定的"汇总方式"按照"分类字段"分类统计，将统计结果记录到选定的"选定汇总项"列下，同时可以通过单击级别序号实现分级查看汇总结果。

（2）清除分类汇总。打开"分类汇总"对话框，单击"全部删除"按钮即可取消分类汇总。

4．数据透视表的插入

数据透视表是根据特定数据源生成的，可以动态改变其版面布局的交互式汇总表格。数据透视表不仅能够按照改变后的版面布局自动重新计算数据，而且能够根据更改后的原始数据或数据源来刷新计算结果。

（1）数据透视表的创建。单击"数据"菜单中的"数据透视表和数据透视图…"命令，按"数据透视表和数据透视图向导"提示进行相关的操作可创建数据透视表。

数据透视表的布局框架由页字段、行字段、列字段和数据项等要素构成，可以通过需要选择不同的页字段、行字段、列字段，设计出不同结构的数据透视表。

（2）数据透视表的设置。

① 重新设计版面布局。在数据透视表布局框架中选定已拖入的字段、数据项，将其拖出，将"数据透视表字段列表"中的字段和数据项重新拖至数据透视表框架中的适当位置，报表的版面布局立即自动更新。

② 设置值的汇总依据。值的汇总依据有求和、计数、平均值、最大值、最小值、乘积、数值计数、标准偏差、总体偏差、方差和总体方差。

③ 设置值的显示方式。值的显示方式有无计算、百分比、升序排列、降序排列等。

④ 进行数据的筛选。分别对报表的行和列进行数据的筛选，系统会根据条件自行筛选出符合条件的数据列表。

⑤ 设定报表样式。数据透视表中，既可通过单击"自动套用格式"（适用于 Excel 2003，单击"格式"菜单后进入）或"套用报表格式"（适用于 Excel 2013）按钮选用系统自带的各种报表样式，也可通过设置单元格格式的方法自定义报表样式。

5．图表的插入

框选需要生成图表的数据清单、列表或者数据透视表，选择"插入"菜单中的"图表"菜单，按照相关步骤操作可完成图表的插入。

图表不仅可以根据需要分别输入标题和各轴所代表的数据含义，而且可以适当调整大小及其位置。

【例 4-21】Excel 中只能根据数据排序。（   ）

答案：×

【解析】Excel 中不仅可以按照数字顺序或字母顺序排序，还可按照自定义序列进行排序。

【例 4-22】Excel 中分类汇总的前提是（   ）。

A．筛选   B．排序   C．记录单   D．以上全对

答案：B

【解析】Excel 中分类汇总的前提是排序。

历年真题及解析

一、单项选择题

1. 在 Excel 2003 中，一个工作簿可以含有（   ）张工作表。

　　A．254   B．255   C．256   D．65 536

答案：B

【解析】Excel 2003 中一个工作簿最多可含有 255 张工作表。

2. Excel 工作表 B6 单元格的内容为公式 "=A5*$$C$2"，若用命令将 B6 单元格的内容复制到 D8 单元格，则 D8 单元格的公式为（   ）。

　　A．"=A5*E4"   B．"=A5*C2"   C．"=C7*C2"   D．"=C5*C2"

答案：C

【解析】本题主要考核单元格引用的公式复制，绝对引用时被复制的单元格地址不变，相对引用时单元格地址将做相应的变动。

3. Excel 是一种（   ）。

　　A．电子表格软件   B．文字处理软件   C．绘图软件   D．网络通信软件

答案：A

【解析】Windows 操作系统下常用的电子表格软件有微软的 Excel、金山 WPS 电子表格。

4. Excel 2013 中文件默认的扩展名是（　　　）。

    A. ecl   B. xls   C. xlsx   D. xel

答案：C

【解析】Excel 2013 中文件默认的扩展名是 xlsx。

5. Excel 2013 中，工作表行号用数字表示，共有（　　　）行。

    A. 65 535   B. 1 048 576   C. 1 048 575   D. 65 536

答案：B

【解析】Excel 2013 中每个工作簿默认含有 1 个工作表，该工作表由 1 048 576 行和 16 384 列组成。

二、多项选择题

1. 下列各项中属于电子表格软件的有（　　　）。

    A. Pages   B. WPS 电子表格   C. Lotus Notes   D. Formula One

答案：B、C、D

【解析】Windows 操作系统下常用的电子表格软件有微软的 Excel、金山 WPS 电子表格。Mac 操作系统下的电子表格软件有苹果的 Numbers；专业电子表格软件有 Lotus Notes；第三方电子表格软件有 Formula One。

2. 下列各种对 Excel 工作表的数据的操作中能通过"数据"菜单中的命令完成的有（　　　）。

    A. 分类汇总   B. 求和   C. 排序   D. 筛选

答案：A、C、D

【解析】在"数据"菜单中可以完成排序、筛选、分类汇总、插入图表、数据透视等功能。

3. 下列选项中，属于 Excel 提供的基本图表有（　　　）。

    A. 散点图   B. 三维图   C. 面积图   D. 气泡图

答案：A、B、C、D

【解析】Excel 提供了散点图、三维图、面积图、气泡图、折线图、条形图等 14 类 100 多种图表。

4. 下列选项中，用来计算固定资产折旧的函数有（　　　）。

    A. SLN   B. DDB   C. LEN   D. SYD

答案：A、B、D

【解析】SLN 是直线法计提折旧函数；DDB 是双倍余额递减法计提折旧函数；SYD 是年数总和法计提折旧函数。

5. Excel 中对数据的保护体现在对（　　　）的保护。

    A. 工作簿   B. 工作表   C. 单元格   D. 工作组

答案：A、B、C

【解析】Excel 中可以对工作簿、工作表和单元格进行数据保护。

三、判断题

1. 在 Excel 的编辑中，输入数据只能在单元格内进行。（　　　）

答案：×

【解析】在 Excel 的编辑中，输入数据可以在单元格内进行，也可以在编辑栏中进行。

2. 单元格是工作表最小的组成单位，单个数据的输入和修改都在单元格中进行。（　　）

答案：√

【解析】单元格是工作表最小的组成单位，单个数据的输入和修改都在单元格中进行，每个单元格最多可容纳 32 000 个字符。

3. 单击 Excel 软件标题栏右上角的"×"，可立即退出 Excel 软件。（　　）

答案：×

【解析】如果当前有多个工作簿运行，以上操作只是将光标所在的文件关闭，其他处于打开状态的 Excel 文件仍在运行。

4. 在不同的工作表中不能同时录入完全相同的数据。（　　）

答案：×

【解析】在不同的工作表中，按住"Ctrl"键，选取多个工作表，将其合并成工作组；在目标单元格中，按照在单个单元格中录入数据的方法录入相关数据。

5. 利用格式刷复制的仅仅是单元格的格式，不包括内容。（　　）

答案：√

【解析】格式刷仅复制单元格的格式，不包括内容。

强化练习

一、单项选择题

1. 打开 Excel 2003，按（　　）组合键可快速打开"文件"清单。

A. "Alt+F"　　　　　　B. "Tab+F"　　　　　　C. "Ctrl+F"　　　　　　D. "Shift+F"

2. 在 Excel 2003 中，一个工作簿可以含有（　　）张工作表。

A. 254　　　　　　B. 255　　　　　　C. 256　　　　　　D. 65 536

3. Excel 2003 是一种主要用于（　　）的工具。

A. 画图　　　　　　B. 上网　　　　　　C. 放幻灯片　　　　　　D. 绘制表格

4. 在 Excel 2003 中，"工作表"是用行和列组成的表格，分别用（　　）区别。

A. 数字和数字　　　　B. 数字和字母　　　　C. 字母和字母　　　　D. 字母和数字

5. 单击"程序"清单下的 Excel 命令，运行 Excel 2003，此时有（　　）个工作标签。

A. 4　　　　　　B. 3　　　　　　C. 2　　　　　　D. 1

6. 下面标签中不属于"新建工作簿"对话框的是（　　）。

A. "常用"　　　　B. "电子方案表格"　　C. "数据库"　　　　D. "其他文档"

7. 下列有关新建工作簿的说法中正确的是（　　）。

A. 新建的工作簿会覆盖原先的工作簿　　　B. 新建的工作簿在原先的工作簿关闭后出现

C. 可以同时出现两个工作簿　　　　　　　D. 新建工作簿可以使用"Shift+N"组合键

8. 下列有关在 Excel 2003 中通过"另存为"命令选择保存位置的说法中正确的是（　　）。

A. 只可以保存在驱动器根目录下

B. 只可以保存在文件夹下

C. 既可以保存在驱动器根目录下，又可以保存在文件夹下

D. 既不可以保存在驱动器根目录下，又不可以保存在文件夹下

9. 在"文件"菜单中选择"打开"选项时（　　　）。
   A. 可以同时打开多个 Excel 文件　　　　B. 只能一次打开一个 Excel 文件
   C. 打开的是 Excel 工作表　　　　　　　D. 打开的是 Excel 图表
10. 在 Excel 2003 中，使用"格式"菜单中的"重命名"命令，下列说法中正确的是（　　　）。
    A. 只改变它的名称　　　　　　　　　　B. 只改变它的内容
    C. 既改变名称又改变内容　　　　　　　D. 既不改变名称又不改变内容
11. 下列命令中，不属于右键单击一个单元格出现的快捷菜单的是（　　　）。
    A. "插入"　　　　B. "删除"　　　　C. "删除工作表"　　　　D. "复制"
12. 在 Excel 2003 中每一列使用字母"A"～"Z"表示，说明最多有（　　　）列。
    A. 10　　　　B. 25　　　　C. 52　　　　D. 若干个
13. 在 Excel 2003 中，编辑栏的公式栏中显示的是（　　　）。
    A. 删除的数据　　B. 当前单元格的数据　　C. 被复制的数据　　D. 没有显示
14. 若要重新对工作表命名，可以使用的方法是（　　　）。
    A. 单击表标签　　　　　　　　　　　　B. 双击表标签
    C. 按"F5"键　　　　　　　　　　　　D. 使用窗口左下角的滚动按钮
15. 在 Excel 2003 的工作簿的单元格中可输入（　　　）。
    A. 字符　　　　B. 中文　　　　C. 数字　　　　D. 以上都可以
16. 要改变数字格式可使用"单元格格式"对话框中的（　　　）选项。
    A. "对齐"　　　　B. "文本"　　　　C. "数字"　　　　D. "字体"
17. 在工作表中选择一整列的方法是（　　　）。
    A. 单击行标题　　B. 单击列标题　　C. 单击"全选"按钮　　D. 单击单元格
18. 下列不属于"单元格格式"对话框中数字标签内容的是（　　　）选项。
    A. "字体"　　　　B. "货币"　　　　C. "日期"　　　　D. "分数"
19. Excel 2003 中，添加边框颜色的操作是从（　　　）菜单开始。
    A. "视图"　　　　B. "插入"　　　　C. "格式"　　　　D. "工具"
20. 在 Excel 2003 的单元格中的内容还会在（　　　）中显示。
    A. 编辑栏　　　　B. 标题栏　　　　C. 工具栏　　　　D. 菜单栏

二、多项选择题

1. 在 Excel 中，自动填充柄的自动填充功能可实现（　　　）。
   A. 复制　　　　B. 移动　　　　C. 计数　　　　D. 排序
2. Excel 的数据类型包括（　　　）。
   A. 数值型　　　　B. 字符型　　　　C. 日期型　　　　D. 逻辑型
3. 当单元格右下角出现黑色"十"字形的填充柄时，可进行的操作有（　　　）。
   A. 可填充相同的数据
   B. 可填充具有一定规律的序列
   C. 只可以向上、向下进行填充
   D. 可以向上、向下、向左、向右 4 个方向填充
4. 在 Excel 工作表的单元格中，下列公式中输入正确的有（　　　）。
   A. = $A3:A$4　　B. =A3；A4　　C. =SUM（Sheet1! A2）D. =10

5. Excel 具有（　　　）功能。

    A. 电子表格　　　　　B. 图形处理　　　　　C. 数据库管理　　　　　D. 文字处理

6. 在 Excel 中包含的运算符有（　　　）。

    A. 文本运算符　　　　B. 逻辑运算符　　　　C. 引用运算符　　　　D. 比较运算符

7. 在 Excel 中，直接输入 "1/4"，单元格不显示的是（　　　）。

    A. 0　　　　　　　　　B. 1/4　　　　　　　C. 1 月 4 日　　　　　D. 25%

8. 在 Excel 中，地址的表示方式有（　　　）。

    A. 绝对地址　　　　　B. 相对地址　　　　　C. 混合地址　　　　　D. 交叉地址

9. 在 Excel 中，可利用（　　　）的方法进行求和运算。

    A. 求和函数　　　　　　　　　　　　　　B. 加法运算

    C. 常用工具栏中的 "自动求和" 按钮　　　D. 编辑菜单中求和公式

10. 选定单元格区域，在 Excel 编辑栏中输入所需的数字后，按（　　　）键，不能实现在当前所有活动单元格内填充相同的内容。

    A. "Alt+Enter"　　　B. "Delete+Enter"　　C. "Shift+Enter"　　　D. "Ctrl+Enter"

11. 通过数据透视表，可以完成的数据清单有（　　　）。

    A. "求和"　　　　　　B. "查找"　　　　　C. "汇总"　　　　　　D. "筛选"

12. 下列属于 Excel 算术运算符的有（　　　）。

    A. +　　　　　　　　　B. ∧　　　　　　　　C. <　　　　　　　　D. =

13. 在 Excel 中，公式 SUM（A1：A4）等价于（　　　）。

    A. SUM（A1：B4）　　　　　　　　　　　B. SUM（A1+A4）

    C. SUM（A1+A2，A3+A4）　　　　　　　D. SUM（A1，A2，A3，A4）

14. 在 Excel 中，（　　　）不是函数 MIN（4，8，FALSE）的执行结果。

    A. 4　　　　　　　　　B. −1　　　　　　　C. 0　　　　　　　　D. 8

15. 下列函数中属于文本函数的有（　　　）。

    A. RIGHT　　　　　　B. LEN　　　　　　　C. MID　　　　　　　D. COUNTIF

三、判断题

1. Excel 中表示单元格名称时，前面是行号，后面是列号。（　　　）

2. Excel 左下角的标签只能有 Sheet1、Sheet2 和 Sheet3 三个。（　　　）

3. 活动单元格右下角的小黑方块称为填充柄。（　　　）

4. 要使数字作为字符处理，输入数据时应在前面加上单引号。（　　　）

5. 输入分数时，应在前面加上 0 和空格。（　　　）

6. 在 Excel 中，"2006.5.18" 表示 "2006 年 5 月 18 日"。（　　　）

7. 在 Excel 中，"08–11–13" 表示 "8 点 11 分 13 秒"。（　　　）

8. 选定一个单元格区域后，在名称框中显示的是右下角的单元格。（　　　）

9. 在一个单元格中单击，再到另一个单元格中按住 "Shift" 键单击可选定连续的矩形区域。（　　　）

10. 按住 "Ctrl" 键不放，单击或拖动可以选定不连续的区域。（　　　）

11. 按 "Ctrl+A" 组合键可以选定整张工作表。（　　　）

12. 要在选定的单元格区域内输入相同的数据，应使用 "Ctrl+Enter" 键。（　　　）

13. 选定一个单元格后，用鼠标左键指向单元格的填充柄向下拖动，拖过的单元格的内容与选定的单元格的内容相同。（　　　）

14. 在使用鼠标右键拖动填充柄出现的右键快捷菜单中，"以序列方式填充"的结果是"等差序列"。（　　　）

15. 在"序列"对话框中，等差（或等比）序列的步长值只能是整数。（　　　）

16. 用鼠标右键拖动选定的单元格区域边框处，放开后会出现对话框。（　　　）

17. 将一个单元格区域中的数据复制到另一个区域中时，两个区域的大小应当相同。（　　　）

18. 选定单元格区域后按"Delete"键可将选定区域及其中的内容一起删除。（　　　）

19. 用鼠标直接拖动单元格的边线可以改变单元格的高度或宽度。（　　　）

20. 插入整行时可以选择插入在上方或下方。（　　　）

强化练习参考答案及解析

一、单项选择题

1. 答案：A

【解析】Excel 2003，按"Alt+F"键可快速打开"文件"清单。

2. 答案：B

【解析】在 Excel 2003 中，一个工作簿可以含有 255 张工作表。

3. 答案：D

【解析】Windows 操作系统下常用的电子表格软件有微软的 Excel、金山 WPS 电子表格。

4. 答案：B

【解析】工作表由若干行和若干列组成，列标记为 A，B，…，行标记为 1，2，3，…。

5. 答案：B

【解析】单击"程序"清单中的 Excel 命令，运行 Excel 2003 有 3 个工作标签。

6. 答案：C

【解析】"新建工作簿"对话框中有"常用""电子方案表格""其他文档"标签。

7. 答案：C

【解析】可同时建立几个工作簿。

8. 答案：C

【解析】通过 Excel 2003 中的"另存为"命令既可以将文件保存在驱动器根目录下，又可以将文件保存在文件夹下。

9. 答案：A

【解析】在"文件"菜单中选择"打开"选项时可以同时打开多个 Excel 文件。

10. 答案：A

【解析】在 Excel 2003 中，使用"格式"菜单中的"重命名"命令只能改变工作簿的名称。

11. 答案：C

【解析】右键单击一个单元格出现的快捷菜单中有"插入""删除""复制"命令。

12. 答案：D

【解析】Excel 2003 中每个工作簿默认有 3 张工作表，每张工作表由 65 536 行和 256 列组成。

13. 答案：B

【解析】在 Excel 2003 中，编辑栏的公式栏中显示的是当前单元格中的数据。

14. 答案：B

【解析】若要重新对工作表命名，则可双击表标签在弹出的对话框中进行。

15. 答案：D

【解析】在 Excel 2003 的工作簿的单元格中既可输入字符，也可输入中文、数字等。

16. 答案：C

【解析】在"单元格格式"对话框中可通过"数字"选项设置数字格式。

17. 答案：B

【解析】单击列标题可以选择一整列。

18. 答案：A

【解析】通过"单元格格式"对话框中的"数字"标签可以设置货币、日期、分数；通过
"字体"标签可以设置字体。

19. 答案：C

【解析】Excel 2003 中，添加边框颜色的操作在"格式"菜单中进行。

20. 答案：A

【解析】在 Excel 2003 中，单元格中的内容会在编辑栏中显示。

二、多项选择题

1. 答案：A、C

【解析】在 Excel 中，自动填充柄的自动填充功能可完成复制和计数的操作。

2. 答案：A、B、C、D

【解析】Excel 中常见的数据类型有数值型、字符型、日期型、逻辑型、时间型。

3. 答案：A、B、D

【解析】利用填充柄可以完成相同数据的填充，序列，向上、向下、向左、向右 4 个方向
的填充。

4. 答案：A、C、D

【解析】单元格中运算表达式中不包含"；"。

5. 答案：A、B、C

【解析】Excel 的主要功能有建立工作簿、数据管理、实现数据网上共享、制作图表、开发
应用系统。

6. 答案：A、C、D

【解析】在 Excel 中有文本运算符、比较运算符、引用运算符和算术运算符。

7. 答案：A、B、D

【解析】在 Excel 中输入"1/4"，单元格默认的是日期型数据。

8. 答案：A、B、C

【解析】在 Excel 中地址的表示方式有绝对地址、相对地址和混合地址。

9. 答案：A、B、C

【解析】编辑菜单中没有求和公式的操作。

10. 答案：A、B、C

【解析】选定单元格区域，在当前单元格或相对应的编辑栏中录入所需的内容，按"Ctrl+Enter"
键确认录入的内容。

11. 答案：A、B、C、D

【解析】数据透视表综合了数据、筛选、分类汇总等优点。

12. 答案：A、B

【解析】算术运算符有加、减、乘、除、乘方、百分数等。

13. 答案：A、B、D

【解析】A、B、D 选项计算的是 A1 和 A4 单元格的和。

14. 答案：A、B、D

【解析】MIN 用于返回数值参数的最小值，如果参数直接有文本数字，则空单元格视为 0，FALSE 的值为 0。

15. 答案：A、B、C

【解析】COUNTIF 属于统计函数。

三、判断题

1. 答案：×

【解析】单元格名称用列标+行号表示。

2. 答案：×

【解析】在 Excel 中，一个工作簿文档中默认打开了 3 张工作表，但可以通过"插入"→"工作表"命令来添加工作表。

3. 答案：√

【解析】通过填充柄可复制单元格内容，完成序列填充等操作。

4. 答案：√

【解析】在单元格中输入数字时，Excel 默认该单元格的数据类型为数值型，自动右对齐，因此最高位上的"0"会被视为无效而忽略，要将数字作为字符输入，应在输入数字前先输入英文半角符号"'"，再输入数字。

5. 答案：√

【解析】在 Excel 中，直接输入的"5/3"会被视为日期处理，因此，要输入分数（如"5/3"），应输入"0 5/3"。

6. 答案：×

【解析】在 Excel 中，输入日期的方法是用减号"−"或反斜线"/"作为年、月、日之间的分隔符，因此应输入"2006/5/18"。

7. 答案：×

【解析】在 Excel 中，输入时间的方法是用冒号":"作为小时、分、秒之间的分隔符。

8. 答案：×

【解析】选定一个单元格区域后，名称框中显示的是该区域中的活动单元格地址。

9. 答案：√

【解析】在 Excel 中，选定单元格区域的方法就是先选定起始单元格，再按"Shift"键，单击选定结束单元格。

10. 答案：√

【解析】在 Excel 中，选定不连续的单元格区域的方法就是先单击选定一个要选定的单元格，然后按"Ctrl"键，依次选定其他要选定的单元格或单元格区域。

11. 答案: √

【解析】此外，单击"全选"按钮也可以选定整张工作表。

12. 答案: √

【解析】在 Excel 中，要在选定的单元格区域中输入相同的数据，可在选定该单元格区域后，输入数据，然后按"Ctrl+Enter"组合键。

13. 答案: ×

【解析】在 Excel 中，默认情况下，拖动填充柄，将完成单元格数据的序列填充，如果选定的单元格中的数据为非序列数据，则以复制方式填充。

14. 答案: √

【解析】Excel 默认的序列填充为等差序列。

15. 答案: ×

【解析】步长值是指等差序列的两相邻数的差值或等比序列的两相邻数的比值，它既可以是整数，也可以是小数。

16. 答案: ×

【解析】用鼠标右键拖动选定的单元格区域边框，放开后会出现右键快捷菜单，供用户选择需要的命令。

17. 答案: √

【解析】在 Excel 中复制单元格区域的数据时，目标单元格区域的大小（指拥有的单元格数目）和形状必须完全相同。

18. 答案: ×

【解析】选中单元格区域后，按"Delete"键，可删除单元格中的内容。

19. 答案: ×

【解析】在 Excel 中，用鼠标直接拖动单元格的边框，将移动该单元格到别的位置。如要调整单元格的高度，则应拖动行号之间的分隔线；如要调整单元格的宽度，则应拖动列标之间的分隔线。

20. 答案: ×

【解析】在 Excel 中，插入的行将出现在选定行的上方。

第五章
操作题考试技能点解析

（1）新增一个姓名为"乔峰"的操作员（操作员：系统主管；账套：101账套；操作日期：2014年1月1日）。

操作步骤

单击"启动财务软件"→"用户管理"→"新增"按钮，打开"新增操作员"窗口，输入操作员名称为"乔峰"，单击"确定"按钮，再单击"关闭"按钮。

（2）设置账套的凭证类型（操作员：刘主管；账套：701账套；操作日期：2014年1月1日），其中收付转的转账凭证如下。

编码：转

名称：转账凭证

格式：记账凭证

凭证必无科目：1001、1002

操作步骤

单击"启动财务软件"→"凭证类型"，打开"记账凭证类型"窗口，选择"自定义"，单击"确定"按钮，输入编码为"转"，名称为"转账凭证"，凭证必无科目的科目1选择"1001"，科目2选择"1002"，再单击"关闭"按钮。

（3）增加部门档案（操作员：系统主管；账套：101账套；操作日期：2014年1月1日）。

部门编码：11

部门名称：销售部

操作步骤

单击"启动财务软件"→"部门"，打开"部门"窗口，再单击"新增"按钮，打开"新增部门"窗口，如图5-1所示。

输入部门编码为"11"，部门名称为"销售部"，单击"确定"按钮，再单击"关闭"按钮。

图 5-1　新增部门

（4）新增付款条件（操作员：刘主管；账套：101 账套；操作日期：2014 年 1 月 1 日）。

付款条件编码：90D

付款条件名称：90 天

到期日期（天）：90

操作步骤

单击"启动财务软件"后的界面如图 5-2 所示。

图 5-2　基础编码

单击"付款条件"，弹出"付款条件"窗口，如图 5-3 所示。

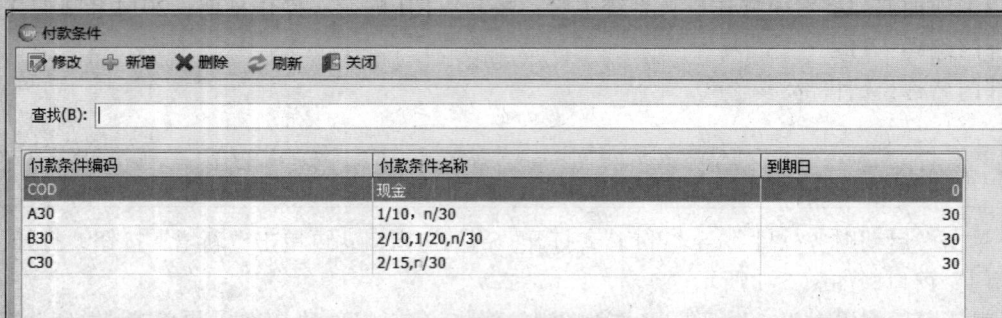

付款条件编码	付款条件名称	到期日
COD	现金	0
A30	1/10，n/30	30
B30	2/10,1/20,n/30	30
C30	2/15,r/30	30

图 5-3　付款条件

单击"新增"按钮，打开"新增付款条件"窗口，如图 5-4 所示。

输入题目要求的相关数据，如图 5-5 所示。

<table>
<tr><td>图 5-4　新增付款条件</td><td>图 5-5　付款条件确定</td></tr>
</table>

单击"确定"按钮，再单击"关闭"按钮。

（5）1 月 3 日，销售部胡歌预支差旅费 3 500 元，以现金支付，请填制记账凭证（操作员：苏会计；账套：201 账套；操作日期：2014 年 1 月 31 日）。

操作步骤

单击"启动财务软件"后的界面如图 5-6 所示。

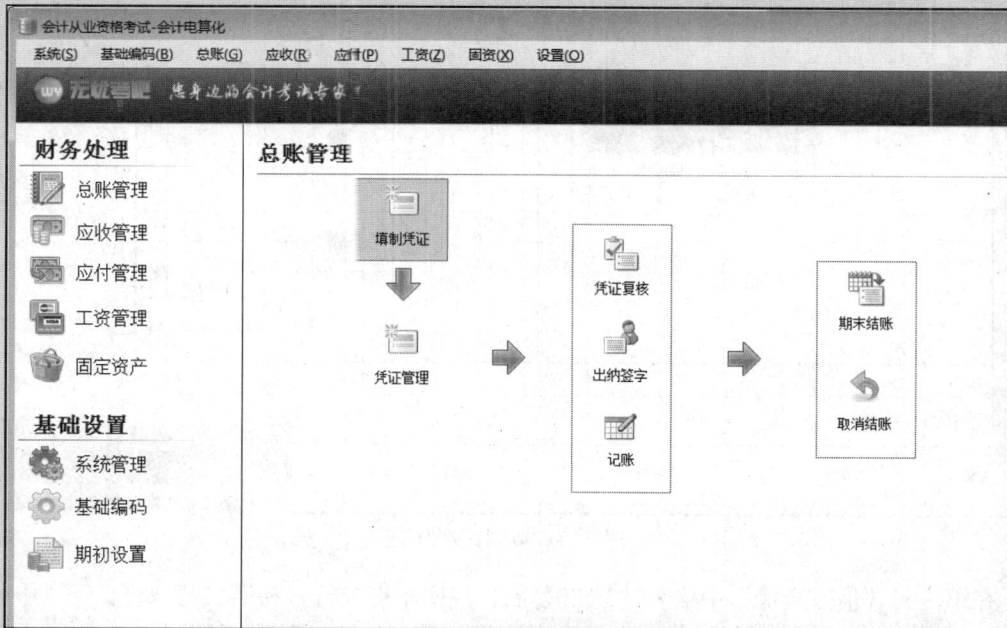

图 5-6　总账管理

单击"填制凭证",打开"记账凭证"窗口,如图5-7所示。

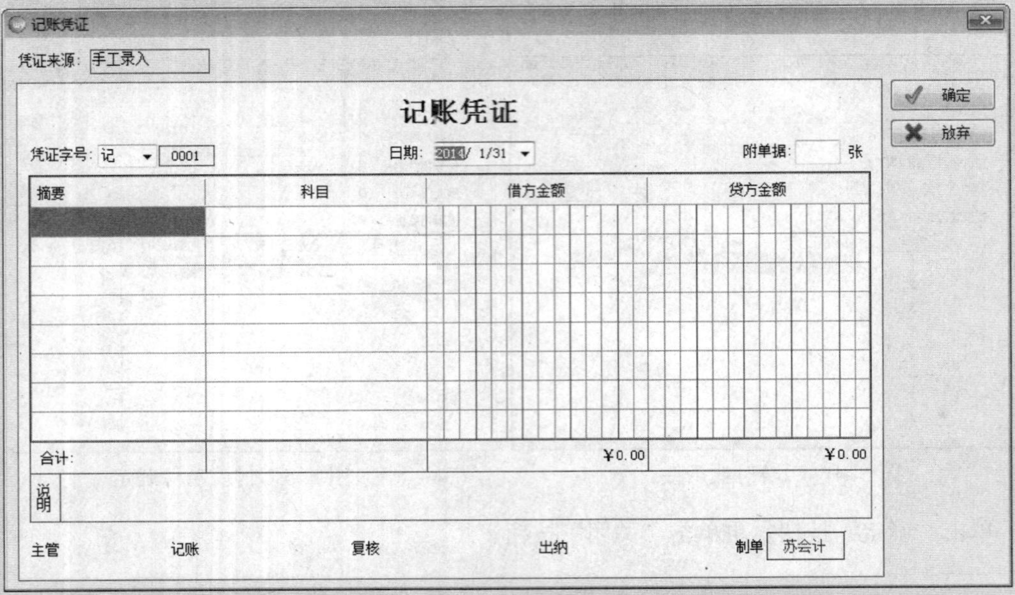

图 5-7　填制凭证

修改日期为"2014/1/3"(附单据和摘要,不是评分点,可以不填),在第一行"科目"栏中选择"1221 其他应收款",部门选择"02 销售部",职员选择"101 胡歌",如图5-8所示。

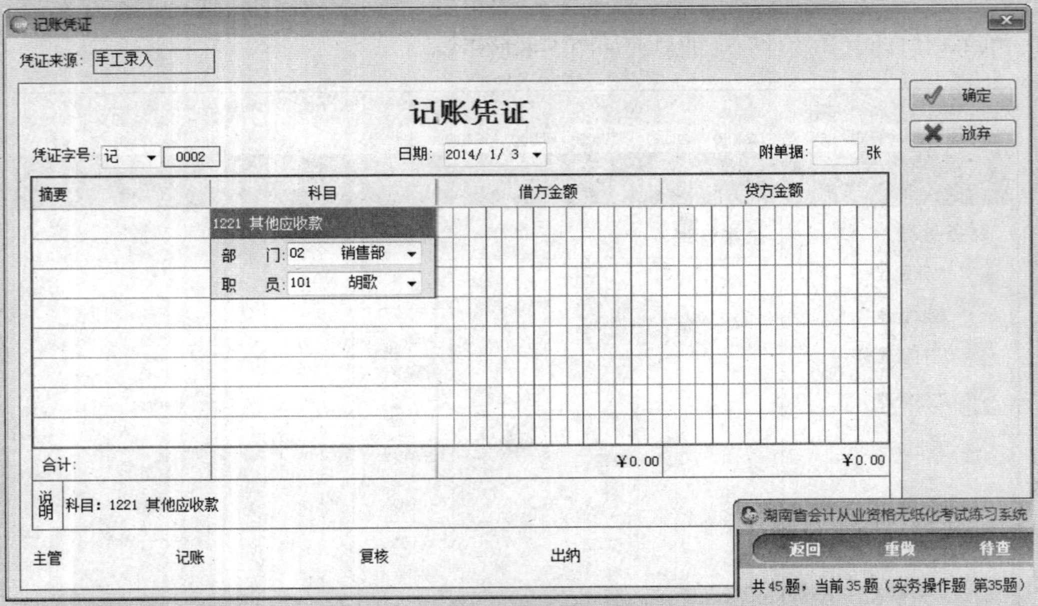

图 5-8　填制记账凭证

在第一行"借方金额"中输入"3 500"后,按回车键换行;在第二行"科目"栏中选择"1001 库存现金",在第二行"贷方金额"中输入"3 500",如图5-9所示。

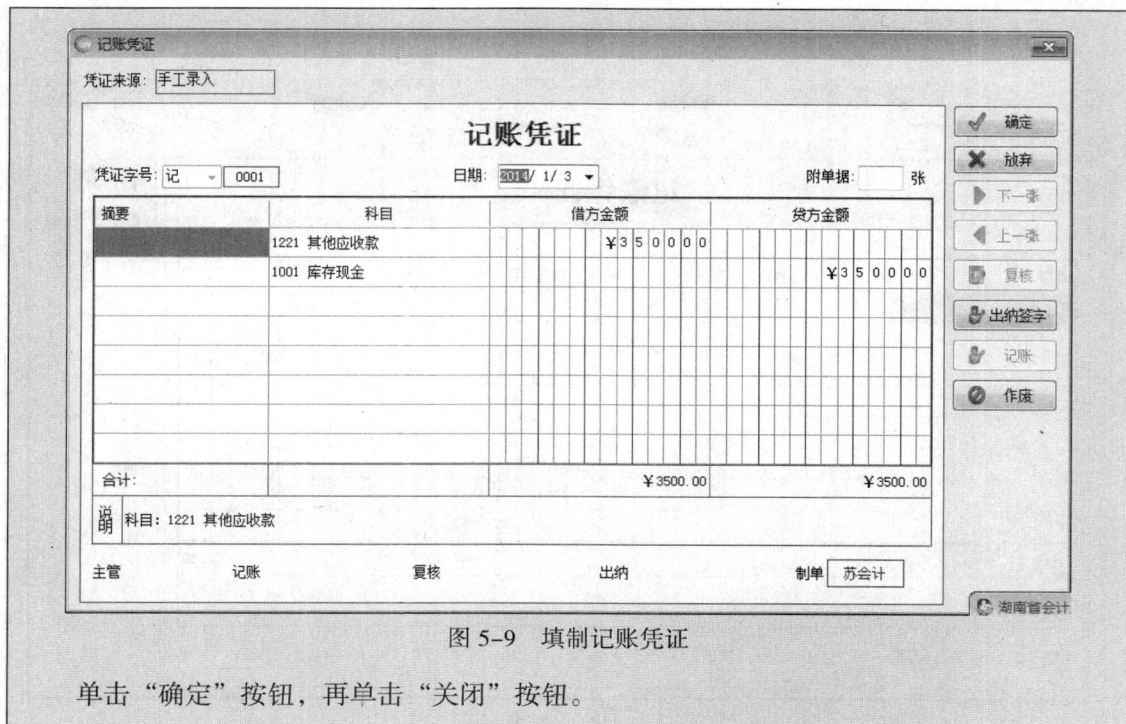

图 5-9　填制记账凭证

单击"确定"按钮，再单击"关闭"按钮。

（6）1 月 20 日，以工行存款支付销售 A 商品应负担的运输费 80 000 元，填制记账凭证（操作员：刘主管；账套：201 账套；操作日期：2014 年 1 月 31 日）。

操作步骤

单击"启动财务软件"后的界面如图 5-10 所示。

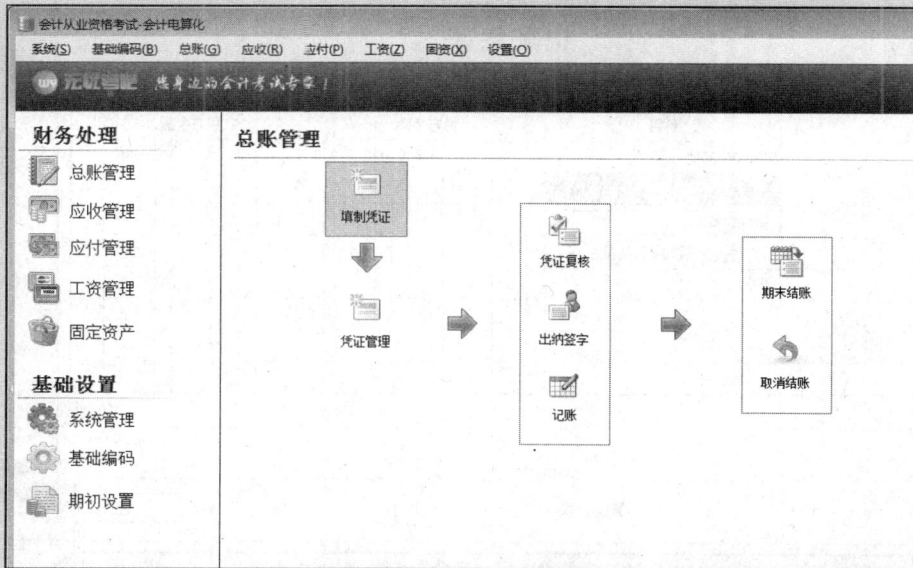

图 5-10　总账管理

单击"填制凭证"，打开"记账凭证"窗口，如图 5-11 所示。

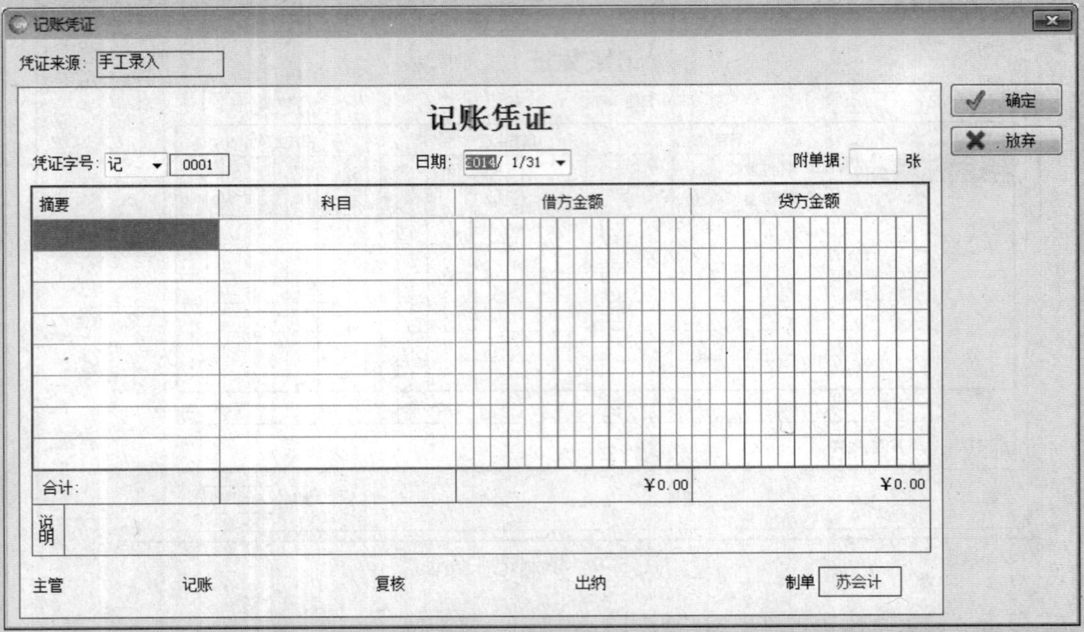

图 5-11　填制凭证

修改日期为"2014/1/20"（附单据和摘要，不是评分点，可以不填）。在第一行"科目"栏中选择"6601-01 其他"，在第一行"借方金额"中输入"80 000"，按回车键换行；在第二行"科目"栏中选择"1002-01 工行存款"，付款方式选择"02 转账支票"，如图 5-12 所示。

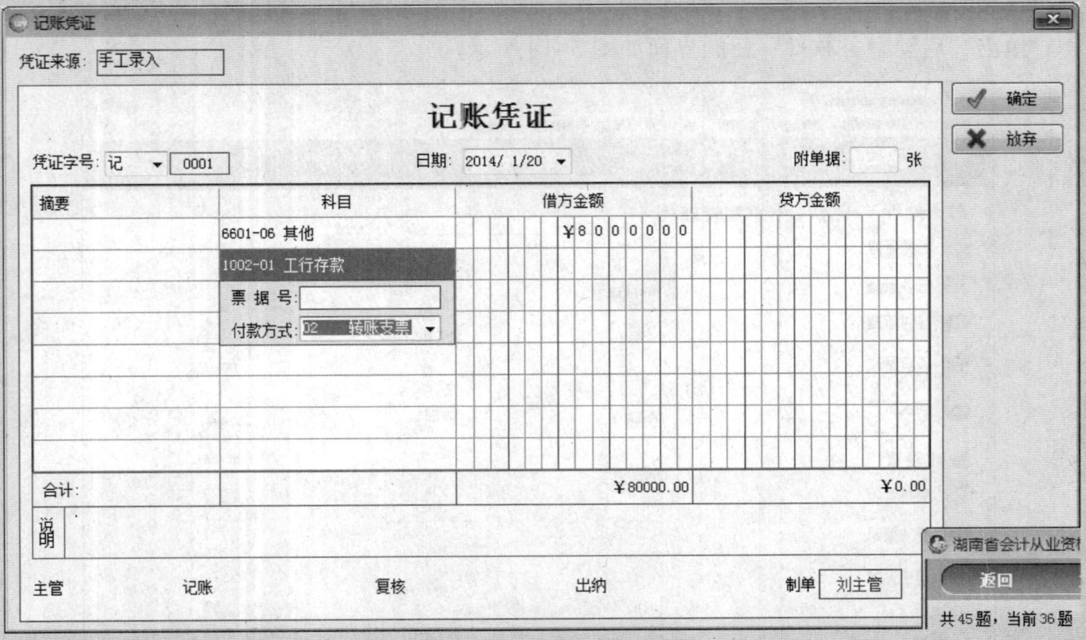

图 5-12　填制凭证辅助项

在第二行"贷方金额"中输入"80 000",如图 5-13 所示。

图 5-13　填制凭证

单击"确定"按钮，再单击"关闭"按钮。

（7）1月4日，支付销售网点的展览费 5 000 元，工行转账支票号码为 104，填制记账凭证（操作员：苏会计；账套：201 账套；操作日期：2014 年 1 月 31 日）。

操作步骤

单击"启动财务软件"后的界面如图 5-14 所示。

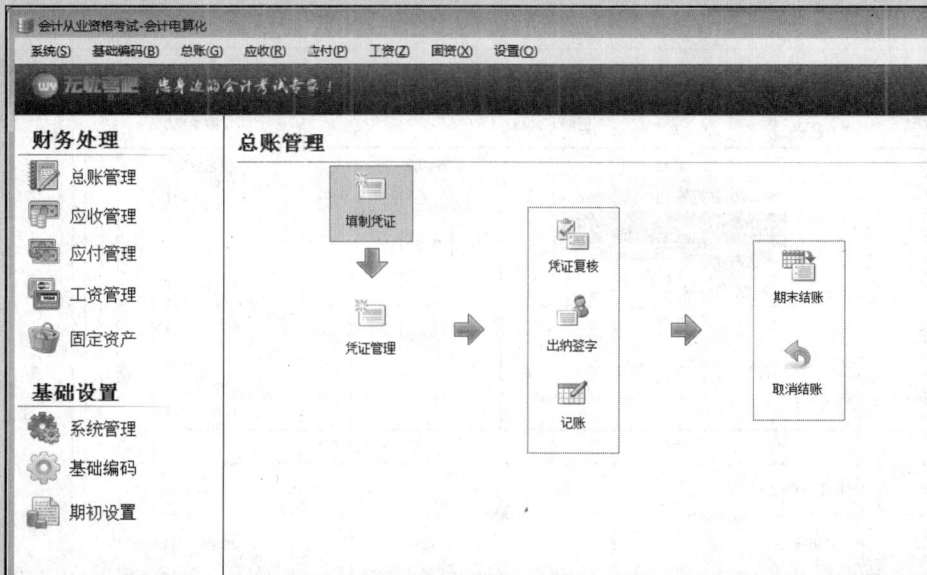

图 5-14　总账管理

单击"填制凭证"，打开"记账凭证"窗口，如图 5-15 所示。

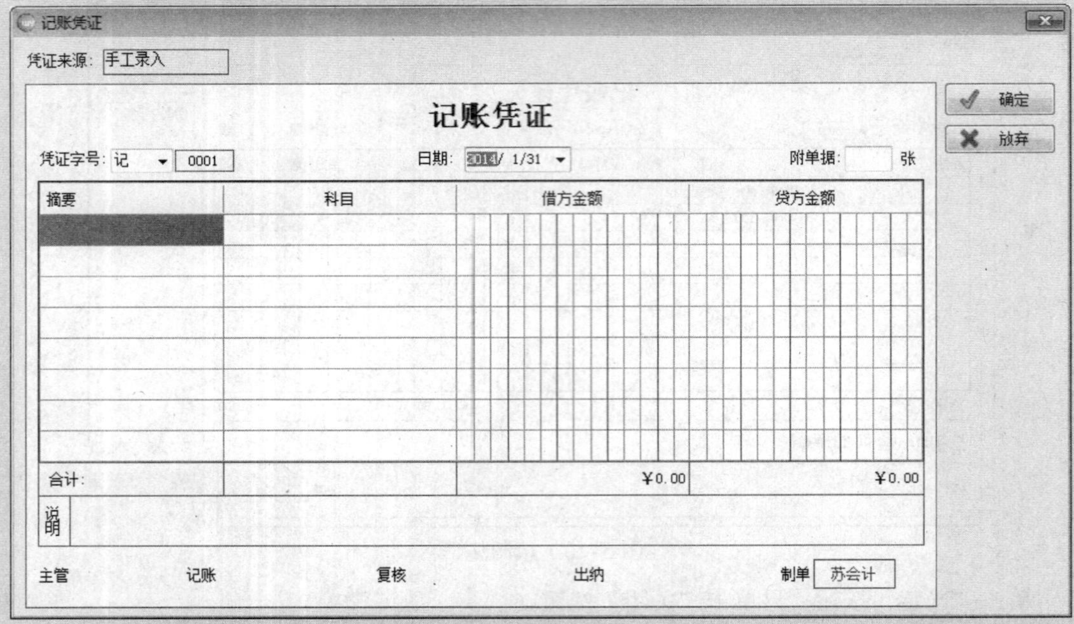

图 5-15　填制凭证

修改日期为"2014/1/4"（附单据和摘要，不是评分点，可以不填）。在第一行"科目"栏中选择"6601-05 展览费"，在第一行"借方金额"中输入"5 000"，按回车键换行；在第二行"科目"栏中选择"1002-01 工行存款"，付款方式选择"02 转账支票"，票据号输入"104"，如图 5-16 所示。

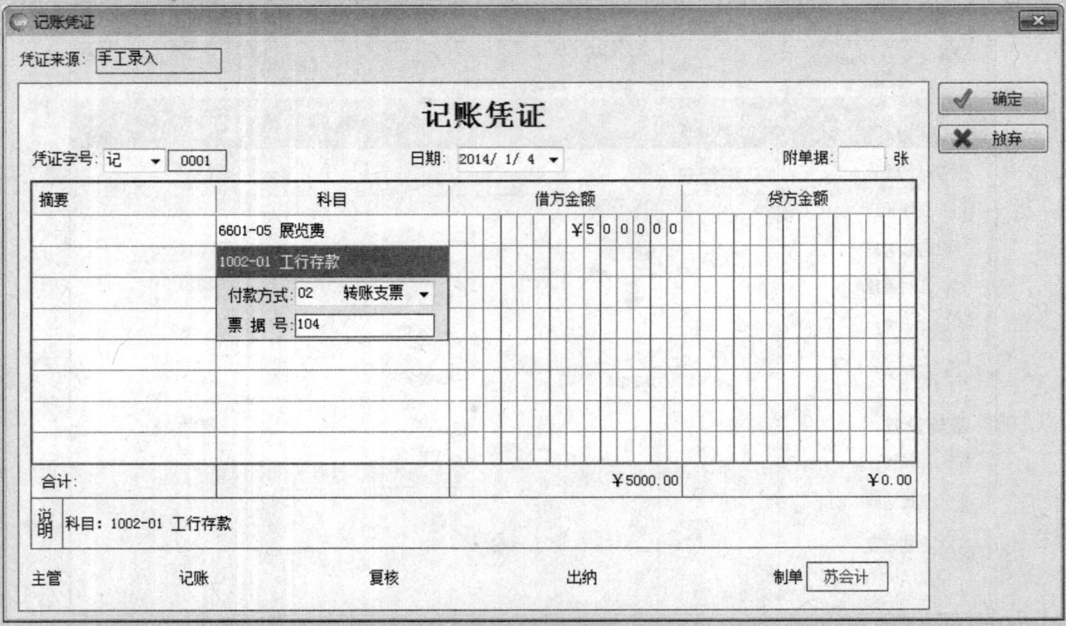

图 5-16　填制凭证辅助项

在第二行"贷方金额"中栏输入"5 000",如图 5-17 所示。

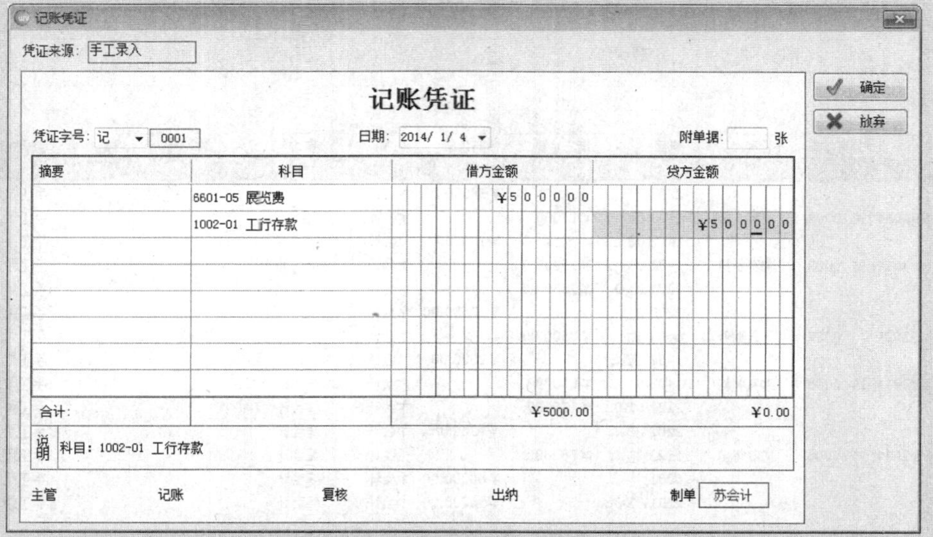

图 5-17　填制凭证辅助项

单击"确定"按钮，再单击"关闭"按钮。

（8）将收款第 0001 号凭证的贷方科目"预收账款"的往来单位辅助项修改为"信恒电子有限公司"（操作员：卞会计；账套：202 账套；操作日期：2014 年 1 月 31 日）。

操作步骤

单击"启动财务软件"后的界面如图 5-18 所示。

图 5-18　凭证管理

单击“凭证管理”后，如图 5-19 所示。

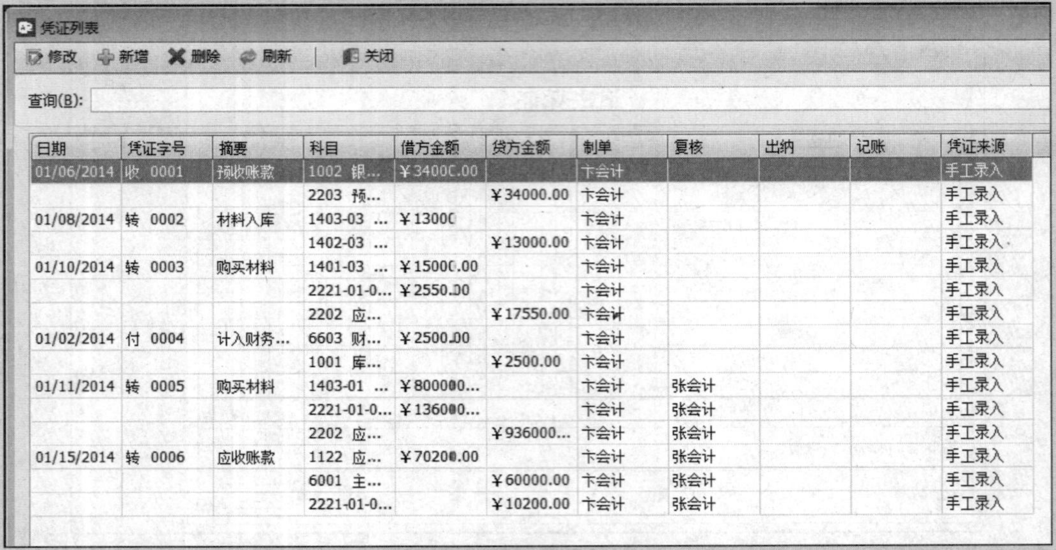
凭证列表

修改 新增 删除 刷新 关闭

查询(B):

日期	凭证字号	摘要	科目	借方金额	贷方金额	制单	复核	出纳	记账	凭证来源
01/06/2014	收 0001	预收账款	1002 银...	¥34000.00		卞会计				手工录入
			2203 预...		¥34000.00	卞会计				手工录入
01/08/2014	转 0002	材料入库	1403-03 ...	¥13000		卞会计				手工录入
			1402-03 ...		¥13000.00	卞会计				手工录入
01/10/2014	转 0003	购买材料	1401-03 ...	¥15000.00		卞会计				手工录入
			2221-01-0...	¥2550.00		卞会计				手工录入
			2202 应...		¥17550.00	卞会计				手工录入
01/02/2014	付 0004	计入财务...	6603 财...	¥2500.00		卞会计				手工录入
			1001 库...		¥2500.00	卞会计				手工录入
01/11/2014	转 0005	购买材料	1403-01 ...	¥800000...		卞会计	张会计			手工录入
			2221-01-0...	¥136000...		卞会计	张会计			手工录入
			2202 应...		¥936000...	卞会计	张会计			手工录入
01/15/2014	转 0006	应收账款	1122 应...	¥70200.00		卞会计	张会计			手工录入
			6001 主...		¥60000.00	卞会计	张会计			手工录入
			2221-01-0...		¥10200.00	卞会计	张会计			手工录入

图 5-19 凭证列表

选定凭证字号为“收 0001”号，单击“修改”按钮选择“预收账款”单位为“信恒电子有限公司”，如图 5-20 所示。.

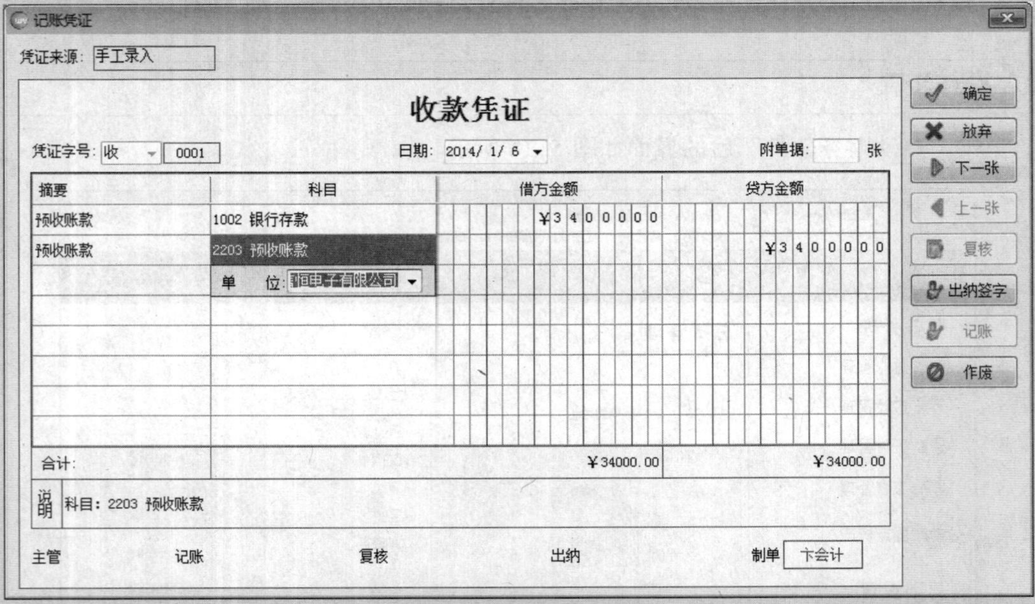

图 5-20 修改凭证

单击“确定”按钮，再单击“关闭”按钮。

（9）设置固定资产变动方式的对应科目（操作员：王主管；账套：601 账套；操作日期：2014 年 1 月 31 日）。

固定资产变动方式编码：02
固定资产变动方式名称：在建工程转入
对应科目：1604 在建工程
凭证类型：记　记账凭证

操作步骤

单击"启动财务软件"后的界面如图 5-21 所示。

图 5-21　基础编码

单击"固资变动方式"，打开"固资变动方式"窗口，如图 5-22 所示。

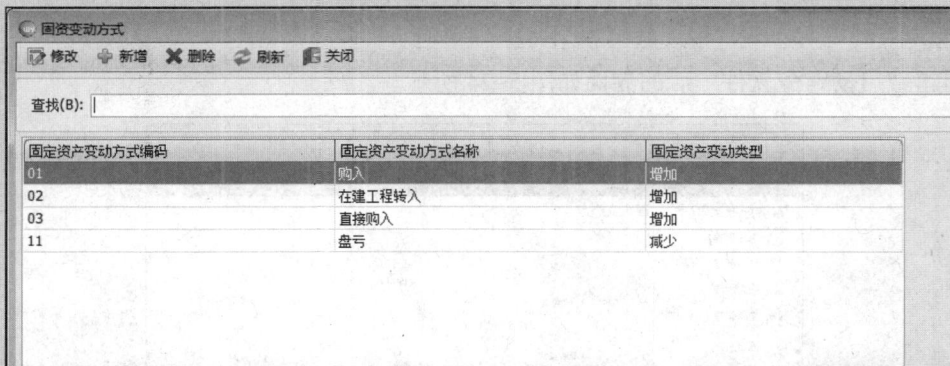

图 5-22　固资变动方式

选择"固定资产变动方式编码"为"02"，单击"修改"按钮后，弹出"修改 固定资产变动方式"窗口，如图 5-23 所示。

选择"对应科目"为"1604 在建工程"，单击"确定"按钮，再单击"关闭"按钮。

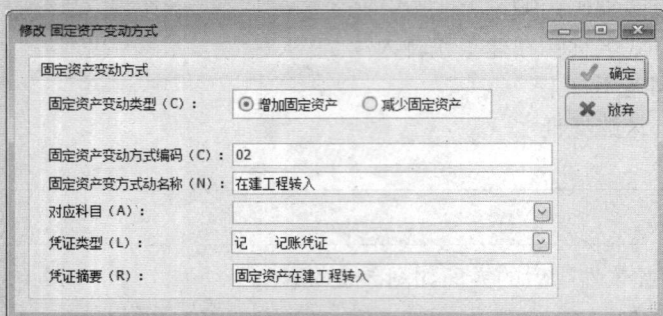

图 5-23　修改固资变动方式

（10）新增固定资产（操作员：王主管；账套：601 账套；操作日期：2014 年 1 月 31 日）。

卡片编号：0004

资产编号：1001

固资名称：空调

固资类别：通用设备

使用状态：使用中

增加方式：购入

原值：8 000

预计净残值：100

增加日期：2014-01-10

使用部门：办公室

折旧费用科目：6602-01　折旧费

折旧方法：平均年限法

预计使用年限：5（年）

操作步骤

单击"启动财务软件"后的界面如图 5-24 所示。

图 5-24　固定资产增加

单击"固资增加", 弹出"固定资产增加"窗口, 如图 5-25 所示。

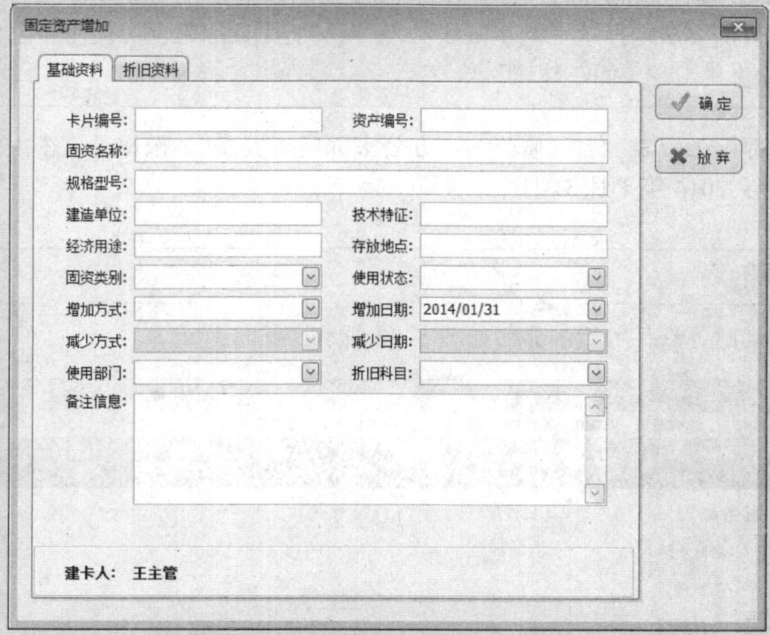

图 5-25 增加固定资产卡片

输入卡片编号为"0004", 资产编号为"1001", 固资名称为"空调", 固资类别选择"通用设备", 使用状态选择"使用中", 增加方式选择"购入", 再单击"折旧资料", 如图 5-26所示。

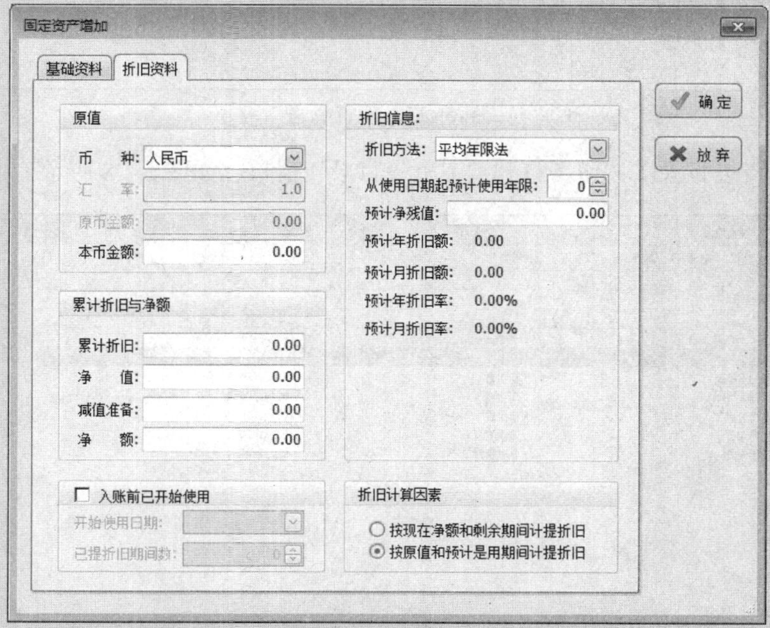

图 5-26 增加固定资产卡片

在本币金额栏中输入"8 000",预计净残值输入"100",再单击"基础资料",增加日期修改为"2014/01/10",使用部门选择"办公室",折旧科目选择"6602-01 折旧费";再单击"折旧资料",折旧方法选择"平均年限法",输入从使用日期起预计使用年限为"5",单击"确定"按钮,再单击"关闭"按钮。

（11）将"部门工资表"名称修改为"办公室部门工资表"（操作员：李主管；账套：501账套；操作日期：2014 年 1 月 31 日）。

📝 操作步骤

单击"启动财务软件"后的界面如图 5-27 所示。

图 5-27　工资管理

单击"工资表目录"按钮，打开"工资表目录"窗口，如图 5-28 所示。

图 5-28　工资表目录

选择"部门工资表",单击'修改"按钮,打开"修改工资表"窗口,如图 5-29 所示。

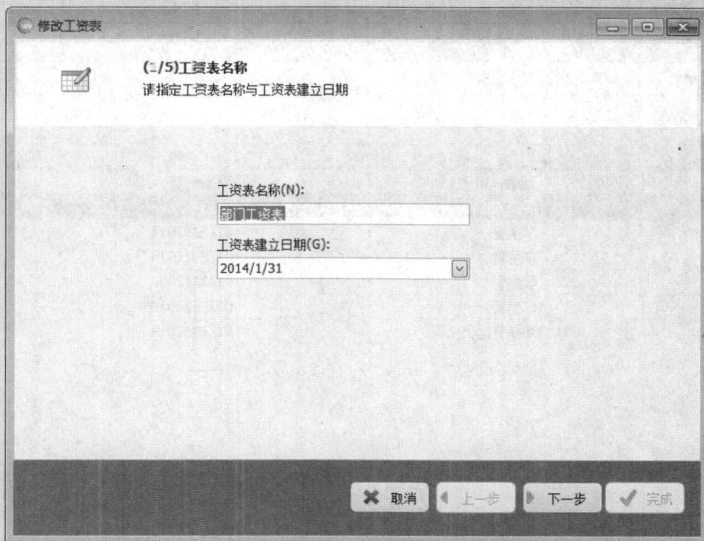

图 5-29　工资表名称

将工资表名称"部门工资表"修改为"办公室部门工资表",单击"下一步"直至完成。

（12）在"1 月份工资表"中设置工资计算公式（操作员：李主管；账套：501 账套；操作日期：2014 年 1 月 31 日）。

应发合计=基本工资+奖金+加班费+独补

扣款合计=病假扣款+事假扣款+代扣税额+医疗保险+养老保险

操作步骤1

单击"启动财务软件"后的界面如图 5-30 所示。

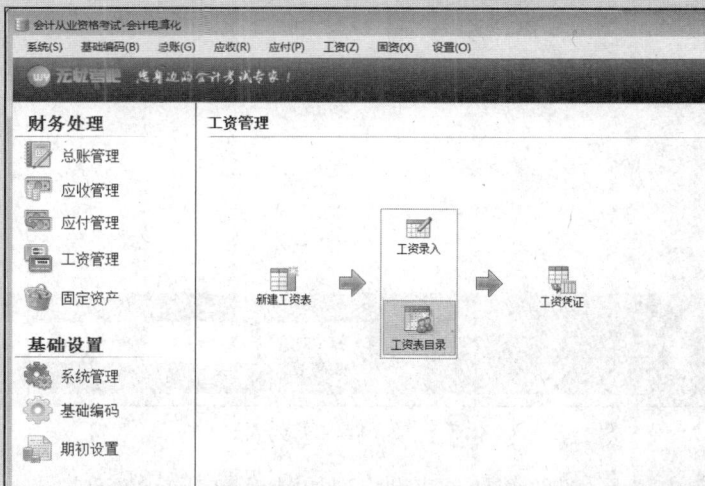

图 5-30　工资管理

单击"工资表目录"按钮，弹出"工资表目录"窗口，如图 5-31 所示。

图 5-31　工资表目录

选择"1月份工资表"，单击"修改"按钮，打开"修改工资表"窗口，如图 5-32 所示。

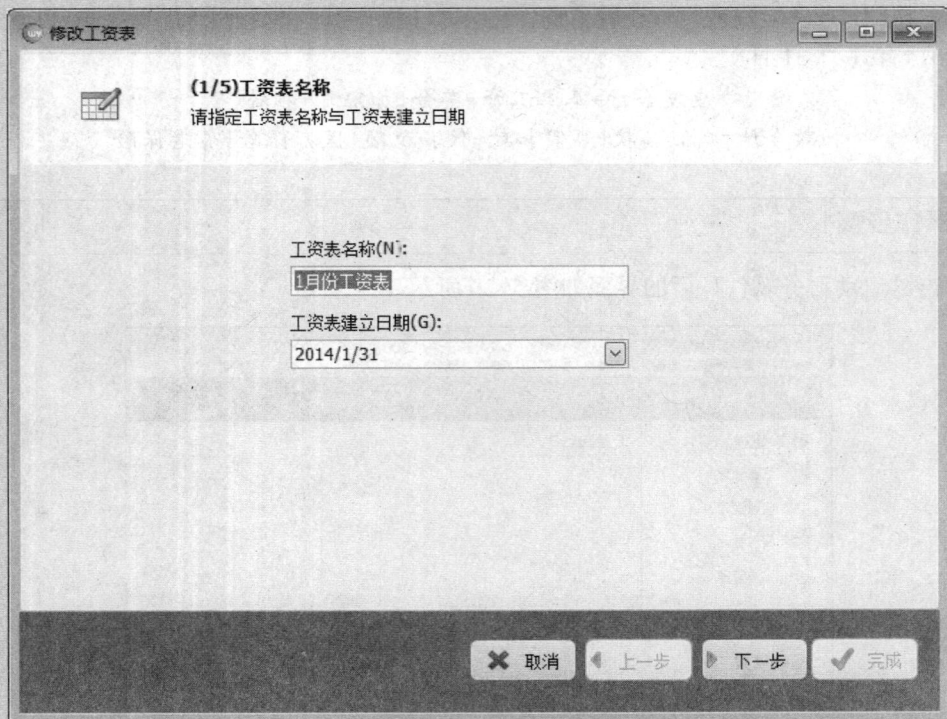

图 5-32　修改工资表

根据向导，单击"下一步"按钮，直到出现如图 5-33 所示的窗口。

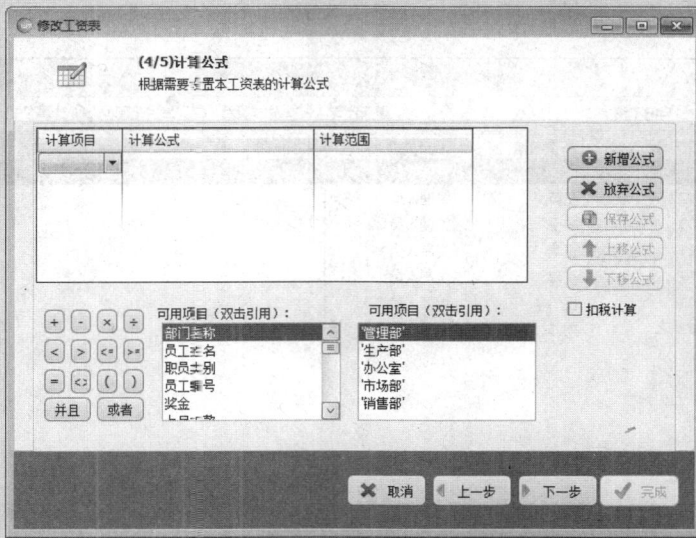

图 5-33　修改工资表

　　单击"新增公式"，计算项目选择"应发工资"，单击计算公式栏，双击可用项目"基本工资"，在左边选择"+"，再双击"奖金"，在左边选择"+"，再双击"加班费"，在左边选择"+"，再双击"独补"，单击"保存公式"按钮。

　　再单击"新增公式"按钮，计算项目选择"扣款合计"，单击计算公式栏，双击可用项目"病假扣款"，单击左边"+"，再双击"事假扣款"，单击左边"+"，再双击"代扣税额"，单击左边的"+"，再双击"医疗保险"，单击左边的"+"，再双击"养老保险"，单击"保存公式"按钮；单击"下一步"按钮直至完成，再单击"关闭"按钮。

操作步骤2

　　单击"启动财务软件"后的界面如图 5-34 所示。

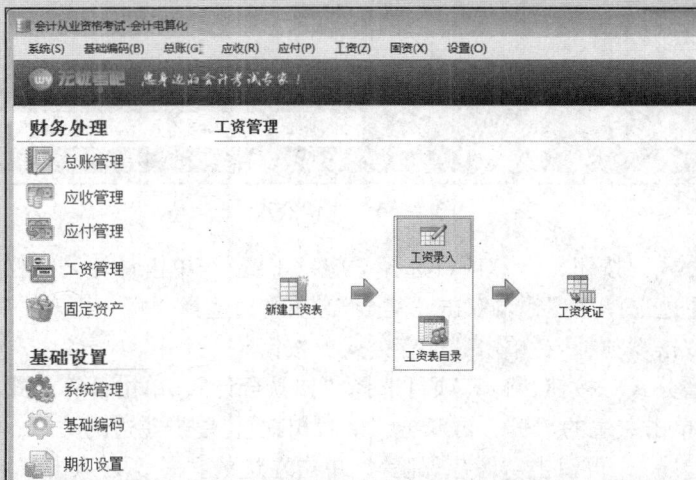

图 5-34　工资管理

单击"工资录入",打开"工资表数据录入"窗口，如图 5-35 所示。

图 5-35　工资表数据录入

选择录入的工资表为"1 月份工资表"，再单击"计算公式"，如图 5-36 所示。

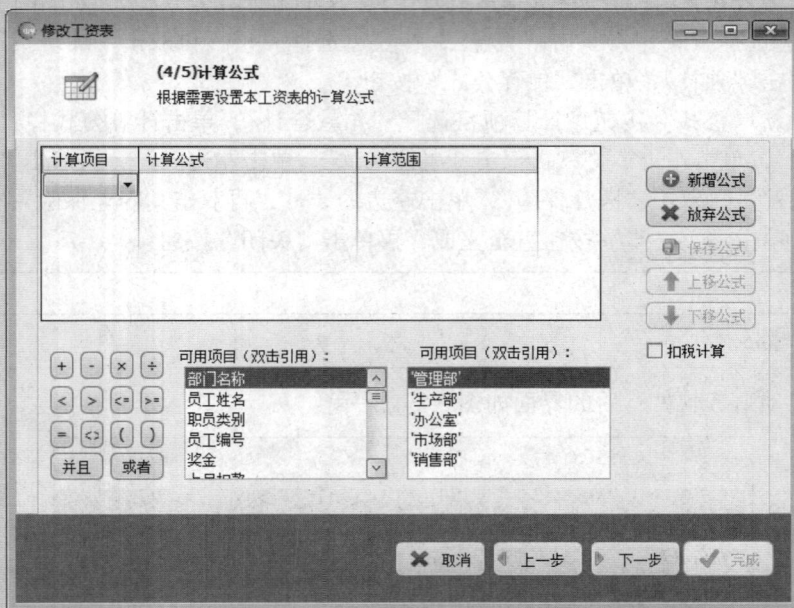

图 5-36　计算公式

单击"新增公式"按钮，计算项目选择"应发工资"，单击计算公式栏，双击可用项目"基本工资"，在左边选择"+"，再双击"奖金"，在左边选择"+"，再双击"加班费"，在左边选择"+"，再双击"独补"，单击"保存公式"按钮。

再单击"新增公式"按钮，计算项目选择"扣款合计"，单击计算公式栏，双击可用项目"病假扣款"，单击左边的"+"，再双击"事假扣款"，单击左边的"+"，再双击"代扣税额"，单击左边的"+"，再双击"医疗保险"，单击左边的"+"，再双击"养老保险"，单击"保存公式"按钮；单击"确定"按钮，再单击"关闭"按钮。

（13）1 月 26 日，景兴纸品包装有限公司欠货款 92 000 元，请录入应收单（操作员：赵主管；账套：301 账套；操作日期：2014 年 1 月 31 日）。

摘要：应收所欠货款

应收科目：1122，金额：92 000

对方科目：6001，金额：92 000

操作步骤

单击"启动财务软件"后的界面如图 5-37 所示。

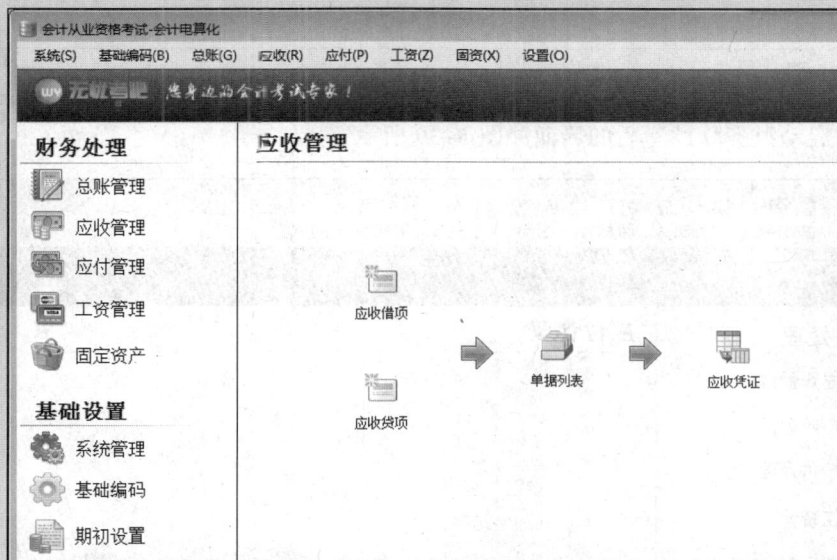

图 5-37　应收管理

单击"应收借项"，打开"应收单"窗口，如图 5-38 所示。

图 5-38　应收借项

> 在应收单的表头上，单位选择"104 景兴纸品包装有限公司"，日期修改为"2014/1/26"，应收科目输入"1122"，本币金额输入"92 000"；在应收单的表体上，摘要录入"应收所欠货款"，科目输入"6001"，金额输入"92 000"；单击"确定"按钮。

（14）1 月 12 日，采购甲材料，欠恒业有限公司货款 37 100 元，请录入应付单（操作员：赵主管；账套：301 账套；操作日期：2014 年 1 月 25 日）。

　　应付科目：2202，金额：37 100

　　对方科目：1401-01，金额：32 000

　　对方科目：2221-01-02，金额：5 100

操作步骤

单击"启动财务软件"后的界面如图 5-39 所示。

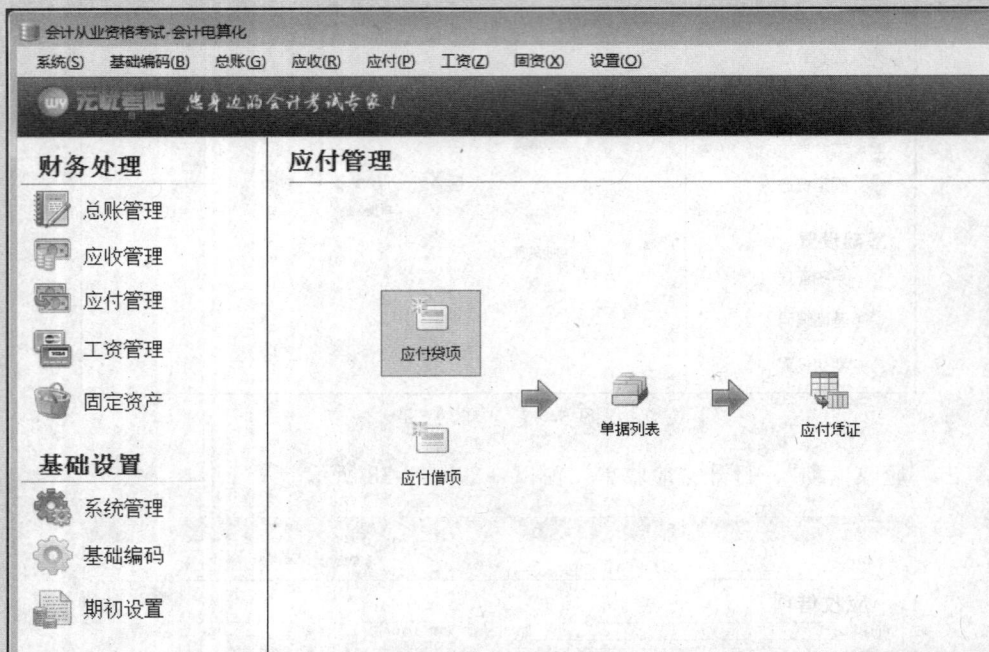

图 5-39　应付管理

单击"应付贷项"，打开"应付单"窗口，如图 5-40 所示。

在应付单的表头上，单位选择"004 恒业有限公司"，日期修改为"2014/1/12"，应付科目输入"2202"，本币金额输入"37 100"；在应付单的表体上，第一行科目输入"1401-01"，金额输入"32 000"，第二行科目输入"2221-01-02"，金额输入"5 100"；单击"确定"按钮。

（15）打开报表平台，设置报表格式并保存文件。

打开考生文件夹（D:\Exam\会计电算化\练习考号\）下的"资产负债表-1.srp"报表，合半 A1:F1 单元格。

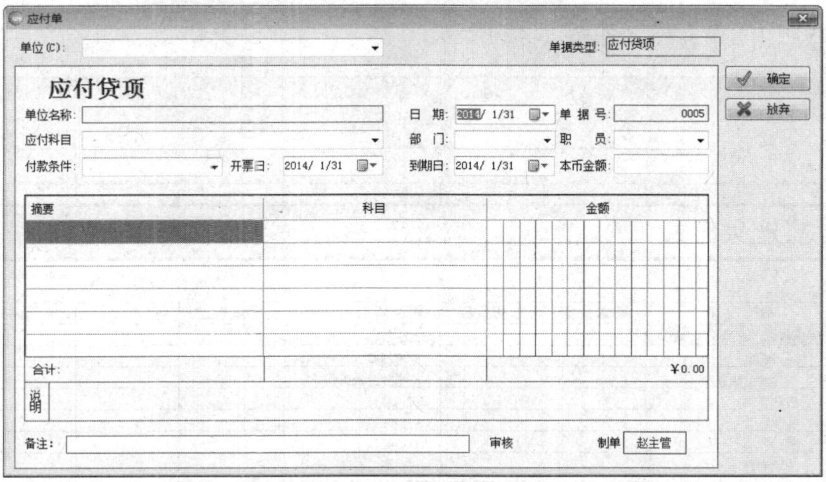

图 5-40　应付贷项

操作步骤

单击"启动财务软件"后的界面如图 5-41 所示。

图 5-41　资产负债表

选择"A1:F1"单元格，如图 5-42 所示。

图 5-42　资产负债表格式设置

再单击"格式"→"合并单元格"，单击"保存"按钮，再单击"关闭"按钮。

（16）设置往来单位的地区选项（操作员：刘主管；账套：101 账套；操作日期：2014 年 1 月 1 日）。

地区编码：13

地区名称：国外

操作步骤

单击"启动财务软件"后的界面如图 5-43 所示。

图 5-43　基础编码

单击"地区"按钮，打开"地区"窗口，如图 5-44 所示。

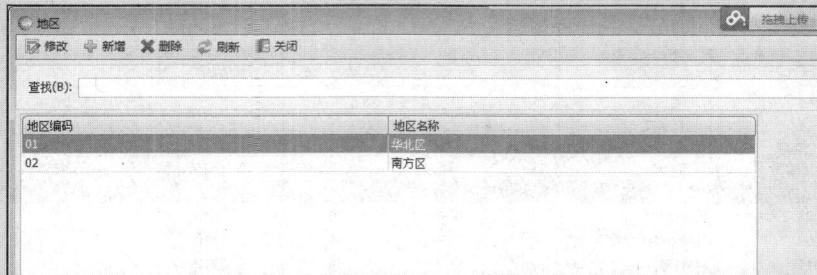

图 5-44　增加地区

单击"新增"按钮，打开"新增地区"窗口，如图 5-45 所示。

图 5-45　新增地区

输入地区编码为"13"，地区名称为"国外"，单击"确定".按钮，再单击"关闭"按钮。

（17）修改会计科目。将科目编码为 1122 的科目辅助核算修改为"单位"，多币种核算修改为"核算所有币种"（操作员：刘主管；账套：101 账套；操作日期：2014 年 1 月 1 日）。

操作步骤

单击"启动财务软件"后的界面如图 5-46 所示。

图 5-46　基础编码

单击"会计科目"按钮，打开"会计科目"窗口，如图 5-47 所示。

图 5-47　会计科目

双击科目编码为"1122"的会计科目，或者选定科目编码为"1122"的会计科目，然后单击"修改"按钮，打开"修改会计科目"窗口，如图 5-48 所示。

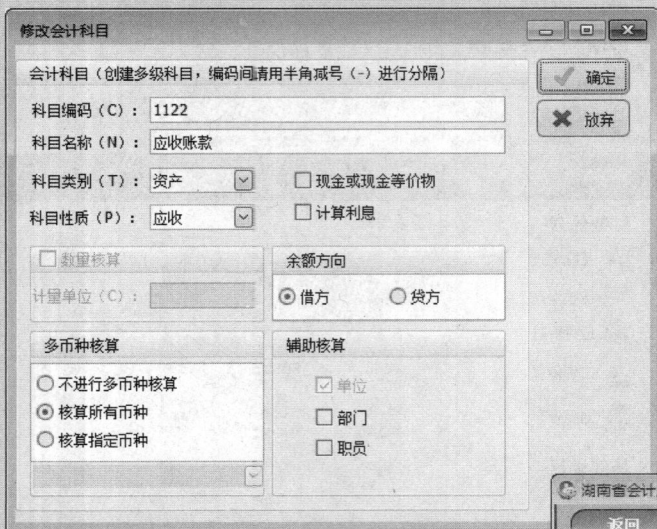

图 5-48　修改会计科目

找到"辅助核算"区域，勾选"单位"选项；找到"多币种核算"区域，选择"核算所有币种"选项，单击"确定"按钮，再单击"关闭"按钮。

（18）新增供应商往来单位（操作员：刘主管；账套：101 账套：操作日期：2014 年 1 月 1 日）。

单位编码：001
单位名称：三乐电子有限公司
单位类型：无
付款条件：现金
所属地区：华北区

操作步骤

单击"启动财务软件"后的界面如图 5-49 所示。

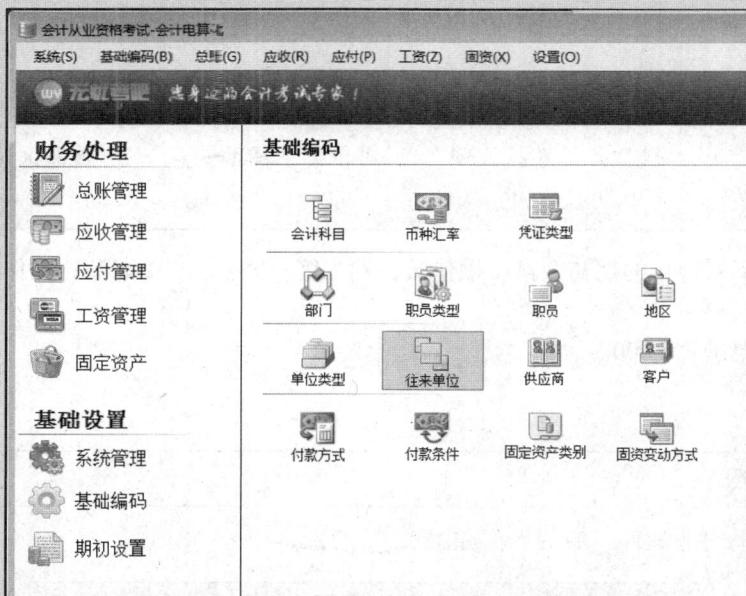

图 5-49　基础编码

单击"往来单位"按钮，打开"往来单位"窗口，如图 5-50 所示。

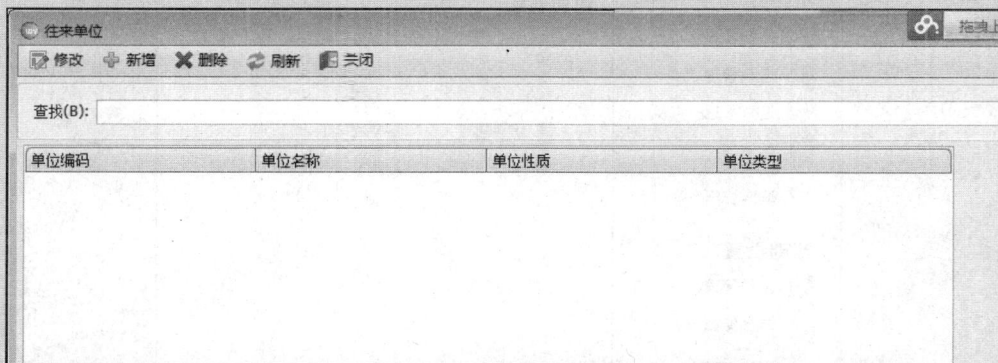

图 5-50　往来单位

单击"新增"按钮，打开"新增往来单位"窗口，如图 5-51 所示。

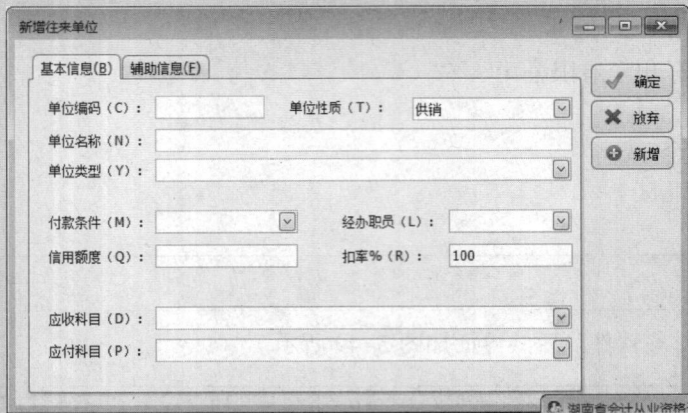

图 5-51　新增往来单位

输入单位编码为"001"，单位性质选择"供应商"，单位名称为"三乐电子有限公司"，单位类型选择"无"，付款条件选择"现金"，再单击"辅助信息"，所属地区选择"华北区"。单击"确定"按钮，再单击"关闭"按钮。

（19）输入下列科目的期初余额（操作员：刘主管；账套：701 账套；操作日期：2014 年 1月 1 日）。

库存商品–电脑：5 000

数量：10

操作步骤

单击"启动财务软件"后的界面如图 5-52 所示。

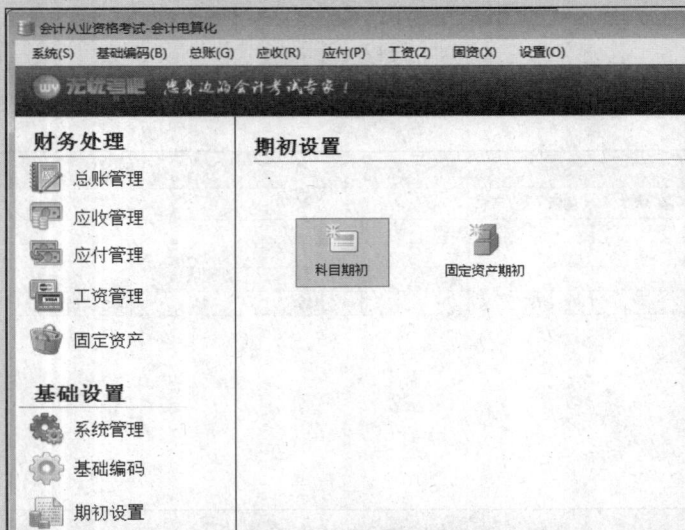

图 5-52　科目期初余额

单击"科目期初"按钮,打开"期初设置-科目期初"窗口,如图5-53所示。

科目编码	科目名称	方向	币种	计量单位	年初余额		
					原币	本位币	数量
1001	库存现金	借			-	0	-
1002	银行存款	借			-	0	-
1002-01	农业银行	借	本位币			0	-
1002-01	农业银行	借	USD 美元		-		-
1003	存放中央银行款项	借			-	0	-
1011	存放同业	借			-	0	-
1012	其他货币资金	借			-	0	-
1021	结算备付金	借			-	0	-
1031	存出保证金	借			-	0	-
1101	交易性金融资产	借			-	0	-
1111	买入返售金融资产	借			-	0	-
1121	应收票据	借			-	0	-
1122	应收账款	借			-	0	-
1123	预付账款	借			-	0	-
1131	应收股利	借			-	0	-
1132	应收利息	借			-	0	-
1201	应收代位追偿款	借			-	0	-
1211	应收分保账款	借			-	0	-
1212	应收分保合同准备金	借			-	0	-
1221	其他应收款	借			-	0	-
1231	坏账准备	借			-	0	-
1301	贴现资产	借			-	0	-
1302	拆出资金	贷			-	0	-
1303	贷款	贷			-	0	-
1304	贷款损失准备	贷			-	0	-
1311	代理兑付证券	借			-	0	-
1321	代理业务资产	借			-	0	-
1401	材料采购	借			-	0	-
1402	在途物资	借			-	0	-
1403	原材料	借			-	0	-
1403-01	甲材料	借		千克	-	0	-
1403-02	乙材料	借		千克	-	0	-
1404	材料成本差异	借			-	0	-
1405	库存商品	借			-	0	-
1405-01	电脑	借		台	-	0	-
1406	发出商品					0	-

■ 非末级科目(显示汇总,不可直接编辑)

辅助科目(启用辅助核算的科目,双击在期初明细中进行编辑)

■ 末级科目(双击空白单元格编辑,"-"值单元格表示只读,不可编辑)

图5-53 科目期初余额

选择"1405-01",在对应的本位币处输入金额"5 000",在对应的数量处输入数量"10",接下来在任意空白处单击以保存输入的数据,再单击"关闭"按钮。

(20)选择卡片号为0007的固定资产变动单,生成记账凭证(操作员:王主管;账套:601账套;操作日期:2014年1月31日)。

操作步骤

单击"启动财务软件"后的界面如图 5-54 所示。

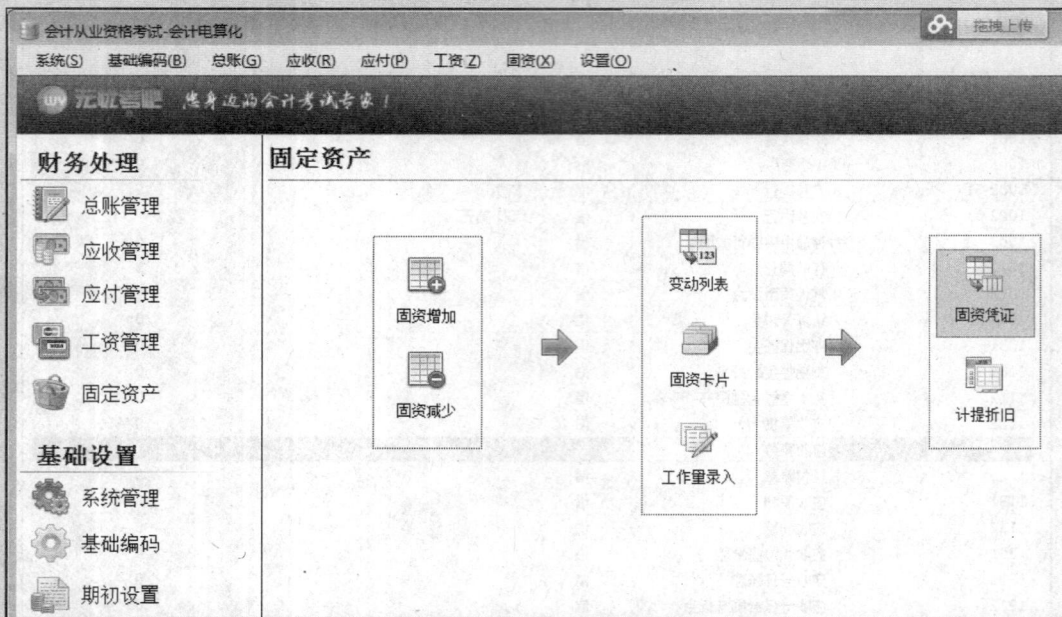

图 5-54　固定资产

单击"固资凭证",打开"固资凭证向导"窗口,如图 5-55 所示。

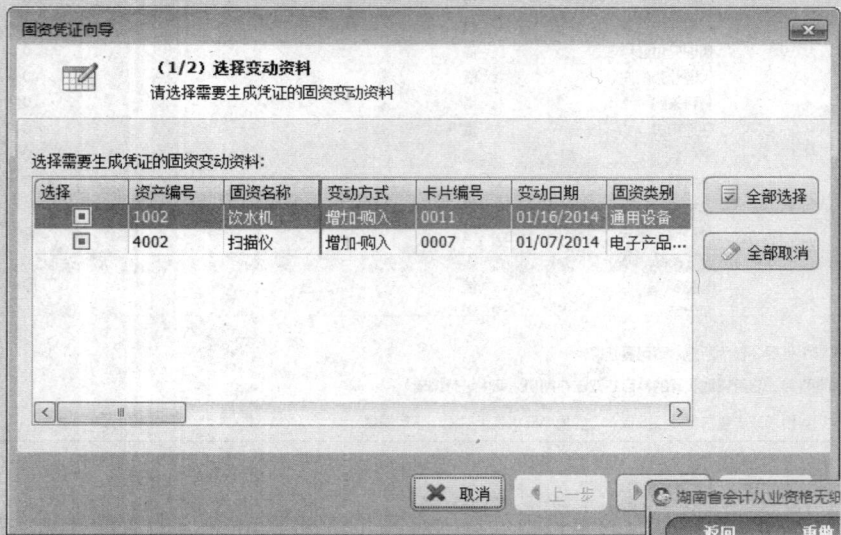

图 5-55　生成固资凭证

勾选卡片编号为"0007"的变动资料,如图 5-56 所示。

单击"下一步"按钮,直至完成,系统弹出如图 5-57 所示的提示。

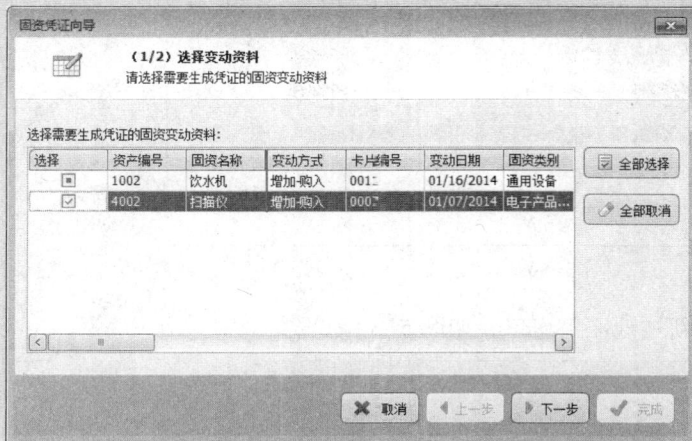

图 5-56　生成固资凭证

图 5-57　生成凭证

根据需要，可以选择"是"或者"否"。此处建议选择"否"。

（21）设置往来单位的地区选项。（操作员：刘主管；账套：101 账套；操作日期：2014 年 1 月 1 日）。

地区编码：15

地区名称：地方地区

操作步骤

单击"启动财务软件"后的界面如图 5-58 所示。

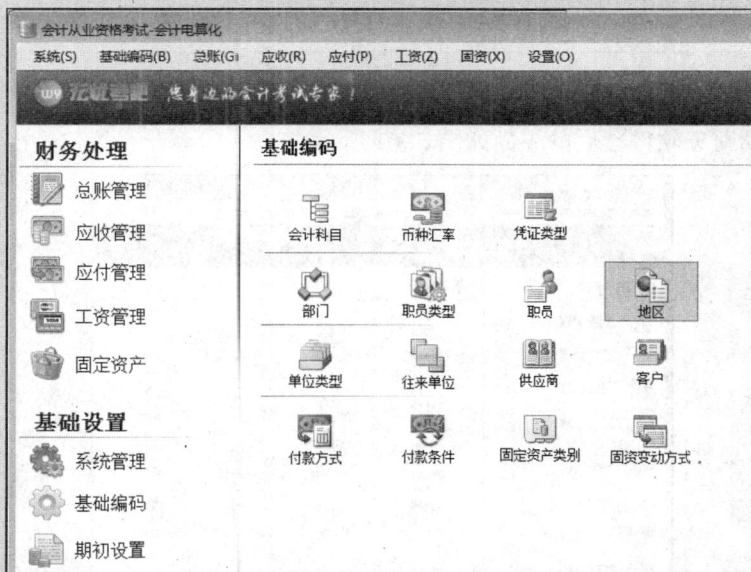

图 5-58　基础编码

单击"地区"按钮，打开"地区"窗口，如图 5-59 所示。

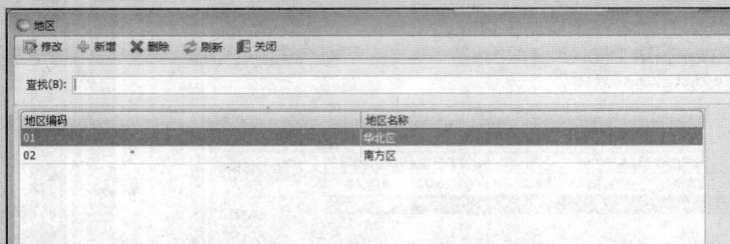

图 5-59　地区

单击"新增"按钮，打开"新增地区"窗口，如图 5-60 所示。

图 5-60　新增地区

输入地区编码为"15"，地区名称为"地方地区"。

单击"确定"按钮，再单击"关闭"按钮。

（22）设置账套的凭证类型，其中收款凭证类型设置如下（操作员：刘主管；账套：701 账套；操作日期：2014 年 1 月 1 日）。

编码：收

名称：收款凭证

格式：收款凭证

借方必有科目：1001，1002

操作步骤

单击"启动财务软件"后的界面如图 5-61 所示。

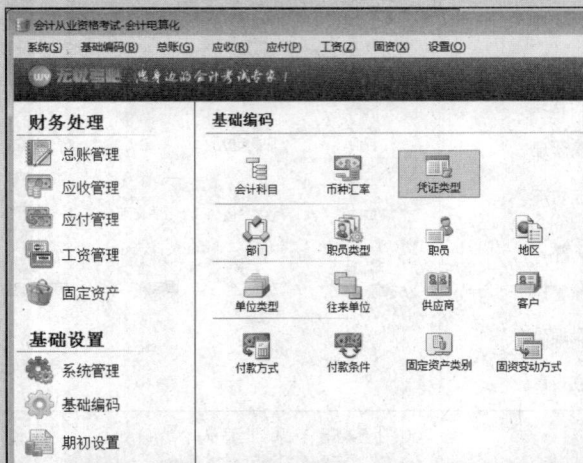

图 5-61　基础编码

单击"凭证类型"按钮,打开"记账凭证类型"窗口,如图 5-62 所示。

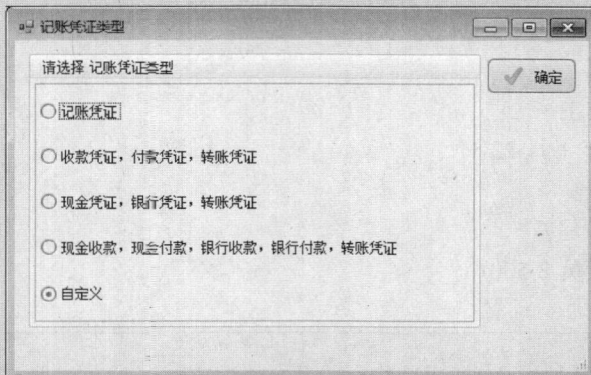

图 5-62　凭证类型

选择"自定义"选项,再单击"确定"按钮,弹出"凭证类型"窗口,如图 5-63 所示。

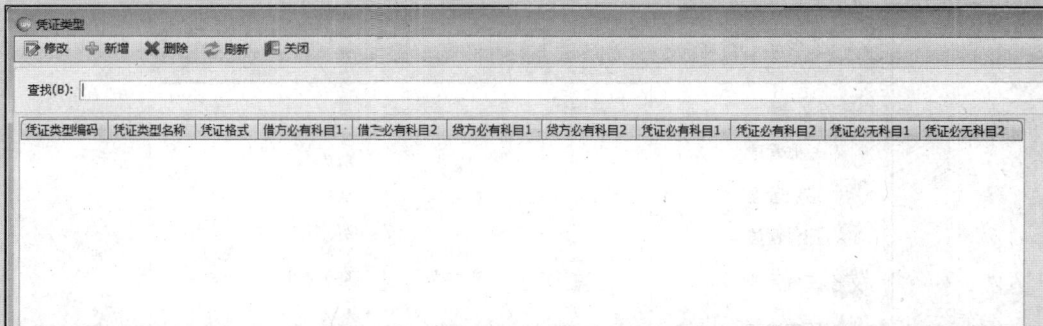

图 5-63　凭证类型

单击"新增"按钮,打开"新增凭证类型"窗口,如图 5-64 所示。

图 5-64　凭证类型

输入编码为"收",名称为"收款凭证",格式选择"收款凭证",借方必有科目 1 选择"1001 库存现金",借方必有科目 2 选择"1002 银行存款"。单击"确定"按钮,再单击"关闭"按钮。

（23）设置职员档案（操作员：刘主管；账套：101账套；操作日期：2014年1月31日）。

职员编号：127

职员姓名：张蓉

所属部门：人事部

职员类型：普通员工

入职日期：2014年1月23日

文化程度：高中

征收个人所得税：是

扣税标准：中方人员 3 500

操作步骤

单击"启动财务软件"后的界面如图5-65所示。

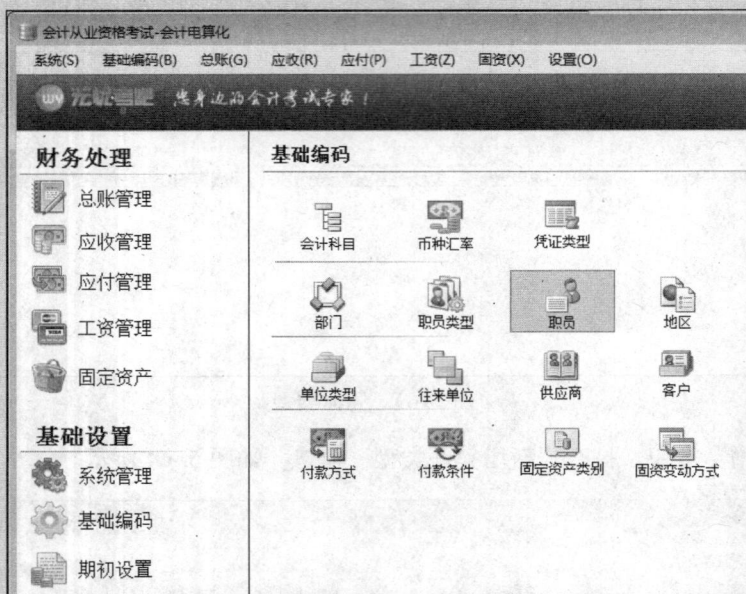

图5-65　基础编码

单击"职员"按钮，打开"职员"窗口，如图5-66所示。

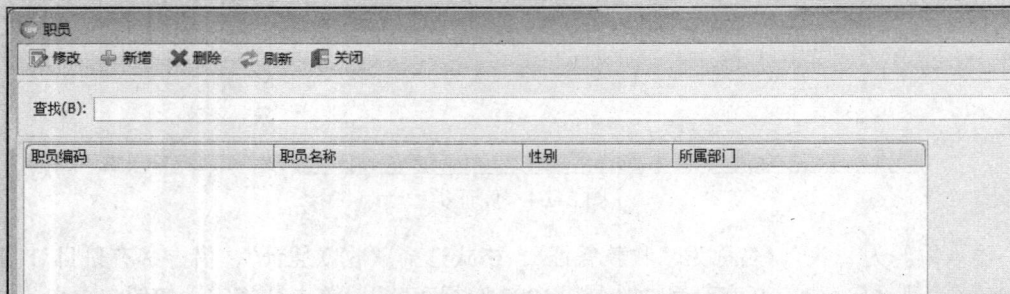

图5-66　职员

单击"新增"按钮，打开"新增职员"窗口，如图 5-67 所示。

图 5-67　新增职员

　　输入职员编号为"127"，职员姓名为"张蓉"，所属部门选择"人事部"，职员类型选择"普通员工"，单击"辅助信息"，入职时间选择"2014 年 1 月 23 日"，文化程度选择"高中"，勾选"征收个人所得税"，扣税标准选择"中方人员：3 500"，单击"确定"按钮，再单击"关闭"按钮。

（24）新增付款条件（操作员：系统主管；账套：101 账套；操作日期：2014 年 1 月 1 日）。

付款条件编码：100D

付款条件名称：100 天

到期日期（天）：100

优惠日：30，折扣率：3%

优惠日：60，折扣率：1%

操作步骤

　　单击"启动财务软件"后的界面如图 5-68 所示。

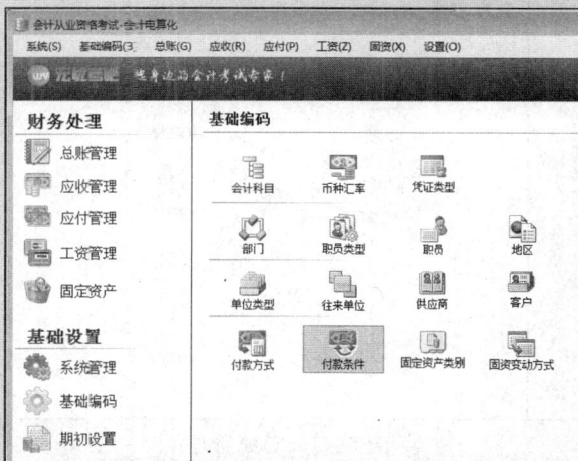

图 5-68　基础编码

单击"付款条件"按钮,打开"付款条件"窗口,如图 5-69 所示。

单击"新增"按钮,打开"新增付款条件"窗口,如图 5-70 所示。

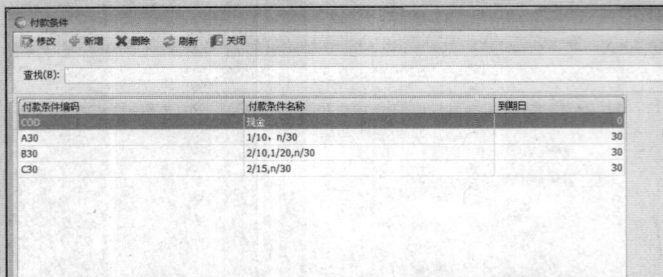

图 5-69　付款条件

图 5-70　新增付款条件

输入付款条件编码为"100D",付款条件名称为"100 天",到期日(天)为"100",序号 1 对应的优惠日为"30",折扣率为"3",序号 2 对应的优惠日为"60",折扣率为"1",单击"确定"按钮,再单击"关闭"按钮。

(25)1 月 30 日,以银行存款 110 000 元取得一项交易性金融资产,确定该资产的入账价值为 110 000 元(操作员:刘主管;账套:101 账套;操作日期:2014 年 1 月 31 日)。

操作步骤

单击"启动财务软件"后的界面如图 5-71 所示。

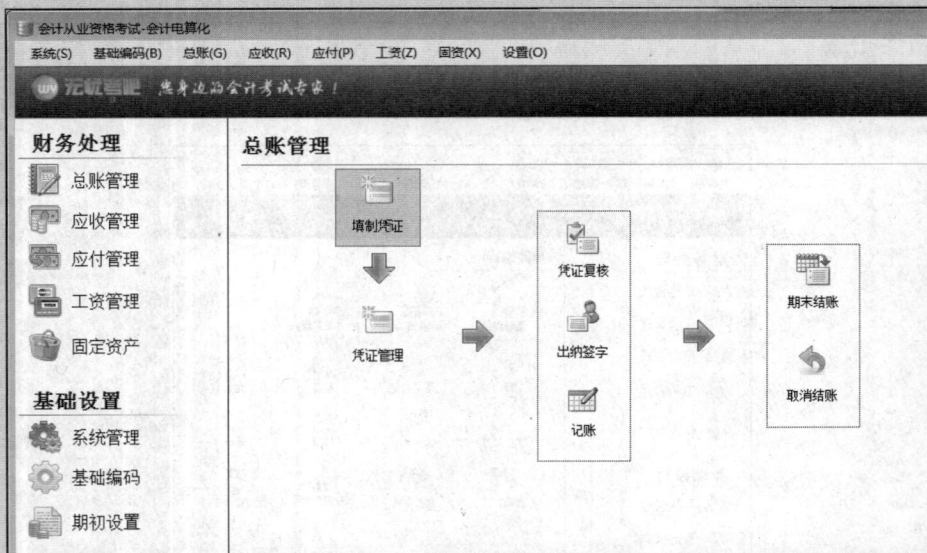

图 5-71　总账管理

单击"填制凭证"按钮,打开"记账凭证"窗口,如图 5-72 所示。

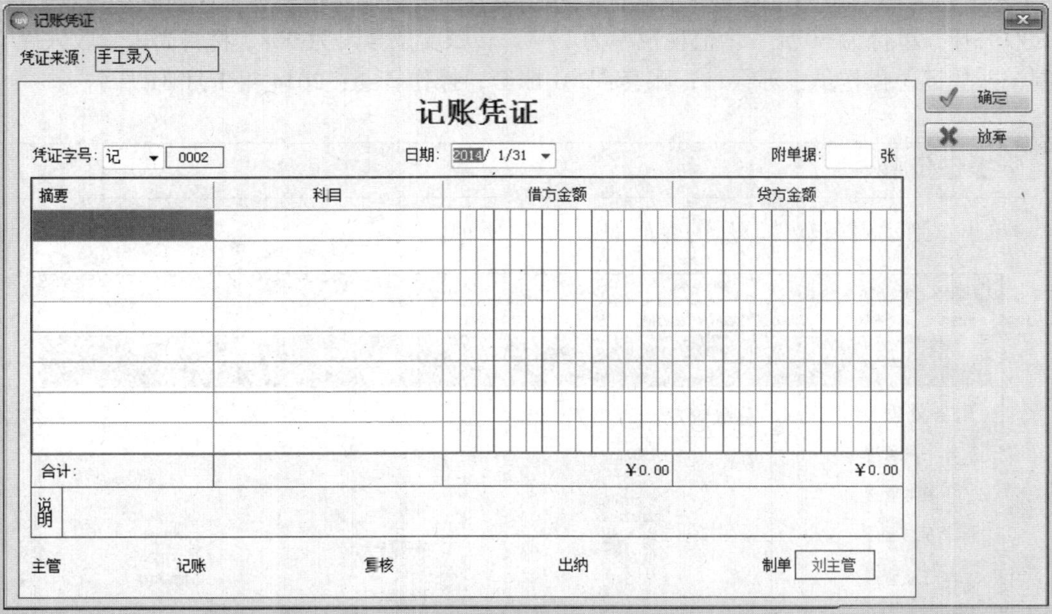

图 5-72　填制凭证

　　修改日期为"2014/1/30"（附单据和摘要，不是评分点，可以不填）。在第一行"科目"栏中选择"1101 交易性金融资产"，在第一行"借方金额"中输入"110 000"，按回车键换行；在第二行"科目"栏中选择"1002 银行存款"，在第二行"贷方金额"中输入"110 000"，如图 5-73 所示。

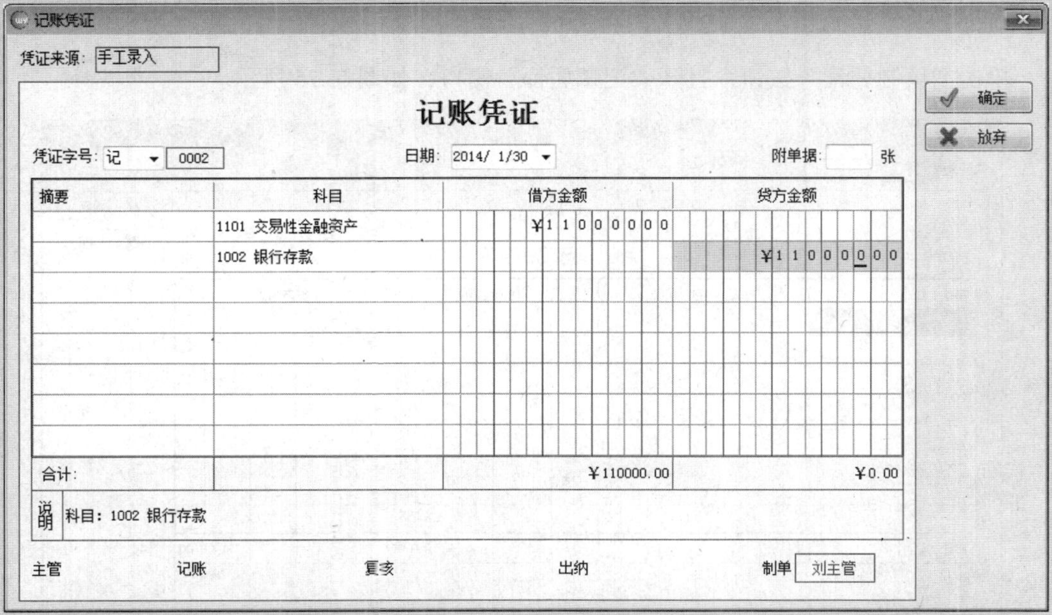

图 5-73　填制凭证

　　单击"确定"按钮。

（26）1月19日，用工行转账支票向东方股份有限公司购买甲材料（计划成本核算），数量为800公斤，单价为50元，增值税税率为17%，转账支票号码为008，材料尚未验收入库，请填制记账凭证（操作员：苏会计；账套：201账套；操作日期：2014年1月31日）。

操作步骤

单击"启动财务软件"后的界面如图5-74所示。

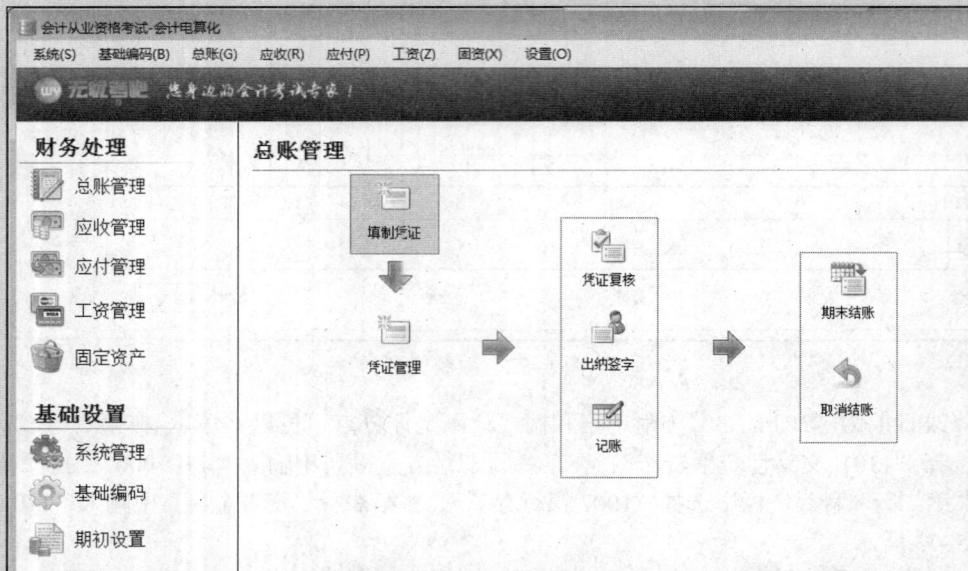

图5-74　总账管理

单击"填制凭证"按钮，打开"记账凭证"窗口，如图5-75所示。

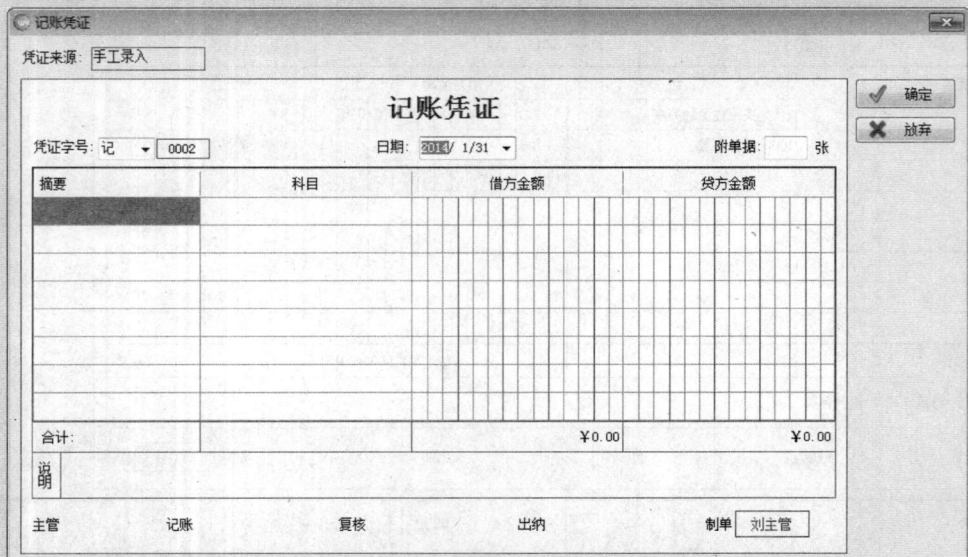

图5-75　填制凭证

修改日期为"2014/1/19"（对单据和摘要，不是评分点，可以不填）。在第一行"科目"栏中选择"1401-01 甲材料"，在第一行"借方金额"中输入"40 000"，按回车键换行；在第二行"科目"栏中选择"2221-01-02 进项税额"，在第二行"借方金额"中输入"6 800"，在第三行"科目"栏中选择"1002-01 工行存款"，付款方式选择"02 转账支票"，票据号输入"008"，在第三行"贷方金额"中输入"46 800"，如图 5-76 所示。

图 5-76　填制凭证

单击"确定"按钮。

（27）1月2日，开出工行转账支票一张（票号 101）缴纳上月未交增值税 68 000 元，请填制记账凭证（操作员：苏会计；账套：201 账套；操作日期：2014 年 1 月 31 日）。

操作步骤

单击"启动财务软件"后的界面如图 5-77 所示。

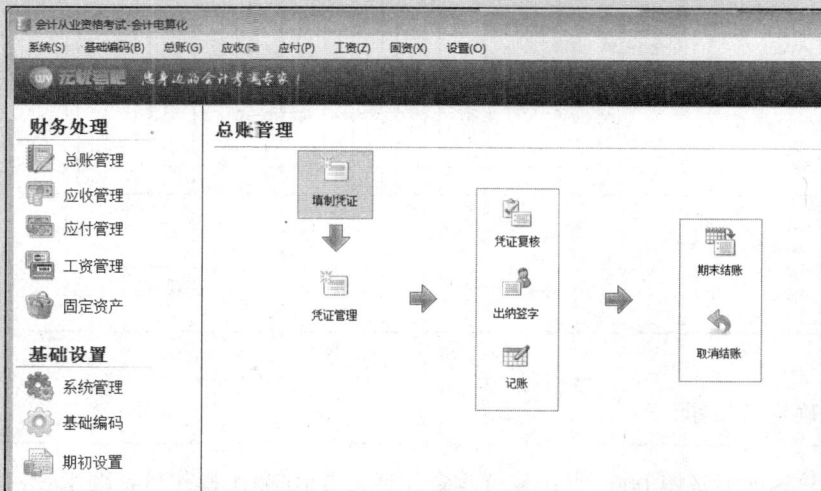

图 5-77　总账管理

单击"填制凭证"按钮，打开"记账凭证"窗口，如图 5-78 所示。

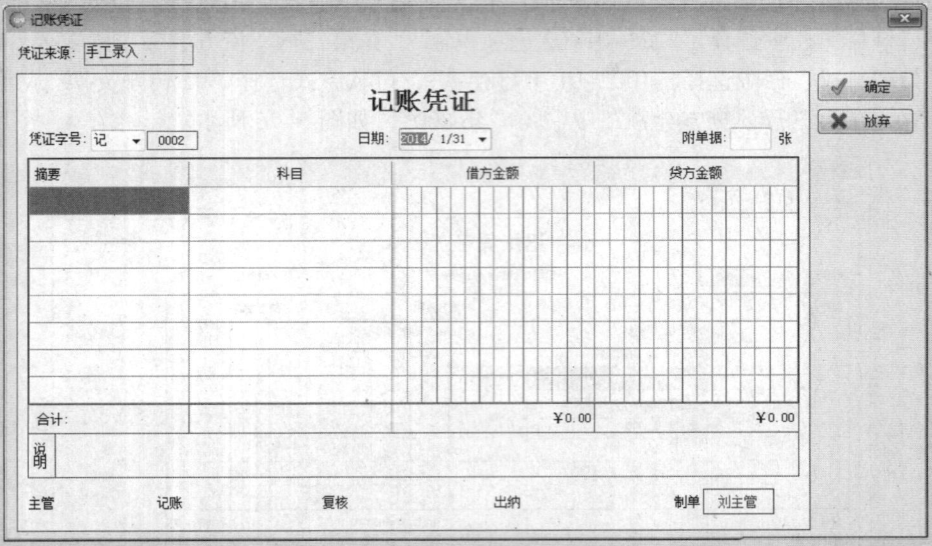

图 5-78　填制凭证

修改日期为"2014/1/2"（附单据和摘要，不是评分点，可以不填）。在第一行"科目"栏中选择"2221-02 未交增值税"，在第一行"借方金额"中输入"68 000"，按回车键换行；在第二行"科目"栏中选择"1002-01 工行存款"，付款方式选择"02 转账支票"，票据号输入"101"，在第二行"贷方金额"中输入"68 000"，如图 5-79 所示。

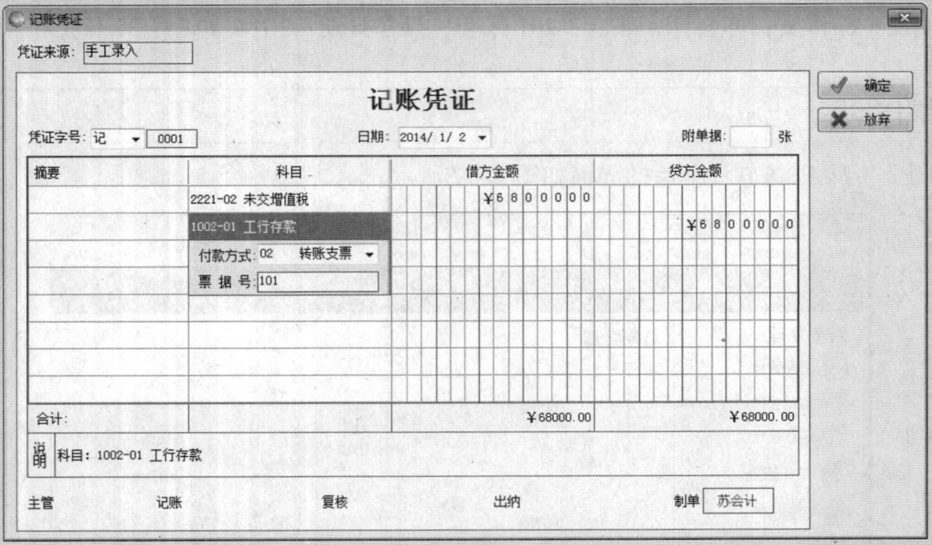

图 5-79　填制凭证

单击"确定"按钮。

（28）复核转账凭证第 0003 号；复核收款凭证第 0001 号（操作员：顾主管；账套：202 账套；操作日期：2014 年 1 月 31 日）。

操作步骤

单击“启动财务软件”后的界面如图 5-80 所示。

图 5-80　总账管理

单击“凭证复核”按钮，打开“凭证列表-复核”窗口，如图 5-81 所示。

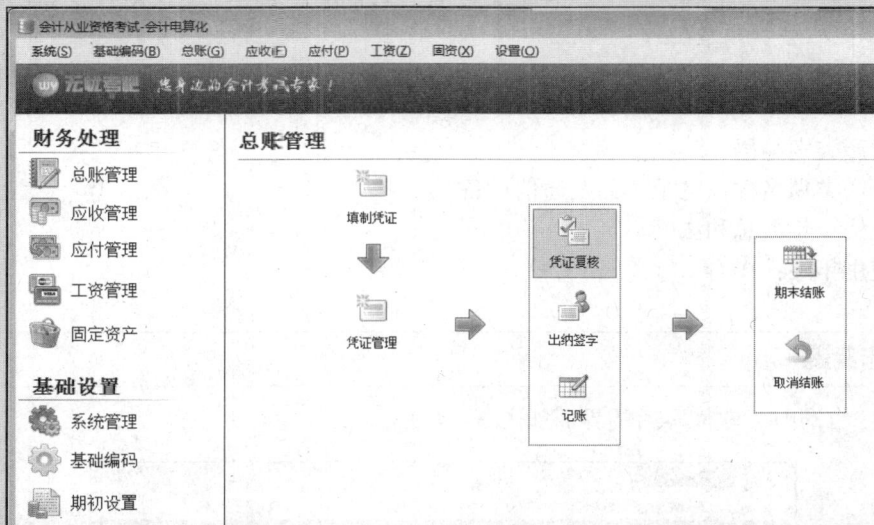

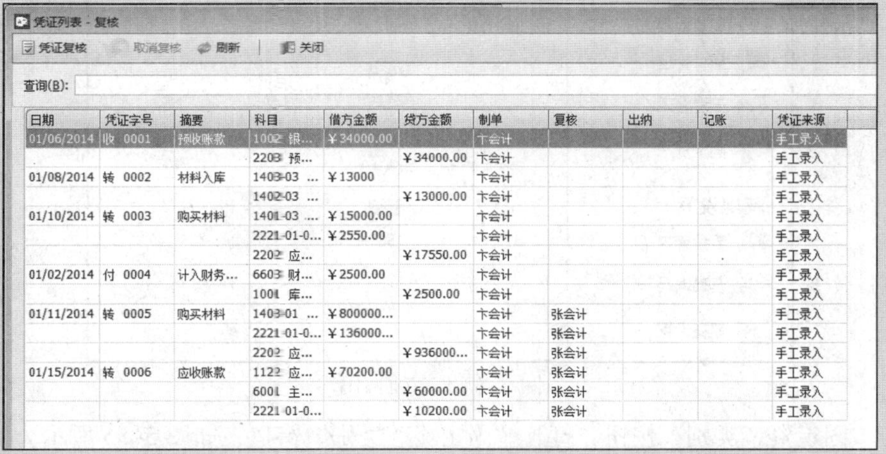

凭证列表 - 复核

凭证复核　取消复核　刷新　关闭

查询(B):

日期	凭证字号	摘要	科目	借方金额	贷方金额	制单	复核	出纳	记账	凭证来源
01/06/2014	收 0001	预收账款	1002 银...	¥34000.00		卞会计				手工录入
			2203 预...		¥34000.00	卞会计				手工录入
01/08/2014	转 0002	材料入库	1403-03 ...	¥13000		卞会计				手工录入
			1402-03 ...		¥13000.00	卞会计				手工录入
01/10/2014	转 0003	购买材料	1401-03	¥15000.00		卞会计				手工录入
			2221-01-0...	¥2550.00		卞会计				手工录入
			2202 应...		¥17550.00	卞会计				手工录入
01/02/2014	付 0004	计入财务...	6603 财...	¥2500.00		卞会计				手工录入
			1001 库...		¥2500.00	卞会计				手工录入
01/11/2014	转 0005	购买材料	1403-01 ...	¥800000...		卞会计	张会计			手工录入
			2221-01-0...	¥136000...		卞会计	张会计			手工录入
			2202 应...		¥936000...	卞会计	张会计			手工录入
01/15/2014	转 0006	应收账款	1122 应...	¥70200.00		卞会计	张会计			手工录入
			6001 主...		¥60000.00	卞会计	张会计			手工录入
			2221-01-0...		¥10200.00	卞会计	张会计			手工录入

图 5-81　凭证列表

选择凭证字号为“转 0003”，单击“凭证复核”按钮，弹出如图 5-82 所示的提示窗口。单击“是”按钮。

再选择凭证字号为“收 0001”，单击“凭证复核”按钮，弹出如图 5-83 所示的提示窗口。单击“是”按钮，再单击“关闭”按钮。

（29）新增固定资产类别（操作员：刘主管；账套：101 账套；操作日期：2014 年 1 月 1 日）。

图 5-82　复核凭证

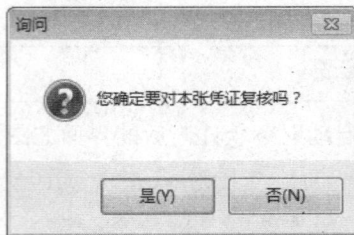

图 5-83　复核凭证

固定资产类别编码：5

固定资产类别名称：电子产品及通信设备

折旧方法：年数总和法

预计使用年限：10 年

操作步骤

单击"启动财务软件"后的界面如图 5-84 所示。

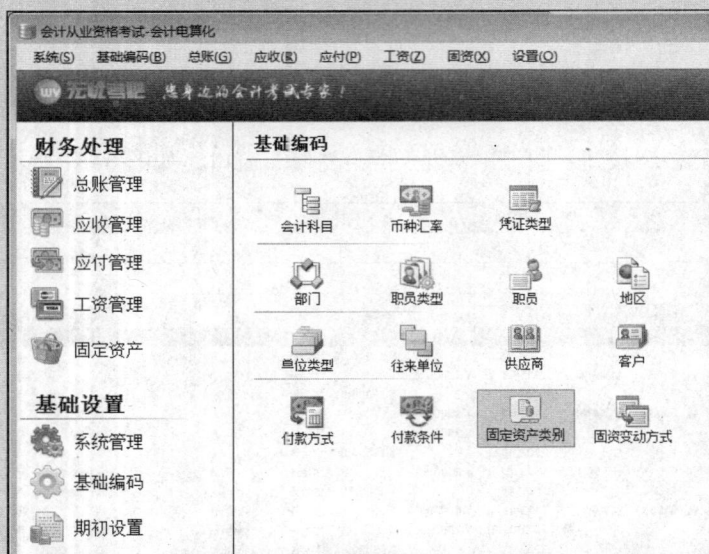

图 5-84　基础编码

单击"固定资产类别"按钮，打开"固定资产类别"窗口，如图 5-85 所示。

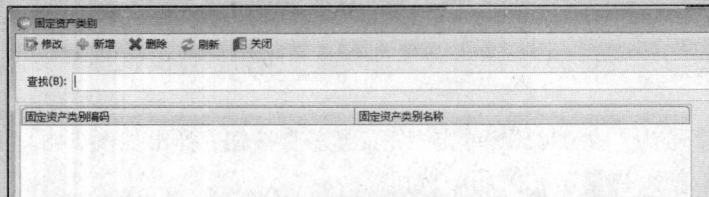

图 5-85　固定资产类别

单击"新增"按钮，打开"新增固定资产类别"窗口，如图 5-86 所示。

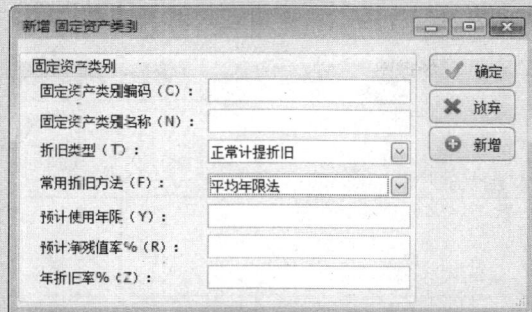

图 5-86 新增固定资产类别

输入固定资产类别编码为"5",固定资产类别名称为"电子产品及通信设备",常用折旧方法选择"年数总和法",预计使用年限为"10",单击"确定"按钮,再单击"关闭"按钮。

(30)打开报表平台,设置报表公式。

打开考生文件夹(D:\Exam\会计电算化\练习考号\)下的"资产负债表-B5.srp",完成下列操作后,将报表以原文件名进行保存。判断并设置 E35、F35 单元格的计算公式。

操作步骤

单击"启动财务软件"后的界面,如图 5-87 所示。

资　产	期末余额	年初余额	负债及所有者权益(或股东权益)	期末余额	年初余额
流动资产:			流动负债:		
货币资金	1496058.17	1334630.77	短期借款	500000.00	500000.00
交易性金融资产	1881947.22	1881947.22	交易性金融负债		
应收票据			应付票据	60000.00	60000.00
应收账款	180872.50	459740.00	应付账款	750429.00	246861.00
预付款项			预收款项		
应收利息			应付职工薪酬	58359.60	41500.00
应收股利			应交税费	433668.60	169818.99
其他应收款		2000.00	应付利息		
存货	453982.82	459891.00	应付股利		
一年内到期的非流动资产			其他应付款	4256.00	
其他流动资产			一年内到期的非流动负债		
流动资产合计	5639860.71	4138208.99	其他流动负债		
非流动资产:			流动负债合计	1806713.20	1018179.99
可供出售金融资产			非流动负债:		
持有至到期投资			长期借款		
长期应收款			应付债券		
长期股权投资			长期应付款		
投资性房地产			专项应付款		
固定资产	2893486.41	1580564.59	预计负债		
在建工程		1225000.00	递延所得税负债		
工程物资			其他非流动负债		
固定资产清理			非流动负债合计		
生产性生物资产			负债合计		
油气资产			所有者权益(或股东权益):		
无形资产	-3,000.00	12000.00	实收资本(或股本)	4900000.00	4800000.00
开发支出			资本公积	880000.00	980000.00
商誉			减:库存股		
长期待摊费用			盈余公积	82802.54	82802.54
递延所得税资产			未分配利润		
其他非流动资产			所有者权益(或股东权益)合计		
非流动资产合计					
资产总计			负债和所有者权益(或股东权益)总计	8472347.12	6955773.58

图 5-87 会计电算化报表

　　单击 E35 单元格，单击工具栏中的 Σ 按钮，弹出"计算公式"窗口，如图 5-88 所示。

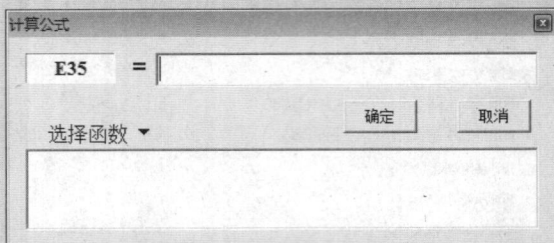

图 5-88　公式设置

　　选择函数为"sum"，在括号中输入"E30:E34"，单击"确定"按钮完成 E35 单元格中计算公式的设置。

　　单击 F35 单元格，单击工具栏中的 Σ 按钮，弹出"计算公式"窗口，如图 5-89 所示。

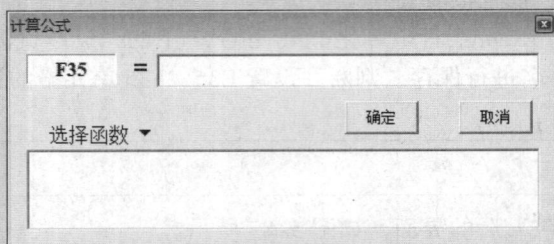

图 5-89　公式设置

　　选择函数为"sum"，在括号中输入"F30:F34"，单击"确定"按钮完成 F35 单元格中计算公式的设置。单击"保存"按钮，再单击"关闭"按钮。

　　（31）新建账套（账套名称：阳光公司；会计准则：小企业会计准则；预设科目：生成预设科目；本位币：人民币；账套启用日期：2014 年 1 月 1 日）。

操作步骤

　　单击系统菜单下的"新建账套"功能，弹出"新建账套"对话框，输入新建账套名称为"阳光公司"，选择账套采用的会计准则为小企业会计准则的单位，设置生成预设会计科目，设置本位币为"人民币"，设置账套的启用日期为"2014 年 1 月 1 日"。

　　（32）设置赵固定具有固定资产管理的权限；设置孙编码具有基础编码的权限（操作员：李主管；账套：102 账套；操作日期：2014 年 1 月 1 日）。

操作步骤

　　单击系统管理导航，双击"用户管理"，进入"操作员列表"界面，单击选定操作员"赵固定"，单击"修改"按钮，打开"修改操作员"界面，勾选权限模块中的"固定资产"，单击"确定"按钮。同理，设置孙编码的权限。

（33）设置职员类型，职业类型编码为"012"，职员类型名称为"临时人员"（操作员：李主管；账套：102 账套；操作日期：2014 年 1 月 1 日）。

操作步骤

单击基础编码导航，双击"职员类型"，进入"职员"界面，单击"新增"按钮，弹出"新增职员类型"对话框，输入职员类型编码、职员类型名称，单击"确定"按钮。

（34）新建客户档案（操作员：李主管；账套：102 账套；操作日期：2014 年 1 月 1 日）。

单位编码：009

单位性质：客户

单位名称：斌达科技有限公司

单位类型：无类型

信用额度：人民币 100 000 元

付款条件：2/15，n/30

所属地区：北方区

单位地址：长春市红旗东路 556 号

应付科目：2202

操作步骤

单击基础编码导航，双击"客户"功能，进入"客户"界面，单击"新增"按钮，弹出"新增客户"对话框，输入单位编码、单位性质、单位名称、单位类型、信用额度、付款条件、所属地区、单位地址、应付科目，单击"确定"按钮。

（35）设置外汇币及汇率（操作员：李主管；账套：102 账套；操作日期：2014 年 1 月 1 日）。

币种编码：USD

币种名称：美元

币种小数位：2

折算方式：原币×汇率=本位币

操作步骤

单击基础编码导航，双击"币种汇率"功能，进入"币种汇率"界面，单击"新增"按钮，弹出"新增币种"对话框，输入新增币种的编码、名称，设置币种小数位、折算方式，单击"确定"按钮。

（36）新增付款方式（操作员：李主管；账套：102 账套；操作日期：2014 年 1 月 1 日）。

付款方式编码：02

付款方式名称：转账支票

进行票据管理：需要

> **操作步骤**
>
> 　　单击基础编码导航，双击"付款方式"功能，进入"付款方式"界面，单击"新增"按钮，弹出"新增付款方式"界面，输入付款方式编码、付款方式名称，设置是否进行票据管理，单击"确定"按钮。

（37）新增会计科目（操作员：李主管；账套：102账套；操作日期：2014年1月1日）。
科目编码：660201
科目名称：办公费
辅助核算：单位

> **操作步骤**
>
> 　　单击基础编码导航，双击"会计科目"功能，进入"会计科目"界面，单击"新增"按钮，弹出"新增会计科目"对话框，输入新增会计科目的科目编码、科目名称，在"辅助核算"处单击"单位"前面的复选框，单击"确定"按钮。

（38）将收款凭证的第0003号凭证取消出纳签字（操作员：李主管；账套：102账套；操作日期：2014年1月1日）。

> **操作步骤**
>
> 　　单击总账管理导航，双击"出纳签字"功能，进入"凭证列表－签字"界面，选择需要取消出纳签字的凭证，单击"取消签字"按钮，再单击"关闭"按钮。

（39）作废付款凭证的第0002号凭证；作废转账凭证的第0001号凭证（操作员：李主管；账套：102账套；操作日期：2014年1月31日）。

> **操作步骤**
>
> 　　单击总账管理导航，双击"凭证管理"功能，进入"凭证列表"界面，选择0002号付款凭证，单击"修改"按钮，弹出"记账凭证"对话框，单击"作废"按钮，确认作废该凭证，单击"确定"按钮。同理，作废0001号转账凭证。

（40）将收款凭证的第0003号凭证出纳签字（操作员：李主管；账套：102账套；操作日期：2014年1月31日）。

> **操作步骤**
>
> 　　单击总账管理导航，双击"出纳签字"功能，进入"凭证列表－签字"界面，选择需要出纳签字的凭证，单击"出纳签字"按钮，再单击"关闭"按钮。

（41）将已审核的付款凭证 0003 号、转账凭证 0001 号记账（操作员：李主管；账套：102 账套；操作日期：2014 年 1 月 31 日）。

> **操作步骤**
>
> 单击总账管理导航，双击"记账"功能，进入"凭证列表 – 记账"界面，选择 0003 号付款凭证，单击"记账"按钮，弹出"您需要对本张凭证进行记账吗？"对话框，单击"是"按钮。同理，将转账凭证 0001 号记账。

（42）将本月账套进行结账操作（操作员：李主管；账套：102 账套；操作日期：2014 年 1 月 31 日）。

> **操作步骤**
>
> 单击总账管理导航，双击"期末结账"功能，进入"期末结账"界面，单击"下一步"按钮，直至完成。

（43）设置固定资产变动方式（操作员：李主管；账套：102 账套；操作日期：2014 年 1 月 31 日）。
固定资产变动方式编码：05
固定资产变动方式名称：盘盈
变动类型：增加固定资产

> **操作步骤**
>
> 单击基础编码导航，双击"固定资产变动方式"功能，进入"固定资产变动方式"界面，单击"新增"按钮，弹出"新增固定资产变动方式"对话框，输入固定资产变动方式的编码、名称、对应科目、凭证类型，单击"确定"按钮。

（44）将一辆轿车由人事部转到财务部使用（操作员：李主管；账套：102 账套；操作日期：2014 年 1 月 31 日）。
卡片编号：0006

> **操作步骤**
>
> 单击固定资产导航，双击"变动列表"功能，进入"变动列表"界面，选中需要变动的固定资产编号，单击"修改"按钮，将使用部门由人事部改为财务部，单击"关闭"按钮。

（45）固定资产减少（操作员：李主管；账套：102 账套；操作日期：2014 年 1 月 31 日）。
卡片编号 0007
资产编号：0006
减少方式：盘亏

减少日期：2014 年 1～15 日

操作步骤

单击固定资产导航，双击"固定资产减少"功能，进入"固定资产减少"界面，选择要减少的固定资产编号，设置减少方式和减少日期，单击"确定"按钮。

（46）计提本月固定资产折旧，并生成记账凭证（操作员：李主管；账套：102 账套；操作日期：2014 年 1 月 31 日）。

操作步骤

单击固定资产导航，双击"计提折旧"功能，进入"计提折旧"界面，设置需要累计折旧的科目，指定凭证类型和凭证摘要，完成累计折旧，生成记账凭证。

（47）在"生产人员"工资表中，录入以下人员的工资变动数据，如表 5-1 所示（操作员：李主管；账套：501 账套；操作日期：2014 年 1 月 31 日）。

表 5-1 工资变动数据

职员姓名	代扣水电费	加班天数	病假天数	事假天数
王华	99	4	2	0
江琪	126	3	0	1

操作步骤

单击工资管理导航，双击"工资录入"功能，进入工资表数据录入界面，输入相关信息，单击"关闭"按钮。

（48）设置工资项目（操作员：李主管；账套：501 账套；操作日期：2014 年 1 月 31 日）。
工资表名：销售人员工资表
项目名称：病假扣款
类型：数字
长度：10
小数位数：2

操作步骤

单击工资管理导航，双击"工资表目录"功能，进入"工资表目录"界面，单击选中"1月份工资表"，单击"修改"按钮，弹出"修改工资表"对话框，打开"指定发放项目"窗口，单击"新增"按钮，输入新增工资项目的信息，在"可选择的工资项目"中选择新增的工资项目，单击"〉"，将其添加到"本次发放的工资项目"中，单击"下一步"按钮，直至完成。

（49）设置工资发放范围。由二管理部李天入职，修改"1月份工资表"的工资发放范围（操作员：李主管；账套：501账套；操作日期：2014年1月31日）。

操作步骤

单击工资管理导航，双击"二资表目录"功能，进入"工资表目录"界面，单击选中"1月份工资表"，单击"修改"按钮，弹出"修改工资表"对话框，打开"发放范围"窗口，在管理部李天前面的方框中打勾，单击"下一步"按钮，直至完成。

（50）将"销售人员"工资表生成记账凭证（操作员：李主管；账套：501账套；操作日期：2014年1月31日）。

选择方式：销售人员应发合计

设置科目：贷方科目为221101工资，借方科目为660101工资

操作步骤

单击工资管理导航，双击"工资凭证"功能，进入"工资凭证向导"界面，选择"销售人员"工资表，单击"下一步"按钮，选择计算公式，单击"下一步"按钮，设置借、贷方会计科目，单击"下一步"按钮，直至完成。

（51）对所有应收单生成凭证（操作员：李主管；账套：104账套；操作日期：2014年1月31日）。

操作步骤

单击应收管理导航，双击"应收凭证"功能，进入"应收凭证"界面，勾选要生成凭证的单据，设置凭证类别和凭证摘要，单击"完成"按钮，生成凭证，查看生成的凭证。

（52）对所有应付单生成凭证（操作员：李主管；账套：104账套；操作日期：2014年1月31日）。

操作步骤

单击应付管理导航，双击"应付凭证"功能，进入"应付凭证"界面，勾选要生成凭证的单据，设置凭证类别和凭证摘要，单击"完成"按钮，生成凭证，查看生成的凭证。

（53）打开报表平台，设置报表格式并保存文件。

打开考生文件夹下的"管理费用明细表.srp"报表，设置A1单元格中的文字为"黑体""16号"，将A1单元格中的内容修改为"2014年管理费用明细账"。

操作步骤

　　选中 A1 单元格，在工具栏中将字体设置为"黑体""16 号"，将 A1 单元格中的内容修改为"2014 年管理费用明细账"。单击"文件"中的"保存"按钮。

　　（54）打开报表平台，新建并保存报表文件，以"1 月费用明细表.srp"为名称将报表保存在"考试"文件夹下。

操作步骤

　　单击"文件"中的"新建"按钮，单击"文件"中的"保存"按钮，输入新建报表的名称为"1 月费用明细表.srp"，单击"保存"按钮。

第六章
账务处理系统实务操作题

账务处理系统实务操作题 1

任务描述：根据资料完成初始化设置、账务系统记账凭证的填制与审核、记账和结账、编制报表、账表查询输出和账套备份等操作。

一、企业的基本情况

企业的基本情况如表 6-1 所示。

表 6-1 企业的基本情况

企业名称（所属行业）	湖南博文文具有限公司（工业）
主要业务及产品类型	单色签字笔、双色签字笔、三色签字笔
单位地址及联系电话	地址：衡阳市华新大道 588 号 电话：0734-8867678
开户行及账号	中国建设银行华新支行 9005859488654456
纳税人登记号	430011555666777
适用税率	增值税税率为 17% 城建税税率为 7% 教育费附加为 3%
存货核算方法	存货采用实际成本计价核算 存货发出成本采用全月一次加权平均法核算 计算数据保留 2 位小数
主要会计岗位及人员	账套主管：李晶　　　审核员：王红 制单及会计：陈平　　出纳员：赵立
其他	会计核算采用记账凭证账务处理程序

二、初始化设置

1. 用户及权限

用户及权限如表 6-2 所示。

表 6-2   用户及权限

编号	姓名	口令	所属部门	权限
101	李晶		财务部	账套主管,拥有所有的权限
102	赵立		财务部	总账—凭证—出纳签字、总账—出纳权限
103	陈平		财务部	公共目录设置、总账—凭证—凭证处理; 总账—期末—转账设置、转账生成; 薪资管理、固定资产管理、应收款管理、应付款管理
104	王红		财务部	公共目录设置、总账—凭证—审核凭证
105	李明		业务部	公共目录设置、采购管理、销售管理、库存管理、存货核算

2．账套信息

（1）账套信息。账套号:666；账套名称:湖南博文文具有限公司；账套路径:默认；启用会计期:2016 年 1 月；会计期间设置:1 月 1 日至 12 月 31 日。

（2）单位信息。单位名称:湖南博文文具有限公司；单位简称:湖南博文；单位地址:衡阳市华新大道 588 号；法人代表:张军；联系电话及传真:0734-88667678。

（3）核算类型。记账本位币:人民币（RMB）；企业类型:工业；行业性质:2007 年新会计制度科目；账套主管:李晶；要求按行业性质预置会计科目。

（4）基础信息。存货、客户、供应商无分类,无外币业务。

（5）分类编码方案。科目编码:42222；其他采用系统默认。

（6）数据精度。采用系统默认值

（7）系统启用。启用模块:总账；启用时间:2016 年 1 月 1 日。

3．基础档案

（1）部门档案,如表 6-3 所示。

表 6-3   部门档案

部门编码	部门名称
1	综合管理部
2	财务部
3	业务部
4	生产部

（2）人员档案,如表 6-4 所示。

表 6-4   人员档案

职员编码	职员姓名	人员类别	所属部门	性别	是否业务员
001	张军	在职人员	综合管理部	男	
002	张磊	在职人员	综合管理部	男	是
003	李晶	在职人员	财务部	女	是
004	赵立	在职人员	财务部	男	否
005	王红	在职人员	财务部	女	是
006	陈平	在职人员	财务部	男	是
007	李明	在职人员	业务部	男	是
008	张宇	在职人员	生产部	男	是

（3）客户档案，如表 6-5 所示。

表 6-5 客户档案

客户编码	客户名称	客户简称	税号	开户行及账号
001	衡阳科达公司	衡阳科达	210200987654321	工行华新支行 21007654321
002	长沙恒利公司	长沙恒利	110200987654321	建行芙蓉支行 11007654321

（4）供应商档案，如表 6-6 所示。

表 6-6 供应商档案

供应商编号	供应商名称	供应商简称	税号	开户行及账号
001	衡阳佳佳公司	衡阳佳佳	340200123456789	工行珠晖支行 2102 234567
002	长沙明达公司	长沙明达	310100123456789	建行天心支行 1102 234567

（5）结算方式，如表 6-7 所示。

表 6-7 结算方式

编号	结算名称
1	现金支票
2	转账支票
3	商业承兑汇票
4	银行承兑汇票

（6）银行档案。银行编码：05；银行名称：中国建设银行；账号长度：16 位。

（7）银行信息。编号：001；银行账号：9005894886544561；开户行：中国建设银行华新支行。

（8）凭证类别。凭证类别为记账凭证。

4．期初余额

（1）会计科目设置及总账系统期初余额表如表 6-8 所示。

表 6-8 会计科目设置及总账系统期初余额表

类型	科目编码	科目名称	计量单位	辅助账类型	余额方向	期初余额（元）
资产	1001	库存现金		日记	借	53 300
资产	1002	银行存款		银行、日记	借	400 000
资产	1121	应收票据		客户往来	借	
资产	1122	应收账款		客户往来	借	80 000
资产	1221	其他应收款		个人往来	借	
资产	1123	预付账款		供应商往来	借	
资产	1403	原材料			借	53 700
资产	140301	笔芯		数量金额	借	30 000
						60 000 支

续表

类型	科目编码	科目名称	计量单位	辅助账类型	余额方向	期初余额（元）
资产	140302	笔套		数量金额	借	23 700
						47 400 支
资产	1405	库存商品			借	41 700
资产	140501	单色签字笔		数量金额	借	75 000
						50 000 支
资产	140502	双色签字笔		数量金额	借	132 000
						60 000 支
资产	140501	三色签字笔		数量金额	借	210 000
						75 000 支
资产	1601	固定资产			借	1 162 000
负债	2001	短期借款			贷	120 000
负债	2201	应付票据		供应商往来	贷	
负债	2202	应付账款		供应商往来	贷	46 000
负债	2203	预收账款		客户往来	贷	
权益	4001	实收资本			贷	2 000 000
损益	6001	主营业务收入			贷	
损益	600101	单色签字笔		数量金额（支）	贷	
损益	600102	双色签字笔		数量金额（支）	贷	
损益	600102	三色签字笔		数量金额（支）	贷	
损益	6401	主营业务成本			贷	
损益	640101	单色签字笔		数量金额（支）	贷	
损益	640102	双色签字笔		数量金额（支）	贷	
损益	640102	三色签字笔		数量金额（支）	贷	

（2）应收账款期初余额如表 6-9 所示。

表 6-9 　　　　　　　　　　应收账款期初余额

客户名称	单据日期	金额（元）
衡阳科达公司	2015-10-16	50 000
长沙恒利公司	2015-10-28	30 000

（3）应付账款期初余额如表 6-10 所示。

表 6-10 　　　　　　　　　　应付账款期初余额

客户名称	单据日期	金额（元）
衡阳佳佳公司	2015-10-16	46 000

三、账务处理系统日常经济业务

根据下列资料，完成相关操作。所有涉用的采购及销售业务均为无税单价。

（1）1月2日，生产部在材料库领用材料一批，用于生产双色签字笔，如表6-11所示。

表6-11   领用材料

存货名称	领用数量（支）
笔芯	5 000
笔套	5 000

（2）1月3日，公司采购联想计算机8台，单价为4 000元。计算机由生产部投入使用，款项用建行华新支行转账支票支付。

（3）1月4日，业务部李明出差预借差旅费，财务部付现金900元。

（4）1月5日，业务部李明向公司财务部申请货款2 000元用来预付衡阳佳佳公司原料采购款，经总经理同意后，财务部开具建行转账支票一张用来支付该笔款项。

（5）1月5日，业务部以建行银行存款支付产品广告宣传费3 000元。

（6）1月5日，收到衡阳佳佳公司发来的笔芯及其专用发票，发票号码为ZY0003，开票日期为2016年1月5日。该批笔芯由业务部李明于1月5日订购。发票载明笔芯3 000支，0.45元/支。同时收到运费发票一张，发票号码为YF0001，运输费200元（增值税税率为11%）。经检验质量全部合格验收入库。财务部确认并以预付款冲销此次应付款项。

（7）根据1月4日报价，1月5日本公司与长沙恒利公司协商，对方同意双色签字笔销售单价3.9元，订货数量减至28 000元，公司确认后发货并出库，并以现金代垫运费600元。当日开具销售专用发票，发票号码为Z001，货款尚未收到。

（8）1月8日，收回衡阳科达转账支票一张50 000元用来支付前欠货款，财务部确认入账。

（9）1月29日，生产部进行机器维修，共花费维修费2 000元，用转账支票支付。

（10）1月29日，衡阳科达将2015年10月28日对其发货的三色签字笔5 000支分批开票，财务部第一次开具的普通发票票号为Z0004，数量为4 000支，单价为4元。对方收到发票后用商业承兑汇票（票据号为999，签发日期为2016年1月30日，到期日为2016年4月30日）全额支付了第一次货款。

（11）1月30日，计提1月份固定资产折旧。

（12）1月31日，结转制造费用，本月全部计入双色签字笔。

（13）1月31日，计算本月应交的城市维护建设税及教育费附加。

（14）1月31日，结转本月已销产品成本。

（15）1月31日，结转本月期间损益。

四、系统结账

账套主管完成当月系统结账。

五、会计报表的生成与输出

（1）在D盘中新建一个文件夹，文件夹名为"考生号"。

（2）将1月份的序时账以Excel文件输出，输出Excel文件的文件名为"考生号+序时账"，保存在"考生号"文件夹中。

（3）将1月份的余额表以Excel文件输出，输出Excel文件的文件名为"考生号+余额表"，保存在"考生号"文件夹中。

（4）将1月份的银行存款日记账、应收账款—上海安迅公司明细账和管理费用明细账以

Excel 文件输出，Excel 文件的文件名为"考生号+＊＊账"，并将以上文件保存在"考生号"文件夹中。

（5）利用报表功能分别生成 1 月份的利润表和资产负债表，并分别输出 Excel 文件，保存在"考生号"文件夹中，Excel 文件的文件名分别为"考生号+利润表"和"考生号+资产负债表"。

六、系统备份

（1）在 D 盘的"考生号"文件夹中再新建一个文件夹，文件夹名为"账套备份"。

（2）利用软件备份功能对账套进行备份，并将备份文件保存在"账套备份"文件夹中。

七、财务分析

利用报表功能编制自定义报表，并输出为 Excel 文件，文件名为"简易财务分析表"，保存在"考生号"文件夹中，如表 6-12 所示。

表 6-12 简易财务分析表

单位：　　　　　　　　　　　　年　　月　　日

序号	指标项目	2016-01-31
1	流动比率	
2	速动比率	
3	主营业务毛利率	

编制人：

账务处理系统实务操作题 2

任务描述：根据资料完成初始化设置、账务系统记账凭证的填制与审核、记账和结账、编制报表、账表查询输出和账套备份等操作。

一、企业的基本情况

企业的基本情况如表 6-13 所示。

表 6-13 企业的基本情况

企业名称（所属行业）	湖南惠达文具有限公司（工业）
主要业务及产品类型	单色圆珠笔、双色圆珠笔、三色圆珠笔
单位地址及联系电话	地址：长沙市远大一路 588 号 电话：0731-88123456
开户行及账号	中国建设银行远大支行 9005600589488654321
纳税人登记号	430011222333444
适用税率	增值税税率为 17% 城建税税率为 7% 教育费附加为 3% 运输费按 7% 抵扣

续表

存货核算方法	存货采用实际成本计价核算 存货发出成本采用全月一次加权平均法核算	
主要会计岗位及人员	账套主管：李明 制单及会计：刘英	审核员：黄洁 出纳员：张丽
其他	会计核算采用记账凭证账务处理程序	

二、初始化设置

1．用户及权限

用户及权限如表 6-14 所示。

表 6-14　　　　　　　　　　　　　　用户及权限

编号	姓名	口令	所属部门	权限
101	李明		财务部	账套主管，拥有所有的权限
102	刘英		财务部	公共目录设置、总账—凭证—凭证处理； 总账—期末—转账设置、转账生成
103	黄洁		财务部	公共目录设置、总账—凭证—审核凭证与记账结账
104	张丽		财务部	总账—凭证—出纳签字、总账—出纳权限

2．账套信息

（1）账套信息。账套号：001；账套名称：湖南惠达文具有限公司；账套路径：默认；启用会计期：2013 年 1 月；会计期间设置：1 月 1 日至 12 月 31 日。

（2）单位信息。单位名称：湖南惠达文具有限公司；单位简称：惠达文具；单位地址：长沙市远大一路 588 号；法人代表：肖龙；联系电话及传真：0731-88123456。

（3）核算类型。记账本位币：人民币（RMB）；企业类型：工业；行业性质：2007 年新会计制度科目；账套主管：李明；要求按行业性质预置会计科目。

（4）基础信息。存货、客户、供应商无分类，无外币业务。

（5）分类编码方案。科目编码级次采用 4222；其他编码级次设置采用默认值。

（6）数据精度。数据精度采用系统默认值。

（7）系统启用。启用模块：总账；启用时间：2013 年 1 月 1 日。

3．基础档案

（1）部门档案，如表 6-15 所示。

表 6-15　　　　　　　　　　　　　　部门档案

部门编码	部门名称
1	管理部
2	财务部
3	销售部
4	采购部
5	生产部
6	仓储部

（2）人员档案，如表 6-16 所示。

表 6-16　　　　　　　　　　　　　　人员档案

职员编码	职员姓名	人员类别	所属部门	性别	是否业务员
001	李明	在职人员	财务部	男	是
002	刘英	在职人员	财务部	女	否
003	黄洁	在职人员	财务部	女	否
004	张丽	在职人员	财务部	女	否
005	肖梅	在职人员	管理部	女	是
006	李杰	在职人员	销售部	男	是
007	李立	在职人员	采购部	男	是
008	张三	在职人员	生产部	男	否
009	李四	在职人员	生产部	女	否
010	王五	在职人员	生产部	女	否
011	赵六	在职人员	仓储部	女	否

（3）客户档案，如表 6-17 所示。

表 6-17　　　　　　　　　　　　　客户档案

客户编码	客户名称	客户简称
001	福州宏丰公司	福州宏丰
002	天津恒利公司	天津恒利

（4）供应商档案，如表 6-18 所示。

表 6-18　　　　　　　　　　　　　供应商档案

供应商编号	供应商名称	供应商简称
001	长沙永益公司	长沙永益
002	湖北佳和公司	佳和公司

（5）计量单位。

① 计量单位组，如表 6-19 所示。

表 6-19　　　　　　　　　　　　　计量单位组

计量单位组编码	计量单位组名称	换算率
01	数量	无换算

② 数量组下设有计量单位，如表 6-20 所示。

表 6-20　　　　　　　　　　　数量组下设有计量单位

计量单位编码	计量单位名称
01	支
02	个

（6）本单位开户银行为中国建设银行远大支行；账号为9005600589488654321。

（7）结算方式，如表6-21所示。

表6-21　　　　　　　　　　　　　　　　结算方式

结算方式编码	结算方式名称	是否票据管理
01	现金结算	否
02	支票结算	是
03	汇票结算	否

（8）凭证类别。凭证类别为记账凭证。

4．总账系统参数设置及期初数据录入

（1）总账系统参数设置。总账系统参数设置为全部默认。

（2）总账系统科目设置及科目期初余额。根据期初余额信息设置相应明细科目及辅助核算，并录入期初余额及进行试算平衡。

① 科目设置及余额信息，如表6-22所示。

表6-22　　　　　　　　　　　　　　科目设置及余额信息

科目编码	科目名称	计量单位	辅助账类型	余额方向	期初余额（元）
1001	现金		指定科目	借	53 300
1002	银行存款		指定科目	借	400 000
100201	建设银行远大支行		指定科目	借	400 000
1121	应收票据		客户往来（不受控）	借	
1122	应收账款		客户往来（不受控）	借	80 000
1123	预付账款		供应商往来（不受控）	借	
1403	原材料			借	48 900
140301	笔芯	支	数量金额	借	15 000
			30 000		
140302	笔套	支	数量金额	借	8 400
			42 000		
140303	笔帽	个	数量金额	借	16 500
			55 000		
140304	弹簧	个	数量金额	借	9 000
			60 000		
1409	自制半成品			借	4 800
140901	笔身组件	支	数量金额	借	4 800
			8 000		
1405	库存商品			借	417 000
140501	单色圆珠笔	支	数量金额		75 000
			50 000		
140502	双色圆珠笔	支	数量金额		132 000
			60 000		

续表

科目编码	科目名称	计量单位	辅助账类型	余额方向	期初余额（元）
140503	三色圆珠笔	支	数量金额		210 000
			75 000		
1601	固定资产			借	1 162 000
1602	累计折旧			贷	17 000
2001	短期借款				120 000
200101	商业银行北京支行				120 000
2221	应交税费				
222101	应交增值税				
22210101	进项税				
22210102	销项税				
222102	应交城建税				
222103	应交教育费附加				
2201	应付票据		供应商往来（不受控）	贷	
2202	应付账款		供应商往来（不受控）	贷	46 000
2211	应付职工薪酬			贷	400 000
221101	工资				
221102	工会经费				200 000
221103	职工教育经费				200 000
2203	预收账款		客户往来（不受控）	贷	
4001	实收资本			贷	1 583 000
5001	生产成本			借	
500101	单色圆珠笔			借	
500102	双色圆珠笔			借	
500103	三色圆珠笔			借	
6001	主营业务收入				
600101	单色圆珠笔	支	数量金额		
600102	双色圆珠笔	支	数量金额		
600103	三色圆珠笔	支	数量金额		
6401	主营业务成本				
640101	单色圆珠笔	支	数量金额		
640102	双色圆珠笔	支	数量金额		
640103	三色圆珠笔	支	数量金额		
6601	销售费用			借	
660101	折旧费			借	
660102	工资			借	
660103	广告费			借	
6602	管理费用			借	
660201	折旧费		部门核算	借	
660202	工资		部门核算	借	
660203	电话费		部门核算	借	

② 应收账款期初余额，如表 6-23 所示。

表 6-23　　　　　　　　　　　　应收账款期初余额

客户名称	单据日期	金额（元）
天津恒利公司	2012-10-16	50 000
福州宏丰公司	2012-10-28	30 000

③ 应付账款期初余额，如表 6-24 所示。

表 6-24　　　　　　　　　　　　应付账款期初余额

供应商名称	单据日期	金额（元）
佳和公司	2012-10-16	46 000

三、账务处理系统日常经济业务

1．操作要求

由操作员 102 刘英填制记账凭证，104 张丽进行出纳签字，103 黄洁完成审核凭证、记账，101 李明完成结账操作。

2．湖南惠达文具有限公司 2013 年 1 月份的经济业务

所有涉用的采购及销售业务均为无税单价。

（1）1 日，生产部在原材料仓中领用材料生产 6 000 支双色圆珠笔，如表 6-25 所示。

表 6-25　　　　　　　　　　　　领用材料

存货名称	领用数量	生产产品
笔芯	12 000 支	双色圆珠笔
笔套	6 000 支	双色圆珠笔
笔帽	6 000 个	双色圆珠笔
弹簧	12 000 个	双色圆珠笔

（2）2 日，公司购进联想计算机 8 台，无税单价为 4 000 元，收到专用发票一张。预计计算机使用年限为 3 年，其中：生产部领用 3 台，管理部、财务部、销售部、采购部、仓储部各领用 1 台。款项用建设银行远大支行转账支票支付（计算机作为固定资产处理）。

（3）3 日，采购部李立向公司财务部申请货款 1 000 元用于预付佳和公司原料采购款，经总经理同意后，财务部开具商业银行转账支票一张，金额为 1 000 元整。

（4）5 日，生产部在原材料仓中领用材料生产 3 000 支三色圆珠笔，如表 6-26 所示。

表 6-26　　　　　　　　　　　　领用材料

存货名称	领用数量	生产产品
笔芯	9 000 支	三色圆珠笔
笔套	3 000 支	三色圆珠笔
笔帽	3 000 个	三色圆珠笔
弹簧	9 000 个	三色圆珠笔

（5）5日，收到佳和公司发来的笔芯及其专用发票，发票号码为 zy000，开票日期为 2013-1-5。发票载明笔芯 3 000 支，0.45 元/支（不含税）。同时收到运费发票一张（票号为 yf0001），运输费为 200 元。经检验质量全部合格，办理入库（原材料仓）手续。财务部门确认该笔存货成本。

（6）5日，本公司与福州宏丰公司协商，对方同意以单价 3.90 元购买我们的双色圆珠 28 000 支，本公司确认后发货并出库，本公司以现金代垫运费 600 元。当日开具销售专用发票（注：福州宏丰公司税号为 123456789），发票号为 z001，货款尚未收到。

（7）10日，直接向佳和公司购买笔芯 60 盒（6 000 支，0.5 元/支），弹簧 20 盒（2 000 个，0.15 元/个），笔帽 30 盒（3 000 个，0.3 元/个）。材料已验收入库，款未付。

（8）15日，计提 1 月份固定资产折旧。具体数据如表 6-27 所示。

表 6-27　　　　　　　　　　　　固定资产折旧

部门编码	部门名称	折旧额（元）
1	管理部	400
2	财务部	300
3	销售部	250
4	采购部	250
5	生产部	1 024
6	仓储部	100

（9）20日，根据如表 6-28 所示的本月工资计算表计提本月职工工资，按基本工资的 2%计提工会经费，按应发合计的 1.5%计提职工教育经费。

表 6-28　　　　　　　　　　　　工资计算表　　　　　　　　　　　　单位：元

职员姓名	所在部门	基本工资	奖金	住房补助	事假天数	病假天数（天）	事假扣款	病假扣款	应收合计	代扣款项				应纳税所得额	实发合计
										养老保险	医疗保险	住房公积	代扣税		
李明	财务部	5 000	500	400	4		1 100	0	4 800	440	110	550	6	3 700	3 694
刘英	财务部	4 000	500	400		2	0	100	4 800	360	90	450	12	3 900	3 888
黄洁	财务部	3 500	400	400	2		390	0	3 910	312	78	390		3 130	3 130
张丽	财务部	3 000	400	400			0	0	3 800	272	68	340		3 120	3 120
肖梅	管理部	4 000	350	400	2		435	0	4 315	348	87	435		3 445	3 445
李杰	销售部	3 800	350	500	2		0	100	4 550	332	83	415	6.6	3 720	3 713.4
李立	采购部	3 500	350	400			0	0	4 250	308	77	385		3 480	3 480
张三	生产部	4 000	500	500			0	0	5 000	360	90	450	18	4 100	4 082
李四	生产部	3 500	500	500			0	0	4 500	320	80	400	6	3 700	3 694
王五	生产部	3 800	500	500			0	0	4 800	344	86	430	13.2	3 940	3 926.8
赵六	仓储部	3 800	500	400			0	0	4 700	344	86	430	10.2	3 840	3 829.8
合计		41 900	4 850	4 800	8	4	1 925	200	49 425	3 740	935	4 675	72	40 075	40 003

（10）20 日，发放本月职工工资。

（11）26 日，生产部机床被毁损。

（12）31 日，汇总本月发出材料，编制记账凭证。

（13）31 日，结转本月制造费用（按生产工人工资比例分配），如表 6-29 所示。

表 6-29 制造费用分配表

2013 年 1 月 31 日 单位：元

分配对象	分配标准（生产工人工资）	分配率	分配金额
双色圆珠笔			
三色圆珠笔			
合计			

复核： 制单：

（14）31 日，生产部完成双色圆珠笔 60 盒（6 000 支），生产完成后入库，完工入库三色圆珠笔 30 盒（3 000 支）。注：不考虑月末在产品（即当月产品全部完工入库）。

（15）31 日，计算本月应交的城市维护建设税及教育费附加，如表 6-30 所示。

表 6-30 应交税费计算表

单位名称：湖南惠达文具有限公司 2013 年 1 月 31 日 金额单位：元

税种、税目	计税依据		适用税率	应交税费	备注
	项目	金额			
城建税	应交增值税				假设无其他税种税费
教育费附加					
合计					

复核： 制单：

（16）31 日，结转本月产品销售成本。产品成本采用全月加权平均法确定。

（17）31 日，结转本期损益。

四、系统结账

账套主管完成当月各系统结账。

五、会计报表的生成与输出

（1）在 D 盘中新建一个文件夹，文件夹名为"考生号"。

（2）将 1 月份的序时账以 Excel 文件输出，输出 Excel 文件的文件名为"考生号+序时账"，保存在"考生号"文件夹中。

（3）将 1 月份的余额表以 Excel 文件输出，输出 Excel 文件的文件名为"考生号+余额表"，保存在"考生号"文件夹中。

（4）将 1 月份的库存现金日记账、应收账款—福州宏丰公司明细账和应交税费—应交增值税明细账以 Excel 文件输出，Excel 文件的文件名为"考生号+＊＊账"，并将以上文件保存在"考生号"文件夹中。

（5）利用报表功能分别生成 1 月份的利润表和资产负债表，并分别输出 Excel 文件，保存在"考生号"文件夹中，Excel 文件的文件名分别为"考生号+利润表"和"考生号+资产负债表"。

六、备份操作

（1）在 D 盘的"考生号"文件夹中再新建一个文件夹，文件夹名为"账套备份"。

（2）利用软件备份功能对账套进行备份，并将备份文件保存在"账套备份"文件夹中。

七、财务分析

利用报表功能编制自定义报表，并输出为 Excel 文件，文件名为"简易财务分析表"，保存在"考生号"文件夹中，如表 6-31 所示。

表 6-31　　　　　　　　　　简易财务分析表

单位：　　　　　　　　　　　　　　　　　　　　　　　　　　年　　　月　　　日

序号	指标项目	2013-01-31
1	流动比率	
2	主营业务毛利率	
3	主营业务利润率	

编制人：

账务处理系统实务操作题 3

任务描述：根据资料完成初始化设置、账务系统记账凭证的填制与审核、记账和结账、编制报表、账表查询输出和账套备份等操作。

一、企业的基本情况

企业的基本情况如表 6-32 所示。

表 6-32　　　　　　　　　　企业的基本情况

企业名称（所属行业）	湖南佳和有限责任公司（商业） 增值税一般纳税人	
主要业务及产品类型	多媒体教程、多媒体课件	
单位地址及联系电话	地址：长沙市远大二路 768 号 电话：0731-84081716	
开户行及账号	中国工商银行星沙支行 6000500045618945	
纳税人登记号	430011222333444	
适用税率	增值税税率为 13% 城建税税率为 7% 教育费附加为 3%	
库存商品核算方法	存货采用实际成本计价核算 存货发出成本采用全月一次加权平均法核算	
主要会计岗位及人员	账套主管：谢正阳　　审核员：王静 制单会计：袁军　　　　出纳员：王艳	
其他	会计核算采用记账凭证账务处理程序	

二、初始化设置

1. 用户及权限

用户及权限如表 6-33 所示。

表 6-33　　　　　　　　　　　　　　　用户及权限

编号	姓名	所属部门	权限
021	谢正阳	财务部	账套主管，拥有所有的权限
022	袁军	财务部	公共目录设置、总账—凭证—凭证处理； 总账—期末—转账设置、转账生成
023	王静	财务部	公共目录设置、总账—凭证—审核凭证
024	王艳	财务部	公共目录设置、总账—凭证—出纳签字、总账—出纳权限

2. 账套信息

（1）账套信息。账套号：022；账套名称：湖南佳和有限责任公司；账套路径：默认；启用会计期：2016 年 1 月；会计期间设置：1 月 1 日至 12 月 31 日。

（2）单位信息。单位名称：湖南佳和有限责任公司；单位简称：湖南佳和；单位地址：长沙市远大二路 768 号；法人代表：张亮；联系电话及传真：0731-84081716。

（3）核算类型。记账本位币：人民币（RMB）；企业类型：商业；行业性质：2007 年新会计制度科目；要求按行业性质预置会计科目。

（4）基础信息。存货、客户、共应商均无分类，有外币业务。

（5）分类编码方案。科目编码级次采用 4222，其他编码级次设置采用默认值。

（6）数据精度。数据精度采用系统默认值。

（7）系统启用。启用模块：总账；启用时间：2016 年 1 月 1 日。

3. 基础档案

（1）部门档案，如表 6-34 所示。

表 6-34　　　　　　　　　　　　　　　部门档案

部门编码	部门名称
1	综合部
101	总经理办公室
102	财务部
2	采购部
3	销售部
4	仓管部

（2）人员档案，如表 6-35 所示。

表 6-35　　　　　　　　　　　　　　　人员档案

职员编号	职员姓名	人员类别	所属部门	性别	业务员
101	陈星	在职人员	总经理办公室	男	是
102	谢正阳	在职人员	财务部	男	是

职员编号	职员姓名	人员类别	所属部门	性别	业务员
103	袁军	在职人员	财务部	男	否
104	王艳	在职人员	财务部	女	否
105	王静	在职人员	财务部	女	否
201	赵文	在职人员	采购部	男	是
202	邓欣	在职人员	采购部	女	是
301	孙发	在职人员	销售部	男	是
302	王华	在职人员	销售部	女	是
401	周浩	在职人员	仓管部	男	是

（3）客户档案，如表 6-36 所示。

表 6-36　　　　　　　　　　　　　　　　　客户档案

客户编号	客户名称	客户简称	税号	开户行及账号
001	好星培训学校	好星	210200987654321	工行远大路支行 21007654432
002	湖南韵达公司	韵达	110200987654321	建行芙蓉支行 11007654321

（4）供应商档案，如表 6-37 所示。

表 6-37　　　　　　　　　　　　　　　　　供应商档案

供应商编号	供应商名称	供应商简称	税号	开户行及账号
001	万科有限公司	万科	340200123456789	工行雨花区支行 21021825567
002	鹏程有限公司	鹏程	310100123456789	建行友谊路支行 11021234567

（5）结算方式，如表 6-38 所示。

表 6-38　　　　　　　　　　　　　　　　　结算方式

结算方式编号	结算方式名称	是否票据管理
1	现金支票	是
2	转账支票	是
3	电汇	否
4	商业承兑汇票	否
5	银行承兑汇票	否

（6）外币。外币为美元，固定汇率 1∶6.64。

（7）凭证类别。凭证类别为记账凭证。

4. 期初余额

（1）指定科目。库存现金指定为现金科目，银行存款指定为银行科目。会计科目设置及总账系统期初余额表如表 6-39 所示。

表 6-39   会计科目设置及总账系统期初余额表

科目编码	科目名称	辅助账类型	计量单位	方向	期初余额（元）
1001	库存现金	指定科目		借	7 417
1002	银行存款			借	176 653
100201	工行	指定科目		借	176 653
1121	应收票据	客户往来（不受控）		借	
1122	应收账款	客户往来（不受控）		借	157 600
1123	预付账款	供应商往来（不受控）		借	
1231	坏账准备			贷	788
1221	其他应收款	个人往来		借	3 800
1405	库存商品			借	20 4800
140501	多媒体教程	数量金额		借	92 800
			册		3 200（数量）
140502	多媒体课件	数量金额		借	112 000
			套		3 200（数量）
1402	在途物资			借	45 500
140201	多媒体教程	数量金额		借	28 000
			册		1 000（数量）
140202	多媒体课件	数量金额		借	17 500
			套		500（数量）
1601	固定资产				260 680
1602	累计折旧			贷	10 689
1701	无形资产			借	58 500
2001	短期借款			贷	200 000
2201	应付票据	供应商往来（不受控）		贷	
2202	应付账款	供应商往来（不受控）		贷	276 850
2203	预收账款	客户往来（不受控）		贷	
2211	应付职工薪酬			贷	10 222
221101	工资				
221102	应付福利费			贷	10 222
221103	工会经费				
221104	职工教育经费				
2221	应交税费			贷	
222101	应交增值税			贷	
22210101	进项税额			贷	
22210102	销项税额			贷	
22210102	未交增值税			贷	
2241	其他应付款			贷	2 100
4001	实收资本			贷	228 097

续表

科目编码	科目名称	辅助账类型	计量单位	方向	期初余额（元）
4104	利润分配			贷	186 204
410401	未分配利润			贷	186 204
6001	主营业务收入			贷	
600101	多媒体教程	数量金额	册	贷	
600102	多媒体课件	数量金额	套	贷	
6401	主营业务成本			借	
640101	多媒体教程	数量金额	册	借	
640102	多媒体课件	数量金额	套	借	
6602	管理费用				
660201	工资	部门核算		借	
660202	办公用品	部门核算		借	
660203	业务招待费	部门核算		借	
660204	折旧费	部门核算		借	
660205	其他	部门核算		借	

（2）其他应收款期初余额，如表 6-40 所示。

表 6-40　　　　　　　　其他应收款期初余额

日期	部门名称	个人	摘要	方向	余额（元）
2016-12-25	总经理办公室	陈星	出差借款	借	3 800

（3）应收账款期初余额，如表 6-41 所示。

表 6-41　　　　　　　　应收账款期初余额

日期	客户	摘要	方向	金额（元）	业务员
2016-12-25	好星学校	销售商品	借	99 600	王华
2016-12-10	韵达	销售商品	借	58 000	王华

（4）应付账款期初余额，如表 6-42 所示。

表 6-42　　　　　　　　应付账款期初余额

日期	供应商	摘要	方向	金额（元）	业务员
2016-12-20	万科	购买商品	贷	276 850	邓欣

三、账务处理系统日常经济业务

（1）由操作员 022 袁军填制记账凭证，024 王艳进行出纳签字，023 王静完成审核凭证，021 谢正阳完成记账操作。

（2）湖南佳和有限责任公司 2016 年 1 月份的经济业务。

① 3 日，收到巨星集团投入资金 20 000 美元（转账支票 Z1001）。

② 3 日，总经理办公室的陈星出差归来，报销差旅费 3 600 元，交回现金 200 元。

③ 3 日，采购部邓欣向万科公司采购多媒体教程 200 册，不含税单价为 28 元，多媒体课件数量为 600 套，不含税单价为 35 元（适应税率 13%）。对方开出的增值税专用发票已到，货未到，货款暂欠。

④ 5 日，仓管部收到上月向万科公司所订多媒体教程 1 000 册，不含税单价为 28 元，多媒体课件 500 套，不含税单价为 35 元，验收入库。

⑤ 8 日，购买鹏程公司多媒体课件 800 套，收到增值税专用发票一张，不含税单价为 34 元，增值税税率为 13%。货物验收入库，货款暂欠。

⑥ 9 日，销售部王华收到好星培训学校转来的转账支票 2 张，面值分别为 40 000 元（票号 Z1002）和 59600 元（票号 Z1003），用以归还前欠货款。

⑦ 9 日，采购部邓欣开出面值为 230 000 元的转账支票（票号 Z1004）1 张，用以归还前欠万科公司的部分货款。

⑧ 10 日，根据公司业务需求，从京东电器商场采购笔记本电脑 4 台，不含税单价为 5 500 元，由财务部和销售部使用（每个部门各 2 台），使用年限为 5 年。商品当天验收入库，财务部当天开出一张转账支票付清款项（票号 Z1005）。

⑨ 12 日，销售部王华向韵达公司售出多媒体教学教程 400 册，不含税单价为 32 元，税率为 13%，开出增值税专用发票 1 张，收到承兑期限为 10 天、票面金额为 14 464 元的商业承兑汇票 1 张（票号 0101）。

⑩ 23 日，韵达公司所欠货款 3 000 元已确认无法收回，作为坏账处理。

⑪ 23 日，销售部王华报销差旅费 1 800 元，用现金支付。

⑫ 31 日，按应收账款余额 0.3% 计提坏账准备。

⑬ 31 日，结转汇兑损益，月末记账汇率为 1：6.472。

⑭ 31 日，结转本月的销售成本。

⑮ 31 日，结转本月损益类账户的余额，生成 2 张凭证。

四、系统结账

账套主管完成当月系统结账。

五、账表的生成与输出

（1）在 D 盘中新建一个文件夹，文件夹名为"考生号"。

（2）将 1 月份的序时账以 Excel 文件输出，输出 Excel 文件的文件名为"考生号+序时账"，保存在"考生号"文件夹中。

（3）将 1 月份的余额表以 Excel 文件输出，输出 Excel 文件的文件名为"考生号+余额表"，保存在"考生号"文件夹中。

（4）将 1 月份的银行存款日记账、应收账款—好星培训学校明细账和应交税费—应交增值税明细账以 Excel 文件输出，Excel 文件的文件名为"考生号+＊＊账"，并将以上文件保存在"考生号"文件夹中。

（5）利用报表功能分别生成 1 月份的利润表和资产负债表，并分别输出 Excel 文件，保存在"考生号"文件夹中，Excel 文件的文件名分别为"考生号+利润表"和"考生号+资产负债表"。

六、备份操作

（1）在 D 盘的"考生号"文件夹中再新建一个文件夹，文件夹名为"账套备份"。

（2）利用软件备份功能对账套进行备份，并将备份文件保存在"账套备份"文件夹中。

七、财务分析

利用报表功能编制自定义报表，并输出为 Excel 文件，文件名为"简易财务分析表"，保存在"考生号"文件夹中，如表 6-43 所示。

表 6-43　　　　　　　　　　　　简易财务分析表

单位：　　　　　　　　　　　　　　　年　　月　　日

序号	指标项目	2016-01-31
1	流动比率	
2	速动比率	
3	销售毛利率	

编制人：

账务处理系统实务操作题 4

任务描述：根据资料完成初始化设置、账务系统记账凭证的填制与审核、记账和结账、编制报表、账表查询输出和账套备份等操作。

一、企业的基本情况

企业的基本情况如表 6-44 所示。

表 6-44　　　　　　　　　　　　企业的基本情况

企业名称（所属行业）	湖南正阳有限责任公司（商业）	
主要业务及产品类型	会计实务教程、会计实训教程	
单位地址及联系电话	地址：衡阳市东风路 78 号 电话：0734-80700529	
开户行及账号	中国工商银行衡阳市东风路办事处 201070126-55	
纳税人登记号	430033000666999	
适用税率	增值税税率为 17% 城建税税率为 7% 教育费附加为 3%	
存货核算方法	存货采用实际成本计价核算 发出存货按商品进销差价 计算数据保留 2 位小数	
主要会计岗位及人员	账套主管：谢正阳　　审核员：王静 制单及会计：袁军　　出纳员：王艳	
其他	会计核算采用记账凭证账务处理程序	

二、初始化设置

1．用户及权限

用户及权限如表 6-45 所示。

表 6-45   用户及权限

编号	姓名	口令	所属部门	权限
051	谢正阳		财务部	账套主管，拥有所有的权限
052	王艳		财务部	总账—凭证—出纳签字、总账—出纳权限
053	袁军		财务部	公共目录设置、总账—凭证—凭证处理； 总账—期末—转账设置、转账生成； 薪资管理、固定资产管理、应收款管理、应付款管理
054	王静		财务部	公共目录设置、总账—凭证—审核凭证

2．账套信息

（1）账套信息。账套号：051；账套名称：湖南正阳有限责任公司；账套路径：默认；启用会计期：2016 年 1 月；会计期间设置：1 月 1 日至 12 月 31 日。

（2）单位信息。单位名称：湖南正阳有限责任公司；单位简称：湖南正阳；单位地址：衡阳市东风路 78 号；法人代表：陈星；联系电话及传真：0734-80700529。

（3）核算类型。记账本位币：人民币（RMB）；企业类型：商业；行业性质：2007 年新会计制度科目；账套主管：谢正阳；要求按行业性质预置会计科目。

（4）基础信息。存货、客户、供应商无分类，有外币业务。

（5）分类编码方案。科目编码：4222；其他采用系统默认。

（6）数据精度。数据精度采用系统默认值

（7）系统启用。启用模块：总账和报账中心；启用时间：2016 年 1 月 1 日。

3．基础档案

（1）部门档案，如表 6-46 所示。

表 6-46   部门档案

部门编码	部门名称	负责人	部门属性
1	综合部	101（陈星）	管理部门
101	总经理办公室	101（陈星）	综合管理
102	财务部	102（谢正阳）	财务管理
2	采购部	201（赵文）	采购管理
3	销售部	301（孙发）	销售管理
4	仓管部	401（袁军）	仓库管理

（2）人员档案，如表 6-47 所示。

表 6-47   人员档案

职员编号	职员名称	人员类别	所属部门	人员属性	是否业务员
101	陈星	正式工	总经理办公室	总经理	是
102	谢正阳	正式工	财务部	部门经理	

续表

职员编号	职员名称	人员类别	所属部门	人员属性	是否业务员
103	袁军	正式工	财务部	会计	
104	王艳	正式工	财务部	会计	
105	王静	正式工	财务部	出纳	
201	赵文	正式工	采购部	部门经理	
301	孙发	正式工	销售部	部门经理	
401	周浩	正式工	仓管部	部门经理	

（3）客户档案，如表6-48所示。

表6-48　　　　　　　　　　　　客户档案

客户编号	客户名称	客户简称	税号	开户行	银行账号
001	好星培训学校	好星	77777	工行	7777
002	湖南韵达公司	韵达	66666	工行	6666

（4）供应商档案，如表6-49所示。

表6-49　　　　　　　　　　　　供应商档案

供应商号	供应商名称	简称	税号	开户行	银行账号
001	万科有限公司	万科	11111	工行	1111
002	鹏程有限公司	鹏程	22222	建行	2222

（5）结算方式，如表6-50所示。

表6-50　　　　　　　　　　　　结算方式

结算方式编码	结算方式名称	票据管理标志
1	现金支票	√
2	转账支票	√
3	电汇	
4	商业承兑汇票	
9	其他	

（6）账户信息。本单位开户银行：中国工商银行衡阳市东风路办事处；账号：201070126-55；账户名称：湖南正阳有限责任公司。

（7）外币。外币为美元，币符为$；固定汇率为1：6.827。

（8）凭证类别。凭证类别为记账凭证。

4．期初余额

（1）会计科目设置及总账系统期初余额表如表6-51所示。

表 6-51 会计科目设置及总账系统期初余额表

科目名称	账类	方向	币别/计量	期初余额（元）
库存现金（1001）	指定科目	借		7 417
银行存款（1002）	指定科目	借		176 653
工行（100201）	日记账、银行账	借		176 653
应收账款（1122）	客户往来	借		157 600
坏账准备（1131）		贷		788
其他应收款（1221）	个人往来	借		3 800
库存商品（1405）		借		196 544
会计实务教程（140501）	数量金额	借		100 544
		借	册	3 142
会计实训教程（140502）	数量金额	借		96 000
		借	套	3 200
固定资产（1601）		借		260 680
累计折旧（1602）		贷		10 689
无形资产（1701）		借		58 500
短期借款（2001）		贷		200 000
应付账款（2202）	供应商往来	贷		276 850
一般应付款（220201）	供应商往来	贷		276 850
应付职工薪酬（2211）		贷		10 222
工资（221101）		贷		
应付福利费（221102）		贷		10 222
工会经费（221103）		贷		
职工教育经费（221104）		贷		
应交税费（2221）		贷		0
应交增值税（222101）		贷		0
进项税额（22210101）		贷		0
销项税额（22210102）		贷		0
已交税金（22210103）		贷		0
未交增值税（22210107）		贷		0
其他应付款（2241）		贷		2 100
实收资本（4001）		贷		228 097
利润分配（4104）		贷		132 443
未分配利润（410407）		贷		132 443
主营业务收入（6001）		贷		0
会计实务教程（600101）	数量金额	借		0
		借	册	0
会计实训教程（600102）	数量金额	借		0
		借	套	0

续表

科目名称	账类	方向	币别/计量	期初余额（元）
主营业务成本（6401）		借		0
会计实务教程（640101）	数量金额	借		0
		借	册	0
会计实训教程（640102）	数量金额	借		0
		借	套	0
管理费用（6602）		借		0
工资费用（660201）	部门核算	借		0
办公费用（660202）	部门核算	借		0
其他费用（660203）	部门核算	借		0
财务费用（6603）		借		0
利息支出（660301）		借		0

（2）其他应收款期初余额，如表 6-52 所示。

表 6-52　　　　　　其他应收款期初余额

日期	凭证号数	部门名称	个人名称	摘要	方向	金额（元）
2015-11-25	付-78	总经理办公室	陈星	出差借款	借	3 800

（3）应收账款期初余额，如表 6-53 所示。

表 6-53　　　　　　应收账款期初余额

日期	凭证号	客户	摘要	方向	金额（元）	业务员	票号	票据日期
2015-11-10	转-15	韵达	销售商品	借	58 000	王华	Z111	2015-10-10
2015-11-25	转-118	好星学校	销售商品	借	99 600	王华	P111	2015-10-25

（4）应付账款期初余额，如表 6-54 所示。

表 6-54　　　　　　应付账款期初余额

日期	凭证号	供应商	摘要	方向	金额（元）	业务员	票号	票据日期
2015-11-20	转-45	万科	购买商品	贷	276 850	邓欣	C000	2015-09-19

三、账务处理系统日常经济业务

根据下列资料，完成相关操作。所有涉用的采购及销售业务均为无税单价。

（1）3 日，财务部王静从工行提取现金 10 000 元（附单据 1 张，现金支票号为 2000）。

（2）3 日，采购部赵文向万科公司采购会计实务教程 200 册，不含税单价为 31 元，会计实训教程，数量为 600 套，不含税单价为 30 元。对方开出的增值税专用发票已到，货未到。

（3）5 日，总经理办公室陈星出差归来，报销差旅费（其他费用）3 600 元，交回现金 200元（单据 1 张）。

（4）6 日，总经理办公室支付业务招待费（其他费用）1 200 元（转账支票号为 2012）。

（5）10 日，仓管部收到向万科公司所订货物，会计实务教程 200 册，单价为 28 元，会计实训教程，数量为 600 套，单价为 35 元。

（6）9 日，销售部王华收到好昰学校转来的转账支票 2 张，面值分别为 40 000 元（票号 2001）和 59 600 元（票号 2002），用以归还前欠货款。

（7）12 日，销售部王华向韵运公司售出《会计实务教程》400 册，单价为 35 元，税率为 13%，开出销售专用发票 1 张，发票号为 0101，收到期限为 10 天、票面金额为 15 820 元的商业承兑汇票一张。

（8）15 日，销售部王华向好昰学校售出会计实训教程 500 册，单价为 26 元，付款条件为 4/5、2/20、1/45，开出销售专用发票 1 张，发票号为 20004，货税款尚未收到（适应税率为 13%）。

（9）结转本月的销售成本（自动生成）。

（10）月末，结转"本年利润"（期末结转）。

四、系统结账

账套主管完成当月系统结账。

五、会计报表的生成与输出

（1）在 D 盘中新建一个文件夹，文件夹名为"考生号"。

（2）将 1 月份的序时账以 Excel 文件输出，输出 Excel 文件的文件名为"考生号+序时账"，保存在"考生号"文件夹中。

（3）将 1 月份的余额表以 Excel 文件输出，输出 Excel 文件名为"考生号+余额表"，保存在"考生号"文件夹中。

（4）将 1 月份的银行存款日记账、应收账款—好星学校明细账和管理费用明细账以 Excel 文件输出，Excel 文件的文件名为"考生号+＊＊账"，并将以上文件保存在"考生号"文件夹中。

（5）利用报表功能分别生成 1 月份的利润表和资产负债表，并分别输出 Excel 文件，保存在"考生号"文件夹中，Excel 文件的文件名分别为"考生号+利润表"和"考生号+资产负债表"。

六、系统备份

（1）在 D 盘的"考生号"文件夹中再新建一个文件夹，文件夹名为"账套备份"。

（2）利用软件备份功能对账套进行备份，并将备份文件保存在"账套备份"文件夹中。

七、财务分析

利用报表功能编制自定义报表 并输出为 Excel 文件，文件名为"简易财务分析表"，保存在"考生号"文件夹中，如表 6-55 所示。

表 6-55   简易财务分析表

单位：   年   月   日

序号	指标项目	2016-01-31
1	流动比率	
2	速动比率	
3	主营业务毛利率	

编制人：

账务处理系统实务操作题 5

任务描述：根据资料完成初始化设置、账务系统记账凭证的填制与审核、记账和结账、编制报表、账表查询输出和账套备份等操作。

一、企业的基本情况

企业的基本情况如表 6-56 所示。

表 6-56　　　　　　　　　　　　企业的基本情况

企业名称（所属行业）	湖南星月水泵有限责任公司（工业）
主要业务及产品类型	QDX0.75KW 单相泵
单位地址及联系电话	地址：衡阳市蒸湘区望星路 30 号 电话：0734-2321888
开户行及账号	中国银行股份有限公司凌雁支行 261656876499201
纳税人登记号	430413873405776
适用税率	增值税税率为 17% 城建税税率为 7% 教育费附加为 3%
存货核算方法	存货采用实际成本计价核算 存货发出成本采用全月一次加权平均法核算 计算数据保留 2 位小数
主要会计岗位及人员	账套主管：李泉　　　　审核员：李泉 制单及会计：涂伟　　　出纳员：赵红
其他	会计核算采用记账凭证账务处理程序

二、初始化设置

1. 用户及权限

用户及权限如表 6-57 所示。

表 6-57　　　　　　　　　　　　　用户及权限

部门	编码	操作员	赋权
管理部门	303	李泉	账套主管，负责各项初始设置、审核凭证、编制会计报表、记账
管理部门	304	涂伟	具有总账中除审核凭证和出纳签字之外的所有权限、公用目录设置、公共单据
管理部门	305	赵红	具有"总账—出纳签字"权限、公用目录设置、公共单据

2. 账套信息

（1）账套信息。账套号：333；账套名称：湖南星月水泵有限责任公司；账套路径：默认；启用会计期：2016 年 1 月。

（2）单位信息。单位名称：湖南星月水泵有限责任公司；单位简称：星月水泵；单位地址：

衡阳市蒸湘区望星路 30 号；法人代表：夏毅；邮政编码：421002；联系电话及传真：0734-2321888；电子邮件：hnfq@126.com；税号：430413873405776。

（3）核算类型。记账本位币：人民币（RMB）；企业类型：工业；行业性质：2007 年新会计制度科目；账套主管：李泉；科目预置语言：中文（简体）；要求按行业性质预置会计科目。

（4）基础信息。该企业无外币核算，对存货、客户、供应商无分类。

（5）分类编码方案。科目编码级次采用 4222；其他编码级次设置采用默认值。

（6）数据精度。数据精度采用系统默认值。

（7）系统启用。总账、报账中心系统启用时间均为 2016 年 1 月 1 日。

3．基础档案

（1）部门档案，如表 6-58 所示。

表 6-58　　　　　　　　　　部门档案

部门编码	部门名称	部门属性	成立日期
1	总经理室	管理部门	2014-1-1
2	财务室	管理部门	2014-1-1
3	采购部	管理部门	2014-1-1
4	仓管部	管理部门	2014-1-1
5	专设销售机构	产品营销	2014-1-1
6	装配车间	产品生产	2014-1-1
7	包装车间	产品包装	2014-1-1

（2）人员类别，如表 6-59 所示。

表 6-59　　　　　　　　　　人员类别

编号	一级人员类别	二级人员类别
10101	正式工	管理人员
10102	正式工	生产人员
10103	正式工	经营人员

（3）人员档案，如表 6-60 所示。

表 6-60　　　　　　　　　　人员档案

人员编码	人员姓名	性别	人员类别	行政部门	是否业务员	生效日期
101	夏毅		管理人员	总经理室	是	2014-1-1
201	李泉		管理人员	财务部	是	2014-1-1
202	涂伟		管理人员	财务部	是	2014-1-1
203	赵红		管理人员	财务部	是	2014-1-1
204	杨芳		管理人员	财务部	是	2014-1-1
301	袁梅		管理人员	采购部	是	2014-1-1
401	陈珍珍		管理人员	仓管部	是	2014-1-1
501	彭敏娇		经营人员	销售部	是	2014-1-1
502	刘额		经营人员	销售部	是	2014-1-1

人员编码	人员姓名	性别	人员类别	行政部门	是否业务员	生效日期
601	李巧巧		管理人员	装配车间	是	2014-1-1
602	贺开喜		生产人员	装配车间	是	2014-1-1
701	文虎		管理人员	包装车间	是	2014-1-1
702	李利		生产人员	包装车间	是	2014-1-1

（4）客户档案，如表 6-61 所示。

表 6-61　　　　　　　　　　客户档案

客户编码	客户名称	客户简称	所属分类	币种	国内/国外
001	衡阳华实农机公司	华实农机	01	人民币	国内
002	怀化乐鹏五金机电公司	怀化乐鹏	01	人民币	国内
003	湖北荆州加宜农机公司	加宜农机	01	人民币	国内
客户编码	税号	开户银行	银行账号		默认值
001	430413873405678	中国银行	50813507316275		是
002	430454873405456	农业银行	50813507333478		是
003	530763873405345	中国银行	50813507327890		是

（5）供应商档案，如表 6-62 所示。

表 6-62　　　　　　　　　　　供应商档案

供应商编码	供应商名称	简称	所属分类	币种	采购/服务
001	衡阳力源电机厂	力源电机	01	人民币	采购
002	浙江环华泵部件铸造厂	环华泵部	01	人民币	采购

（6）结算方式，如表 6-63 所示。

表 6-63　　　　　　　　　　　结算方式

结算方式编码	结算方式名称	票据管理	对应票据类型
1	现金结算	否	
2	支票结算	否	
201	现金支票	是	现金支票
202	转账支票	是	转账支票
3	电汇	否	

（7）账户信息。编码：01；银行账号：2616568764992010；开户日期：2014 年 1 月 1 日；币种：人民币；开户银行：中国银行股份有限公司凌雁支行；所属银行编码：00002；机构号：0001；联行号：4008。

（8）凭证类别，如表 6-64 所示。

表 6-64　　　　　　　　　　　凭证类别

类别编号	类别名称	限制类型	限制科目
01	记账凭证	无	无

4．期初余额

（1）期初余额表，如表 6-65 所示。

表 6-65　　　　　　　　　　　　　期初余额表

2016 年 1 月 1 日

科目名称	明细科目	借方余额（元）		贷方余额（元）
库存现金			7 375	
银行存款				
	工商银行		887 939.32	
应收账款		客户往来（不受控）	260 000	
坏账准备	应收账款			1 160
原材料	QDX0.75KW 单相泵泵体	数量 500，单价 80	40 000	
原材料	单相泵电机	数量 500，单价 180	90 000	
生产成本				
	直接材料			
	直接人工			
	制造费用			
库存商品	QDX0.75KW 单相泵	数量 365，单价 712	259 880	
长期股权投资				
固定资产			2 452 285	
累计折旧				875 500
应付账款		供应商往来（不受控）		225 000
应付职工薪酬				
	工资			
应交税费				
	应交增值税			
	应交城市维护建设税			
	应交教育费附加			
长期借款				600 000
实收资本				2 100 000
	衡阳湘水公司			
资本公积	资本溢价			
盈余公积	法定盈余公积			67 939.7
利润分配	未分配利润			127 879.62
本年利润				
	合计		3 997 479.32	3 997 479.32

（2）应收账款期初余额表，如表6–66所示。

表 6-66　　　　　　　　　　　　　　　　应收账款期初余额表

客户	业务员	方向	金额（元）
衡阳华源机电公司	彭敏娇	借	210 000
怀化乐鹏五金机电公司	彭敏娇	借	50 000

（3）应付账款期初余额表，如表6–67所示。

表 6-67　　　　　　　　　　　　　　　　应付账款期初余额表

供应商	业务员	方向	金额（元）
力源电机厂	袁梅	贷	180 000
浙江环华泵部件铸造厂	袁梅	贷	45 000

三、账务处理系统日常经济业务

所有业务在总账填列，假设本月所有的商品都未完工。

（1）3日，财务部从工行提取现金10 000元（附单据1张，现金支票号为2000）。

（2）11日，装配车间从仓库领到单相泵电机、QDX0.75KW单相泵泵体各150个用于单相泵生产。

（3）3日，采购部袁梅向力源电机厂购进单相泵电机100个，不含税单价为180元。对方开出的增值税专用发票已到，货未到。

（4）5日，财务部袁泉出差归来，报销差旅费（其他费用）6 000元，（单据3张）。

（5）6日，总经理办公室支付业务招待费（其他费用）1 200元（转账支票号为2012）。

（6）10日，仓管部收到所购电机100个，货已入库。

（7）11日，装配车间从仓库领到单相泵电机、QDX0.75KW单相泵泵体各150个。

（8）11日，销售部收到怀化乐鹏五金机电公司转来的面值为40 000元的转账支票1张，票号为2002），用以归还前欠货款。

（9）12日，销售部王华向怀化乐鹏五金机电公司售出单相泵280台，不含税单价为950元，税率为17%，开出销售专用发票1张，发票号为0101，款未收。

（10）18日，发放本月工资，行政管理部门36 000元，销售部门23 000元，采购部门12 000，生产部门管理人员工资10 000元，工人工资30 000元。

（11）31日，计提本月固定资产折旧，其中，管理部门5 000元，生产部门3 000元。

（12）31日，结转本月制造费用，本月投产的150台QDX0.75KW单相泵全部完工。

（13）31日，计算本月应交的城市维护建设税及教育费附加。

（14）结转本月的销售成本（自动生成）

（15）月末，结转"本年利润"（期末结转）。

四、系统结账账套主管完成当月系统结账

五、账表操作

（1）在D盘中新建一个文件夹，文件夹名为"考生号"。

（2）将1月份的序时账输出为Excel文件保存在D盘的"考生号"文件夹中，Excel文件的

文件名为"考生号+序时账"。

（3）将1月份的余额表输出为Excel文件保存在D盘的"考生号"文件夹中，Excel文件的文件名为"考生号+余额表"。

（4）将1月份的银行存款日记账输出为Excel文件，保存在D盘的"考生号"文件夹中，Excel文件的文件名为"考生号+银行存款日记账"。

（5）将1月份的应收账款—好星学校辅助账输出为Excel文件，保存在D盘的"考生号"文件夹中，Excel文件的文件名为"考生号+应收账款明细"。

六、备份操作

（1）在D盘的"考生号"文件夹中再新建一个文件夹，文件夹名为"账套备份"。

（2）利用软件备份功能对账套进行备份，并将备份文件保存在"账套备份"文件夹中。

七、财务分析

利用报表功能编制自定义报表，并输出为Excel文件，文件名为"简易财务分析表"，保存在"考生号"文件夹中，如表6-68所示。

表6-68　　　　　　　　　　简易财务分析表

单位：　　　　　　　　　　　年　　月　　日

序号	指标项目	2016-01-31
1	资产负债率	
2	速动比率	
3	主营业务毛利率	

编制人：

第七章
财务管理系统实务操作题

财务管理系统实务操作题 1

任务描述：根据资料完成初始化设置；记账凭证的填制与审核；财务系统、薪资管理、固定资产、应收应付款等系统的记账和结账；编制报表；账表查询输出和账套备份等操作。

一、企业的基本情况

企业的基本情况如表 7-1 所示。

表 7-1　　　　　　　　　　　企业基本情况

企业名称（所属行业）	湖南博文文具有限公司（工业）	
主要业务及产品类型	单色签字笔、双色签字笔、三色签字笔	
单位地址及联系电话	地址：衡阳市华新大道 588 号 电话：0734–8867678	
开户行及账号	中国建设银行华新支行 900589488654456	
纳税人登记号	430011555666777	
适用税率	增值税税率为 17% 城建税税率为 7% 教育费附加为 3%	
存货核算方法	存货采用实际成本计价核算 存货发出成本采用全月一次加权平均法核算 计算数据保留 2 位小数	
主要会计岗位及人员	账套主管：李晶　　　　　审核员：王红 制单及会计：陈平　　　　出纳员：赵立	
其他	会计核算采用记账凭证账务处理程序	

二、初始化设置

1. 用户及权限

用户及权限如表 7-2 所示。

表 7-2   用户及权限

编号	姓名	口令	所属部门	权限
101	李晶		财务部	账套主管，拥有所有的权限
102	赵立		财务部	总账—凭证—出纳签字、总账—出纳权限
103	陈平		财务部	公共目录设置、总账—凭证—凭证处理； 总账—期末—转账设置、转账生成； 薪资管理、固定资产管理、应收款管理、应付款管理
104	王红		财务部	公共目录设置、总账—凭证—审核凭证
105	李明		业务部	公共目录设置、采购管理、销售管理、库存管理、存货核算

2. 账套信息

（1）账套信息。账套号：666；账套名称：湖南博文文具有限公司；账套路径：默认；启用会计期：2016 年 1 月；会计期间设置：1 月 1 日至 12 月 31 日。

（2）单位信息。单位名称：湖南博文文具有限公司；单位简称：湖南博文；单位地址：衡阳市华新大道 588 号；法人代表：张军；联系电话及传真：0734-88667678。

（3）核算类型。记账本位币：人民币（RMB）；企业类型：工业；行业性质：2007 年新会计制度科目；账套主管：李晶；要求按行业性质预置会计科目。

（4）基础信息。存货、客户、供应商无分类，无外币业务。

（5）分类编码方案。科目编码：42222；其他采用系统默认。

（6）数据精度。数据精度采用系统默认值。

（7）系统启用。启用模块：总账、薪资管理、固定资产、应收款管理、应付款管理；启用时间：2016 年 1 月 1 日。

3. 基础档案

（1）部门档案，如表 7-3 所示。

表 7-3   部门档案

部门编码	部门名称
1	综合管理部
2	财务部
3	业务部
4	生产部

（2）人员档案，如表 7-4 所示。

表 7-4   人员档案

职员编码	职员姓名	人员类别	所属部门	性别	是否业务员
001	张军	在职人员	综合管理部	男	
002	张磊	在职人员	综合管理部	男	是
003	李晶	在职人员	财务部	女	是
004	赵立	在职人员	财务部	男	否

职员编码	职员姓名	人员类别	所属部门	性别	是否业务员
005	王红	在职人员	财务部	女	是
006	陈平	在职人员	财务部	男	是
007	李明	在职人员	业务部	男	是
008	张宇	在职人员	生产部	男	是

（3）客户档案，如表 7-5 所示。

表 7-5　　　　　　　　　　　　　客户档案

客户编码	客户名称	客户简称	税号	开户行及账号
001	衡阳科达公司	衡阳科达	210200987654321	工行华新支行 21007654321
002	长沙恒利公司	长沙恒利	110200987654321	建行芙蓉支行 11007654321

（4）供应商档案，如表 7-6 所示。

表 7-6　　　　　　　　　　　　　供应商档案

供应商编号	供应商名称	供应商简称	税号	开户行及账号
001	衡阳佳佳公司	衡阳佳佳	340200123456789	工行珠晖支行 21021234567
002	长沙明达公司	长沙明达	310100123456789	建行天心支行 11021234567

（5）存货档案及计量单位。

① 计量单位组。01：自然单位，无换算率；02：支与盒，固定换算率。如表 7-7 所示。

表 7-7　　　　　　　　　　　　　计量单位

计量单位编号	计量单位名称	计量单位组编号	换算率
0101	元	01	无换算率
0201	支	02	10
0202	盒	02	1

② 存货档案，如表 7-8 所示。

表 7-8　　　　　　　　　　　　　存货档案

存货编码	存货名称	计量单位	属性
0001	笔芯	支	外购、生产耗用
0002	笔套	支	外购、生产耗用
0003	单色签字笔	支	自制、销售
0004	双色签字笔	支	自制、销售
0005	三色签字笔	支	自制、销售
0006	运输费	元	外购、应税劳务

（6）结算方式，如表 7-9 所示。

表 7-9 结算方式

编号	结算名称
1	现金支票
2	转账支票
3	商业承兑汇票
4	银行承兑汇票

（7）银行档案。银行编码：05；银行名称：中国建设银行；账号长度：16 位。

（8）账户信息。本单位开户银行：中国建设银行华新支行；编号：001；银行账号：900589488654456。

（9）凭证类别。凭证类别为记账凭证。

（10）仓库档案，如表 7-10 所示。

表 7-10 仓库档案

仓库编码	仓库名称	计价方式	是否货位管理
01	材料库	全月加权平均法	否
02	成品库	全月加权平均法	否

（11）收发类别，如表 7-11 所示。

表 7-11 收发类别

编号	结算名称
1	采购入库
2	销售出库

（12）采购类型和销售类型，如表 7-12 所示。

表 7-12 采购类型和销售类型

编号	名称	收发类别
01	普通采购	采购入库
02	普通销售	销售出库

4．期初余额

（1）会计科目设置及总账系统期初余额表，如表 7-13 所示。

表 7-13 会计科目设置及总账系统期初余额表

类型	科目编码	科目名称	计量单位	辅助账类型	余额方向	期初余额（元）
资产	1001	库存现金		日记	借	53 300
资产	1002	银行存款		银行、日记	借	400 000
资产	1121	应收票据		客户往来	借	
资产	1122	应收账款		客户往来	借	80 000

续表

类型	科目编码	科目名称	计量单位	辅助账类型	余额方向	期初余额（元）
资产	1221	其他应收款		个人往来	借	
资产	1123	预付账款		供应商往来	借	
资产	1403	原材料			借	53 700
资产	140301	笔芯		数量金额	借	30 000
						60 000 支
资产	140302	笔套		数量金额	借	23 700
						47 400 支
资产	1405	库存商品			借	41 700
资产	140501	单色签字笔		数量金额	借	75 000
						50 000 支
资产	140502	双色签字笔		数量金额	借	132 000
						60 000 支
资产	140501	三色签字笔		数量金额	借	210 000
						75 000 支
资产	1601	固定资产			借	1 162 000
负债	2001	短期借款			贷	120 000
负债	2201	应付票据		供应商往来	贷	
负债	2202	应付账款		供应商往来	贷	46 000
负债	2203	预收账款		客户往来	贷	
权益	4001	实本资本			贷	2 000 000
损益	6001	主营业务收入			贷	
损益	600101	单色签字笔		数量金额（支）	贷	
损益	600102	双色签字笔		数量金额（支）	贷	
损益	600102	三色签字笔		数量金额（支）	贷	
损益	6401	主营业务成本			贷	
损益	640101	单色签字笔		数量金额（支）	贷	
损益	640102	双色签字笔		数量金额（支）	贷	
损益	640102	三色签字笔		数量金额（支）	贷	

（2）应收账款期初余额，如表 7-14 所示。

表 7-14　　　　　　　　　　　应收账款期初余额

客户名称	单据日期	金额（元）
衡阳科达公司	2015-10-16	50 000
长沙恒利公司	2015-10-28	30 000

（3）应付账款期初余额，如表 7-15 所示。

表 7-15　　　　　　　　　　　应付账款期初余额

客户名称	单据日期	金额（元）
衡阳佳佳公司	2015-10-16	46 000

5．各模块系统参数设置

（1）薪资管理子系统。

① 工资类别：多个。

② 从工资中代扣个人所得税。

③ 工资类别设置。编码：001；类别名称：在职人员。

④ "在职人员"需增加的工资项目，如表 7-16 所示。

表 7-16　　　　　　　　　　　　"在职人员"需增加的工资项目

工资项目名称	类型	长度	小数	增减项
基本工资	数字	8	2	增项
津贴	数字	8	2	增项
缺勤扣款	数字	8	2	减项
缺勤天数	数字	8	0	其他

⑤ 银行名称：中国银行，账号长度为 14 位，录入时自动带出账号 11 位。

⑥ 在职人员档案，如表 7-17 所示。

表 7-17　　　　　　　　　　　　在职人员档案

职员编码	职员姓名	人员类别	所属部门	性别	银行账号
001	张军	在职人员	综合管理部	男	10011020088001
002	张磊	在职人员	综合管理部	男	10011020088002
003	李晶	在职人员	财务部	女	10011020088003
004	赵立	在职人员	财务部	男	10011020088004
005	王红	在职人员	财务部	女	10011020088005
006	陈平	在职人员	财务部	男	10011020088006
007	李明	在职人员	业务部	男	10011020088007
008	张宇	在职人员	生产部	男	10011020088008

（2）固定资产系统。

① 控制参数：本账套计提折旧，折旧方法为平均年限法（一），折旧分配周期为 1 个月，当 "月初已计提月份" = "可使用月份" -1 时，将剩余折旧全部提足。

资产类别编码方式为 2112；固定资产编码方式为类别编码+部门编码+序号；卡片序号长度为 3。

与账务系统进行对账：固定资产对账科目为固定资产（1601）；累计折旧对账科目为累计折旧（1602）。

② 资产类别，如表 7-18 所示。

表 7-18　　　　　　　　　　　　资产类别

类别编码	类别名称	争残值率	计提属性	折旧方法	卡片样式
01	房屋及建筑物	2%	正常计提	平均年限法（一）	通用样式
02	机器设备	2%	正常计提	平均年限法（一）	通用样式

③ 部门对应折旧科目，如表 7-19 所示。

表 7-19   部门对应折旧科目

部门名称	折旧对应科目
综合管理部	管理费用
财务部	管理费用
业务部	管理费用
生产部	制造费用

④ 固定资产原始卡片，如表 7-20 所示。

表 7-20   固定资产原始卡片

固定资产名称	类别编码	部门名称	增加方式	使用状况	使用年限（年）	折旧方法	开始使用日期	原值（元）	累计折旧（元）
综合楼	01	综合管理部、财务部、业务部、生产部	在建工程转入		30			950 000	0
电脑	02	财务部	直接购入	在用	5	平均年限法（一）	2013-10-08	9 000	0
打印机	02	财务部	直接购入		5			3 000	0
轿车	02	业务部	直接购入		6			200 000	0

（3）应收款管理系统。

① 参数设置，如表 7-21 所示。

表 7-21   参数设置

应收款核销方式	按单据	单据审核日期依据	单据日期
控制科目依据	按客户	受控科目制单方式	明细到单据
产品销售科目依据	按存货	坏账处理方式	应收账款余额百分比法

② 初始设置。基本科目设置如下。

应收科目：应收账款。

预收科目：预收账款。

销售收入：主营业务收入。

税金科目：销项税额。

银行承兑科目：应收票据。

商业承兑科目：应收票据。

③ 期初余额。应收账款期初余额如表 7-22 所示。

表 7-22   应收账款期初余额

客户名称	单据日期	金额（元）
衡阳科达公司	2015-10-16	50 000
长沙恒利公司	2015-10-28	30 000

（4）应付款管理系统。

① 参数设置，如表 7-23 所示。

表 7-23 参数设置

应付款核销方式	按单据	单据审核日期依据	单据日期
控制科目依据	按供应商	受控科目制单方式	明细到单据
产品销售科目依据	按存货	汇兑损益方式	月末处理

② 初始设置。

a. 基本科目设置如下。

应付科目：应付账款。

预付科目：预付账款。

采购科目：原材料。

采购税金：进项税额。

银行承兑科目：应付票据。

商业承兑科目：应付票据。

b. 结算方式科目设置：现金支票、转账支票科目均为银行存款。

③ 期初余额。应付账款期初余额如表 7-24 所示。

表 7-24 应付账款期初余额

客户名称	单据日期	金额（元）
衡阳佳佳公司	2015-10-16	46 000

三、账务处理系统日常经济业务

根据下列资料，完成相关操作。所有涉用的采购及销售业务均为无税单价。

（1）1月2日，生产部在材料车领用材料一批，用于生产双色签字笔，如表 7-25 所示。

表 7-25 领用材料

存货名称	领用数量（支）
笔芯	5 000
笔套	5 000

（2）1月3日，公司采购联想电脑 8 台，单价为 4 000 元。电脑由生产部投入使用，款项用建行华新支行转账支票支付。

（3）1月4日，业务部李明出差预借差旅费，财务部付现金 900 元。

（4）1月5日，业务部李明向公司财务部申请货款 2 000 元用于预付衡阳佳佳公司原料采购款，经总经理同意后，财务部开具建行转账支票一张用来支付该笔款项。

（5）1月5日，收到衡阳佳佳公司发来的笔芯及其专用发票，发票号码为 ZY0003，开票日期为 2016 年 1 月 5 日。该批笔芯由业务部李明于 1 月 5 日订购。发票载明笔芯 3 000 支，单价为 0.45 元。同时收到运费发票一张，票号为 YF0001，运输费为 200 元（增值税税率为 11%）。经检验质量全部合格验收入库。财务部确认并以预付款冲销此次应付款项。

（6）根据 1 月 4 日报价，1 月 5 日本公司与长沙恒利公司协商，对方同意双色签字笔销售单价为 3.9 元，订货数量减至 28 000 元，公司确认后发货并出库，并以现金代垫运费 600 元。当日开具销售专用发票，发票号为 Z001，货款尚未收到。

（7）1 月 8 日，收回衡阳科达转账支票一张 50 000 元用于支付前欠货款，财务部确认入账。

（8）1 月 29 日，生产部进行机器维修，共花费维修费 2 000 元，用转账支票支付。

（9）1 月 29 日，衡阳科达将 2015 年 10 月 28 日对其发货的三色签字笔 5 000 支分批开票，财务部第一次开具的普通发票（票号 Z0004）上载明数量为 40 000 支，单价为 4 元。对方收到发票后用商业承兑汇票（票据号为 999，签发日期为 2016 年 1 月 30 日，到期日为 2016 年 4 月 30 日）全额支付了第一次货款。

（10）1 月 29 日，衡阳恒利根据其公司销售情况，与本公司结算 2015 年 10 月 8 日发出的双色签字笔 2 000 支，并以转账支票的方式进行现结，一次性结清货款，公司已对衡阳恒利公司开具了增值税专用发票（发票号及开票日期采用系统默认）。

（11）1 月 30 日，计提 1 月固定资产折旧。

（12）1 月 30 日，分摊本月工资，如表 7-26 所示。

表 7-26　　　　　　　　　　　　　职员基本工资

职员姓名	所属部门	基本工资（元）	缺勤天数（天）
张军	综合管理部	3 000	
张磊	综合管理部	2 500	2
李晶	财务部	3 000	2
赵立	财务部	2 500	
王红	财务部	3 000	
陈平	财务部	2 500	
李明	业务部	3 000	
张宇	生产部	3 500	

其中，缺勤扣款：基本工资/30×缺勤天数×60%；个人所得税按扣除 3 500 元后计税。生产部工资本月全部分摊到双色签字笔的生产成本中。

（13）1 月 31 日，结转制造费用，本月全部计入双色签字笔。

（14）1 月 31 日，结转本月已销产品成本。

（15）1 月 31 日，结转本月期间损益。

四、系统结账

账套主管完成当月系统结账。

五、会计报表的生成与输出

（1）在 D 盘中新建一个文件夹，文件夹名为"考生号"。

（2）将 1 月份的序时账以 Excel 文件输出，Excel 文件的文件名为"考生号+序时账"，保存在"考生号"文件夹中。

（3）利用报表功能分别生成 1 月份的利润表和资产负债表，并分别输出 Excel 文件，保存在"考生号"文件夹中，Excel 文件的文件名分别为"考生号+利润表"和"考生号+资产负债表"。

六、系统备份

（1）在 D 盘的"考生号"文件夹中再新建一个文件夹，文件夹名为"账套备份"。

（2）利用软件备份功能对账套进行备份，并将备份文件保存在"账套备份"文件夹中。

七、财务分析

利用报表功能编制自定义报表，并输出为 Excel 文件，文件名为"简易财务分析表"，保存在"考生号"文件夹中，如表 7-27 所示。

表 7-27 　　　　　　　　　　简易财务分析表

单位：　　　　　　　　　　　年　月　日

序号	指标项目	2016-01-31
1	流动比率	
2	速动比率	
3	主营业务毛利率	

编制人：

财务管理系统实务操作题 2

任务描述：根据资料完成初始化设置；账务系统、薪资管理、固定资产、应收款、应付款系统记账凭证的填制与审核；记账和结账；编制报表；账表查询输出和账套备份等操作。

一、企业的基本情况

企业的基本情况如表 7-28 所示。

表 7-28 　　　　　　　　　　企业的基本情况

企业名称（所属行业）	湘南恒大五金有限公司（工业）
主要业务及产品类型	锁链和螺钉产品（均在一个基本生产车间组织生产）
单位地址及联系电话	地址：湖南衡阳市石鼓区 258 号 电话：0734-82704493
开户行及账号	中国工商银行石鼓区支行 4304222929199853369
纳税人登记号	430400099634562
适用税率	增值税税率为 17% 城建税税率为 7% 教育费附加为 3%
存货核算方法	存货采用实际成本计价核算 存货发出成本采用先进先出法核算
主要会计岗位及人员	账套主管：廖丹丹　　　审核员：李慧芳 制单及会计：王芳菲　　　出纳员：丁文才
其他	会计核算采用记账凭证账务处理程序

二、初始化设置

1. 用户及权限

用户及权限如表 7-29 所示。

表 7-29 用户及权限

部门	编码	操作员	赋权
管理部门	061	廖丹丹	账套主管，负责各项初始设置、审核凭证、编制会计报表、记账
管理部门	062	王芳菲	具有总账中除审核凭证和出纳签字之外的所有权限，应收款管理、应付款管理、存货核算模块的全部权限，公用目录设置、公共单据
管理部门	063	李慧芳	具有"总账—出纳签字"权限、公用目录设置、公共单据
管理部门	064	丁文才	具有薪资管理、固定资产管理模块的全部权限、公用目录设置、公共单据、总账中的"填制凭证"权限
管理部门	065	袁梅	具有采购管理模块的所有权限，公用目录设置、公共单据
管理部门	066	谭芝林	具销售管理模块的所有权限，公用目录设置、公共单据
管理部门	067	陈珍珍	具有库存管理模块的所有权限，公用目录设置、公共单据

2. 账套信息

（1）账套信息。账套号：062；账套名称：湘南恒大五金有限公司；账套路径：默认；启用会计期：2016 年 1 月；会计期间设置：1 月 1 日至 12 月 31 日。

（2）单位信息。单位名称：湘南恒大五金有限公司；单位简称：方圆五金；单位地址：湖南衡阳市石鼓区 258 号；联系电话及传真：0734-82704493。

（3）核算类型。记账本位币：人民币（RMB）；企业类型：工业；行业性质：2007 年新会计制度科目；账套主管：廖丹丹；要求按行业性质预置会计科目。

（4）基础信息。存货、客户、供应商均无分类，无外币业务。

（5）分类编码方案。科目编码级次采用 4222，部门编码为 1；其他编码级次设置采用默认值。

（6）数据精度。数据精度采用系统默认值。

（7）系统启用。启用模块：总账、报账中心、应收系统、应付系统、薪酬系统、固定资产系统；启用时间均为 2016 年 1 月 1 日。

3. 基础档案

（1）部门档案，如表 7-30 所示。

表 7-30 部门档案

部门编码	部门名称	部门属性	成立日期
1	总经理室	管理部门	2014-1-1
2	财务室	管理部门	2014-1-1
3	采购部	管理部门	2014-1-1
4	仓管部	管理部门	2014-1-1
5	销售部	销售部门	2014-1-1
6	生产车间	产品生产	2014-1-1

（2）人员类别，如表 7-31 所示。

表 7-31　　　　　　　　　　　　　　　人员类别

编号	一级人员类别	二级人员类别
10101	正式工	管理人员
10102	正式工	经营人员
10103	正式工	生产人员

（3）部分人员档案，如表 7-32 所示。

表 7-32　　　　　　　　　　　　　　　部分人员档案

职员编码	职员姓名	人员类别	所属部门	性别	是否业务员
101	谢斌	管理人员	总经理室	男	否
201	廖丹丹	管理人员	财务部	男	是
202	王芳菲	管理人员	财务部	女	否
203	李慧芳	管理人员	财务部	女	否
204	丁文才	管理人员	财务部	男	否
301	袁梅	管理人员	采购部	女	是
401	陈珍珍	管理人员	仓管部	女	是
501	谭芝林	销售人员	销售部	男	是
502	王敏	销售人员	销售部	男	否

（4）客户档案，如表 7-33 所示。

表 7-33　　　　　　　　　　　　　　　客户档案

客户编码	客户名称	客户简称
01	衡阳五金专卖店	衡阳五金
02	长沙福田汽车厂	长沙福田
03	湖南永通贸易公司	湖南永通
04	长安君临贸易公司	长安君临

（5）供应商档案，如表 7-34 所示。

表 7-34　　　　　　　　　　　　　　　供应商档案

供应商编号	供应商名称	供应商简称
001	株洲金属材料公司	株洲金属
002	江西铜业公司	江西铜业
003	云南铝业公司	云南铝业
004	韶钢股份公司	韶钢股份

（6）结算方式，如表 7-35 所示。

表 7-35　　　　　　　　　　　　　　　结算方式

结算方式编码	结算方式名称	票据管理	对应票据类型
1	现金结算	否	
2	支票结算	否	

续表

结算方式编码	结算方式名称	票据管理	对应票据类型
201	现金支票	是	现金支票
202	转账支票	是	转账支票
3	电汇	否	

（7）账户信息。编码：01；银行账号：4304222929199853369；开户日期：2014 年 1 月 1 日；币种：人民币；开户银行：中国工商银行石鼓区支行；所属银行编码：00001；机构号：0001；联行号：4008。

（8）凭证类别，如表 7-36 所示。

表 7-36　　　　凭证类别

类别编号	类别名称	限制类型	限制科目
01	记账凭证	无	无

（9）存货档案，如表 7-37 所示。

表 7-37　　　　存货档案

存货编码	存货名称	计量单位组	主计量单位	计价方式	单价（元）	存货属性
01	锁链	01	箱		2 200	外购/销售
02	螺钉	01	箱		1 850	外购/销售

（10）仓库档案，如表 7-38 所示。

表 7-38　　　　仓库档案

仓库编码	仓库名称	所属部门	负责人	计价方式
01	商品库	仓管部	陈珍珍	先进先出法

（11）收发类别，如表 7-39 所示。

表 7-39　　　　收发类别

收发类别编码	收发类别名称	收发标志
11	采购入库	收
12	销售出库	发

（12）采购类型，如表 7-40 所示。

表 7-40　　　　采购类型

采购类型编码	采购类型名称	入库类别	是否默认值
1	正常采购	采购入库	是

（13）销售类型，如表 7-41 所示。

表 7-41　　　　销售类型

销售类型编码	销售类型名称	出库类别	是否默认值
1	正常销售	销售出库	是

4．期初余额

根据期初余额信息设置相应的玥细科目及辅助科目，并录入期初余额及进行试算平衡。

（1）2015 年 12 月 31 日账户余额表，如表 7–42 所示。

表 7-42 2015 年 12 月 31 日账户余额表

科目	辅助项目	计量单位	数量	单价（元）	借方余额（元）	贷方金额（元）
库存现金	指定科目				5 000	
银行存款	指定科目				208 300	
应收账款	客户往来（受控）				200 000	
原材料					416 500	
铜皮	数量金额	公斤	32 530	6.5	211 500	
锌皮	数量金额	公斤	50 000	4.1	205 000	
库存商品					2 247 000	
锁链	数量金额	箱	500	2 200	1 100 000	
螺钉	数量金额	箱	620	1 850	1 147 000	
固定资产					650 000	
累计折旧						80 000
应付账款	供应商辅助（受控）					50 000
应付职工薪酬						28 025
工资						6 400
住房公积金						21 525
应交税费						
应交增值税						
进项税						
销项税						
其他应付款						21 525
住房公积金						21 525
生成成本						
锁链						
螺钉						
实收资本						3 000 000
利润分配						547 150
未分配利润						547 150
主营业务收入						
锁链	数量金额	箱				
螺钉	数量金额	箱				
主营业务成本						
锁链	数量金额	箱				
螺钉	数量金额	箱				
合计					3 726 800	3 726 300

（2）应收账款 12 月 31 日明细余额，如表 7-43 所示。

表 7-43　　　　　　　　　　　　应收账款明细余额

日期	客户	摘要	借方金额（元）
2015-12-20	长安君临	销售商品	200 000

（3）应付账款 12 月 31 日明细余额，如表 7-44 所示。

表 7-44　　　　　　　　　　　　应付账款明细余额

日期	供应商	摘要	贷方金额（元）
2015-12-20	韶钢股份	购买材料	50 000

5．薪资管理子系统初始化设置

（1）薪资管理子系统账套初始化。实行单个工资类别，币别为人民币，不核算计件工资，从工资中代扣个人所得税，工资发放不扣零。

（2）人员档案，如表 7-45 所示。

表 7-45　　　　　　　　　　　　人员档案

人员编码	人员姓名	人员类别	行政部门	计税中文	进入日期	银行名称	银行账号
101	谢斌	管理人员	总经理室	均计提个人所得税中方人员	2014-1-1	工商银行	95589010188 0400001
201	廖丹丹	管理人员	财务部		2014-1-1	工商银行	95589010188 0400003
202	王芳菲	管理人员	财务部		2014-1-1	工商银行	95589010188 0400004
203	李慧芳	管理人员	财务部		2014-1-1	工商银行	95589010188 0400005
204	丁文才	管理人员	财务部		2014-1-1	工商银行	95589010188 0400006
301	袁梅	管理人员	采购部		2014-1-1	工商银行	95589010188 0400008
401	陈珍珍	管理人员	仓管部		2014-1-1	工商银行	95589010188 0400009
501	谭芝林	销售人员	销售部		2014-1-1	工商银行	95589010188 0400002
502	王敏	销售人员	销售部		2014-1-1	工商银行	95589010188 0400010

（3）工资项目，如表 7-46 所示。

表 7-46　　　　　　　　　　　　工资项目

项目名称	类型	长度	小数位数	增减项
基本工资	数字	8	2	增项
岗位津贴	数字	8	2	增项

续表

项目名称	类型	长度	小数位数	增减项
养老保险	数字	8	2	减项
医疗保险	数字	8	2	减项
住房公积金	数字	8	2	减项
请假扣款	数字	8	2	减项
请假天数	数字	8	2	其他
应纳税所得额	数字	8	2	其他

（4）计算公式，如表 7-47 所示。

表 7-47　　　　　　　　　　　　计算公式

工资项目	定义公式
养老保险	（基本工资+岗位津贴）×0.08
住房公积金	（基本工资+岗位津贴）×0.2
医疗保险	（基本工资+岗位津贴）×0.02
岗位津贴	管理人员 2 000 元，销售人员 1 500 元

（5）选项扣税设置。收入额合计数为应纳税所得额；计税基数为 3 500；月度扣税方式和年终奖扣税方式均为代扣税。

（6）工资发放表，如表 7-48 所示。

表 7-48　　　　　　　　　　　　工资发放表

编号	姓名	类别	部门	基本工资（元）
101	谢斌	管理人员	总经理室	16 000
201	廖丹丹	管理人员	财务部	10 000
202	王芳菲	管理人员	财务部	10 000
203	李慧芳	管理人员	财务部	8 000
204	丁文才	管理人员	财务部	8 000
301	袁梅	管理人员	采购部	12 000
401	陈珍珍	管理人员	仓管部	10 000
501	谭芝林	销售人员	销售部	12 000
502	王敏	销售人员	销售部	8 000
合计				

（7）工资分摊设置，如表 7-49 所示。

表 7-49　　　　　　　　　　　　工资分摊设置

工资分摊类型	计提比例	工资项目
计提工资	100%	应发合计

6．固定资产管理子系统初始化设置

（1）固定资产控制参数设置。

约定与说明：同意。

启用月份：2016 年 1 月。

折旧信息：本账套计提折旧；折旧方法：平均年限法（一）；折旧汇总分配周期：1个月；当"月初已计提月份"="可使用月份"–1时，将剩余折旧全部提足。

编码方式：资产类别编码方式为2112；固定资产编码方式为按"类别编码+部门编码+序号"自动编码；卡号长度为3位。

财务接口：与财务系统进行对账；对账科目：固定资产对账科目为1601固定资产；累计折旧对账科目为1602累计折旧。

补充参数：业务发生后立即制单；月末结账前一定要完成制单登账业务；固定资产缺省入账科目：1601；累计折旧缺省入账科目：1602。

（2）资产类别，如表7–50所示。

表7-50　　　　　　　　　　资产类别

编码	类别名称	净残值率	计提属性
01	办公用房	10%	正常计提
02	办公设备	5%	正常计提

（3）部门对应折旧科目如表7–51所示。

表7-51　　　　　　　　　　部门对应折旧科目

部门	对应折旧科目
总经理办公室	管理费用
财务部	管理费用
采购部	管理费用
销售部	销售费用
仓管部	管理费用

（4）增减方式及对应入账科目，如表7–52所示。

表7-52　　　　　　　　　增减方式及对应入账科目

增减方式目录	对应入账科目
增加方式	
直接购入	1002银行存款
减少方式	
毁损	1606固定资产清理

（5）固定资产原始卡片，如表7–53所示。

表7-53　　　　　　　　　　固定资产原始卡片

固定资产名称	类别编码	所在部门	增加方式	可使用年限（年）	数量	开始使用日期	单个原值（元）	累计折旧（元）	对应折旧科目名称
办公楼	01	经理办公室25%，财务部25%，销售部25%，采购部25%	在建工程转入	30	1	2014–12–1	2 427 285	870 700	管理费用，销售费用
计算机	02	财务部	直接购入	5	1	2014–12–1	15 000	2 880	管理费用
打印机	03	财务部	直接购入	5	1	2014–12–1	10 000	1 920	管理费用

说明：办公楼的残值率为10%，其余的残值率均为4%，使用状况为"在用"，折旧方法均采用平均年限法（一）。

7．应收款管理子系统初始化设置

（1）应收款管理子系统业务参数。单据审核日期依据：单据日期；汇兑损益方式：月末处理；坏账处理方式：直接转销法；整单容差和单笔容差为1，取消核销生成凭证。

（2）基本科目，如表7-54所示。

表 7-54　　　　　　　　　　　　　　基本科目

基本业务	币别	对应会计科目
应收科目	人民币	1122 应收账款
预收科目	人民币	2203 预收账款
税金科目	人民币	22210102 应交税费—应交增值税（销项税额）
销售收入科目	人民币	6001 主营业务收入

（3）结算科目设置，如表7-55所示。

表 7-55　　　　　　　　　　　　　　结算科目设置

结算方式	涉及币种	对应科目
1	现金结算	1001 库存现金
201	现金支票	1002 银行存款
202	转账支票	1002 银行存款
3	银行汇票	1002 银行存款
4	电汇	1002 银行存款

（4）应收款子系统期初余额设置，如表7-56所示。

表 7-56　　　　　　　　　　　应收账款 12 月 31 日明细余额

日期	客户	业务员	销售部门	应收款项内容	借方金额（元）
2015-12-20	长安君临	覃芝林	销售部	货款及运费	200 000

8．应付款子系统初始化设置

（1）应付款管理系统业务参数。单据审核日期依据：单据日期；汇兑损益方式：月末处理；整单容差和单笔容差为1，取消核销生成凭证。

（2）基本科目设置，如表7-57所示。

表 7-57　　　　　　　　　　　　　　基本科目设置

基本业务	币种	对应会计科目
采购科目	人民币	1402 在途物资
采购税金科目	人民币	22210101 应交税费—应交增值税（进项税额）
应付科目	人民币	2202 应付账款

（3）结算科目设置，如表7-58所示。

表 7-58　　　　　　　　　　　　　　结算科目设置

结算方式	涉及币种	对应科目
1	现金结算	1001 库存现金
201	现金支票	1002 银行存款

续表

结算方式	涉及币种	对应科目
202	转账支票	1002 银行存款
3	银行汇票	101202 银行汇票存款
4	电汇	1002 银行存款

（4）应付款子系统期初余额，如表 7-59 所示。

表 7-59　　　　　　　　　　应付账款 12 月 31 日明细余额

日期	供应商	业务员	销售部门	方向	应付款项内容	金额（元）
2015-12-20	韶钢股份	袁梅	采购部	贷	购买材料	50 000

三、账务处理系统日常经济业务（以下业务在相应的模块中进行操作）

（1）1 月 4 日，从株洲金属材料公司采购铜皮 1 000 公斤，不含税单价为 6.2 元，锌皮 600 公斤，不含税单价为 4.1 元，收到增值税专用发票，材料已验收入库并以转账支票支付货款，附件 3 张。

（2）1 月 8 日，销售部收到长安君临贸易公司转来的面值为 200 000 元的转账支票 1 张（票号为 2016），用以归还前欠货款。

（3）1 月 12 日，销售部谭芝林向湖南永通贸易公司售出锁链 100 箱，不含税单价为 3 000 元，螺钉 200 箱，不含税单价为 2 200 元，开出专用发票，款项未收到，附件 3 张。

（4）1 月 13 日，财务部购入笔记本电脑一台，增值税专用发票上注明无税单价为 8 000 元，增值税为 1 360 元。以转账支票支付。

（5）1 月 19 日，用电汇支付韶钢股分公司上月欠款 50 000 元。

（6）本月所有员工按基本工资发放工资，无任何扣款。

（7）计提本月的折旧。

（8）1 月 30 日，结转本月已售产品销售成本，附件 2 张。

（9）1 月 30 日，将本月损益类账户结转到"本年利润"账户。

四、系统结账

账套主管对应收、应付、薪资、固定资产系统进行月末结账。

五、账表操作

（1）在 D 盘中新建一个文件夹，文件夹名为"考生号"。

（2）将 1 月份的序时账输出为 Excel 文件，保存在 D 盘的"考生号"文件夹中，Excel 文件的文件名为"考生号+序时账"。

（3）将 1 月份的余额表输出为 Excel 文件，保存在 D 盘的"考生号"文件夹中，Excel 文件的文件名为"考生号+余额表"。

（4）将 1 月份的银行存款日记账输出为 Excel 文件，保存在 D 盘的"考生号"文件夹中，Excel 文件的文件名为"考生号+银行存款日记账"。

六、备份操作

（1）在 D 盘的"考生号"文件夹中再新建一个文件夹，文件夹名为"账套备份"。

（2）利用软件备份功能对账套进行备份，并将备份文件保存在"账套备份"文件夹中。

七、报表的生成与输出

利用报表功能分别生成 1 月份的利润表和资产负债表，均以 Excel 文件输出，Excel 文件的文件名分别为"考生号+利润表"和"考生号+资产负债表"，保存在"考生号"文件夹中。

财务管理系统实务操作题 3

任务描述：根据资料完成初始化设置；账务系统、薪资管理、固定资产、应收款、应付款系统记账凭证的填制与审核；记账和结账；编制报表；账表查询输出和账套备份等操作。

一、企业的基本情况

企业的基本情况如表 7-60 所示。

表 7-60　　　　　　　　　　　　　　　企业的基本情况

企业名称（所属行业）	衡阳鸿菱钢管有限公司（工业）
主要业务及产品类型	该公司只设立一个生产车间，车间内分别设置备料、成型、装箱 3 个工段。公司常年生产各种规格的不锈钢石油管材，2016 年 1 月根据生产计划的安排只投产 30cm 不锈钢石油管材一种产品
单位地址及联系电话	地址：湖南省衡阳市高新开发区祝融路 118 号 电话：0734-8876736
开户行及账号	开户银行：中国银行华新支行 账号：50815801298453
纳税人登记号	430418616191812
适用税率	增值税税率为 17% 城建税税率为 7% 教育费附加为 5% 企业所得税税率为 25%
存货核算方法	存货采用实际成本计价核算 存货发出成本采用移动加权平均法核算
主要会计岗位及人员	账套主管：张虹　　　审核员：赵爱明 制单员　刘明君　　　出纳员：彭娉婷 记账员　李志丹
其他	会计核算采用记账凭证账务处理程序

二、初始化设置

1．用户及权限

用户及权限如表 7-61 所示。

表 7-61　　　　　　　　　　　　　　　用户及权限

编号	姓名	口令	所属部门	赋权
071	张虹	没有密码	财务部	账套主管，各项初始设置，记账、结账、编制会计报表，账表输出，财务分析

续表

编号	姓名	口令	所属部门	赋权
072	李志丹	没有密码	财务部	具有总账中除审核凭证和出纳签字之外的所有权限，应收款管理、应付款管理、存货核算模块的全部权限，公用目录设置、公共单据
073	刘明君	没有密码	财务部	具有薪资管理、固定资产管理模块全部权限，公用目录设置、公共单据，总账中填制凭证权限
074	彭娉婷	没有密码	财务部	具有总账—出纳签字权限，公用目录设置、公共单据
075	赵爱明	没有密码	财务部	具有总账—审核凭证权限
076	朱志斌	没有密码	供应部	具有采购管理模块的所有权限，公用目录设置、公共单据
077	向 杰	没有密码	销售部	具销售管理模块的所有权限，公用目录设置、公共单据
078	黄海军	没有密码	仓管部	具有库存管理模块的所有权限，公用目录设置、公共单据

2．账套信息

（1）账套信息。账套号：072；账套名称：衡阳鸿菱钢管有限公司；账套路径：默认；启用会计期：2016 年 1 月；会计期间设置：1 月 1 日至 12 月 31 日。

（2）单位信息。单位名称：衡阳鸿菱钢管有限公司；单位简称：鸿菱钢管；单位地址：湖南省衡阳市高新开发区祝融路 118 号；法人代表：黄小军；联系电话及传真：0734-8876736；税号：430418616191812；开户银行：中国银行华新支行；账号：50815801298453。

（3）核算类型。记账本位币：人民币（RMB）；企业类型：工业；行业性质：2007 年新会计制度科目；账套主管：张虹；科目预置语言：中文（简体）；要求按行业性质预置会计科目。

（4）基础信息。存货、客户、供应商无分类，有外币业务。

（5）分类编码方案。科目编码级次采用 4222；其他编码级次设置采用默认值。

（6）数据精度。数据精度采用系统默认值。

（7）系统启用。启用模块：总账、报账中心、应收系统、应付系统、薪酬系统、固定资产系统，启用时间均为 2016 年 1 月 1 日。

3．基础档案

（1）部门档案，如表 7-62 所示。

表 7-62　　　　　　　　　　　　部门档案

部门编码	部门名称	部门属性	成立日期
1	行政管理部	综合管理	2015-1-1
2	财务部	财务管理	2015-1-1
3	制造部	生产制造	2015-1-1
4	供应部	采购管理	2015-1-1
5	销售部	销售管理	2015-1-1
6	仓管部	仓库管理	2015-1-1

（2）人员类别，如表 7-63 所示。

表 7-63　　　　　　　　　　　　人员类别

编号	一级人员类别	二级人员类别
10101	正式工	管理人员
10102	正式工	销售人员
10103	正式工	生产人员

（3）部分人员档案，如表 7-64 所示。

表 7-64　　　　　　　　　　　　　　部分人员档案

职员编码	职员姓名	人员类别	所属部门	性别	是否操作员	是否业务员
101	黄小军	管理人员	行政管理部	男	否	是
201	张虹	管理人员	财务部	女	是	是
202	李志丹	管理人员	财务部	女	是	是
203	刘明君	管理人员	财务部	男	是	是
204	彭婷婷	管理人员	财务部	女	是	是
205	赵爱明	管理人员	财务部	男	是	是
301	李瑞奇	生产人员	制造部	男	否	是
302	邓越洋	生产人员	制造部	男	否	是
401	朱志斌	管理人员	供应部	男	是	是
501	向 杰	销售人员	销售部	男	是	是
502	彭慧珠	销售人员	销售部	女	否	是
601	黄海军	管理人员	仓管部	男	是	是

（4）客户档案，如表 7-65 所示。

表 7-65　　　　　　　　　　　　　客户档案

客户编码	客户名称	客户简称	所属分类	币种
001	中石油湖南分公司	中石油湖南	无分类	人民币
002	中石化湖南分公司	中石化湖南	无分类	人民币

（5）供应商档案，如表 7-66 所示。

表 7-66　　　　　　　　　　　　供应商档案

供应商编码	供应商名称	简称	所属分类	币种
001	山西长冶焦煤厂	山西长冶	无分类	人民币
002	辽宁本溪钢厂	辽宁本溪	无分类	人民币

（6）凭证类别。凭证类别为记账凭证。

（7）外币设置。币符：USD；币名：美元；固定汇率：6.66。

（8）结算方式，如表 7-67 所示。

表 7-67　　　　　　　　　　　　结算方式

结算方式编码	结算方式名称	票据管理
1	现金结算	否
2	支票结算	是
201	现金支票	是
202	转账支票	是
3	电汇	否

（9）根据期初余额信息设置相应的明细科目及辅助科目，并录入期初余额及进行期初试算平衡。

① 账户期初余额表，如表 7-68 所示。

表 7-68　　　　　　　　　　　　　账户期初余额表

账户名称	辅助核算	借方余额（元）	贷方余额（元）
库存现金（1001）	指定现金科目	10 390	
银行存款（1002）	指定银行科目	1 250 000	
工行存款（100201）		1 250 000	
招行存款（100202）	美元		
其他货币资金（1012）		150 400	
交易性金融资产（1101）		60 910	
成本（110101）		60 910	
应收账款（1122）	客户往来（受控）	468 000	
其他应收款（1221）	个人往来	8 000	
坏账准备（1231）			1 170
原材料（1403）		450 000	
钢坯（140301）	数量核算	350 000 87.5 吨	
焦煤（140302）	数量核算	100 000 500 吨	
周转材料（1411）		145 000	
包装箱（141101）	数量核算	145 000 1 450 个	
库存商品（1405)		2 179 200	
30cm 石油管材（140501）	数量核算	2 179 200 400 吨	
长期股权投资（1511）		280 000	
固定资产（1601）		10 526 800	
累计折旧（1602）			2 102 132
应付票据（2001）			0
应付账款（2202）	供应商往来（受控）		147 000
应付职工薪酬（2211）			43 590
应交税费（2221）			356 920
应交增值税（222101）			0
进项税额（22210101）			0
销项税额（22210102）			0
未交增值税（222102）			128 000
应交所得税（222103）			213 560

续表

账户名称	辅助核算	借方余额（元）	贷方余额（元）
应交城建税（222104）			8 960
应交教育费附加（222105）			6 400
其他应付款（2241）			6 800
实收资本（4001）			9 401 000
资本公积（4002）			1 108 000
盈余公积（4101）			1 078 700
利润分配（4104）			1 283 388
未分配利润（410404）			1 283 388
生产成本 （5001）			0
30cm 石油管材（500101）			0
主营业务收入 （6001）			0
30cm 石油管材（600101）	数量核算，吨		0
主营业务成本（6401）			0
30cm 石油管材（640101）	数量核算，吨		0

资产=负债+所有者权益=13 425 398

② 其他应收账款辅助账余额，如表 7-69 所示。

表 7-69　　　　　　　　　　其他应收账款辅助账余额

日期	部门	个人	借方金额（元）
2015-12-28	行政管理部	黄小军	8 000

③ 应收账款辅助账余额，如表 7-70 所示。

表 7-70　　　　　　　　　　应收账款辅助账余额

日期	客户	摘要	借方金额（元）
2015-10-26	中石油湖南分公司	销售商品	351 000
2015-11-18	中石化湖南分公司	销售商品	117 000

④ 应付账款辅助账余额，如表 7-71 所示。

表 7-71　　　　　　　　　　应付账款辅助账余额

日期	供应商	摘要	贷方金额（元）
2015-10-31	辽宁本溪钢厂	购买原材料	106 050
2015-10-19	山西长治焦煤厂	购买原材料	40 950

4．薪资管理子系统初始化设置

（1）薪资管理子系统账套初始化。实行单个工资类别，币别为人民币，不核算计件工资，从工资中代扣个人所得税，工资发放不扣零。

（2）人员档案，如表 7-72 所示。

表 7-72   人员档案

人员编码	人员姓名	人员类别	行政部门	计税中文	进入日期	银行名称	银行账号
101	黄小军	管理人员	行政管理部	均计提个人所得税中方人员	2015-1-1	中国银行	664090101880400001
201	张虹	管理人员	财务部		2015-1-1	中国银行	664090101880400003
202	李志丹	管理人员	财务部		2015-1-1	中国银行	664090101880400004
203	刘明君	管理人员	财务部		2015-1-1	中国银行	664090101880400005
204	彭娉婷	管理人员	财务部		2015-1-1	中国银行	664090101880400006
205	赵爱明	管理人员	财务部		2015-1-1	中国银行	664090101880400008
301	李瑞奇	生产人员	制造部		2015-1-1	中国银行	664090101880400009
302	邓越洋	生产人员	制造部		2015-1-1	中国银行	664090101880400002
401	朱志斌	管理人员	供应部		2015-1-1	中国银行	664090101880400010
501	向杰	销售人员	销售部		2015-1-1	中国银行	664090101880400013
502	彭慧珠	销售人员	销售部		2015-1-1	中国银行	664090101880400018
601	黄海军	管理人员	仓管部		2015-1-1	中国银行	664090101880400020

（3）工资项目，如表 7-73 所示。

表 7-73   工资项目

项目名称	类型	长度	小数位数	增减项
基本工资	数字	8	2	增项
岗位津贴	数字	8	2	增项
养老保险	数字	8	2	减项
医疗保险	数字	8	2	减项
住房公积金	数字	8	2	减项
请假扣款	数字	8	2	减项
请假天数	数字	8	2	其他
应纳税所得额	数字	8	2	其他

（4）计算公式，如表 7-74 所示。

表 7-74　　　　　　　　　　　　　计算公式

工资项目	定义公式
养老保险	（基本工资+岗位津贴）×0.08
住房公积金	（基本工资+岗位津贴）×0.2
医疗保险	（基本工资+岗位津贴）×0.02
岗位津贴	管理人员 2 000 元，销售人员、生产人员 1 500 元

（5）选项扣税设置。收入额合计数为应纳税所得额；计税基数为 3 500；月度扣税方式和年终奖扣税方式均为代扣税。

（6）工资发放表，如表 7-75 所示。

表 7-75　　　　　　　　　　　　　工资发放表

编号	姓名	类别	部门	基本工资（元）
101	黄小军	管理人员	行政管理部	15 000
201	张虹	管理人员	财务部	10 000
202	李志丹	管理人员	财务部	10 000
203	刘明君	管理人员	财务部	8 000
204	彭娉婷	管理人员	财务部	8 000
205	赵爱明	管理人员	财务部	8 000
301	李瑞奇	生产人员	制造部	7 000
302	邓越洋	生产人员	制造部	6 000
401	朱志斌	管理人员	供应部	8 000
501	向杰	销售人员	销售部	10 000
502	彭慧珠	销售人员	销售部	8 000
601	黄海军	管理人员	仓管部	8 000
合计				

（7）工资分摊设置，如表 7-76 所示。

表 7-76　　　　　　　　　　　　　工资分摊设置

工资分摊类型	计提比例	工资项目
计提工资	100%	应发合计

5. 固定资产管理子系统初始化设置

（1）固定资产控制参数设置。

启用月份：2016 年 1 月。

折旧信息：本账套计提折旧；折旧方法为平均年限法（一）；折旧汇总分配周期为 1 个月；当"月初已计提月份"="可使用月份"-1 时，将剩余折旧全部提足。

编码方式：资产类别编码方式为 2112；固定资产编码方式为按"类别编码+部门编码+序号"自动编码；卡号长度为 3 位。

财务接口：与财务系统进行对账；对账科目：固定资产对账科目为 1601 固定资产；累计折旧对账科目为 1602 累计折旧。

补充参数：业务发生后立即制单；月末结账前一定要完成制单登账业务；固定资产缺省入账科目为 1601；累计折旧缺省入账科目为 1602。

（2）资产类别，如表 7-77 所示。

表 7-77　　　　　　　　　　　　　　　　资产类别

编码	类别名称	净残值率	计提属性
01	办公用房	10%	正常计提
02	办公设备	5%	正常计提

（3）部门对应折旧科目，如表 7-78 所示。

表 7-78　　　　　　　　　　　　　　　　部门对应折旧科目

部门	对应折旧科目
行政管理部	管理费用
财务部	管理费用
制造部	制造费用
供应部	管理费用
销售部	销售费用
仓管部	管理费用

（4）增减方式及对应入账科目，如表 7-79 所示。

表 7-79　　　　　　　　　　　　　　增减方式及对应入账科目

增减方式目录	对应入账科目
增加方式	
直接购入	1002 银行存款
减少方式	
毁损	1606 固定资产清理

（5）固定资产原始卡片，如表 7-80 所示。

表 7-80　　　　　　　　　　　　　　　固定资产原始卡片

固定资产名称	类别编码	所在部门	增加方式	可使用年限（年）	数量	开始使用日期	单个原值（元）	累计折旧（元）	对应折旧科目名称
办公楼	01	经理办公室 25%，财务部 25%，销售部 25%，供应部 25%	在建工程转入	30	1	2015-1-1	2 427 285	870 700	管理费用、销售费用
计算机	02	财务部	直接购入	5	1	2015-1-1	15 000	2 880	管理费用
打印机	02	财务部	直接购入	5	1	2015-1-1	10 000	1 920	管理费用
发电机	02	制造部	直接购入	10	1	2015-1-1	22 000	1 850	制造费用

说明：办公楼的残值率为 10%，其余的残值率均为 4%，使用状况为"在用"，折旧方法均采用平均年限法（一）。

6. 应收款管理子系统初始化设置

（1）应收款管理子系统业务参数。单据审核日期依据：单据日期；汇兑损益方式：月末处理；坏账处理方式：直接转销法；取消核销生成凭证。

（2）基本科目，如表 7-81 所示。

表 7-81　　　　　　　　　　　基本科目

基本业务	币别	对应会计科目
应收科目	人民币	1122 应收账款
预收科目	人民币	2203 预收账款
税金科目	人民币	22210102 应交税费—应交增值税（销项税额）
销售收入科目	人民币	6001 主营业务收入

（3）结算科目设置，如表 7-82 所示。

表 7-82　　　　　　　　　　　结算科目设置

结算方式	涉及币种	对应科目
1	现金结算	1001 库存现金
201	现金支票	1002 银行存款
202	转账支票	1002 银行存款
3	银行汇票	1002 银行存款
4	电汇	1002 银行存款

（4）应收款子系统期初余额设置。应收账款 12 月 31 日明细余额，如表 7-83 所示。

表 7-83　　　　　　　应收账款 12 月 31 日明细余额

日期	客户	摘要	借方金额（元）
2015-10-26	中石油湖南分公司	销售商品	351 000
2015-11-18	中石化湖南分公司	销售商品	117 000

7. 应付款子系统初始化设置

（1）应付款管理系统业务参数。单据审核日期依据：单据日期；汇兑损益方式：月末处理；取消核销生成凭证。

（2）基本科目设置，如表 7-84 所示。

表 7-84　　　　　　　　　　　基本科目设置

基本业务	币种	对应会计科目
采购科目	人民币	1402 在途物资
采购税金科目	人民币	22210101 应交税费—应交增值税（进项税额）
应付科目	人民币	2202 应付账款

（3）结算科目设置，如表 7-85 所示。

表 7-85 结算科目设置

结算方式	涉及币种	对应科目
1	现金结算	1001 库存现金
201	现金支票	1002 银行存款
202	转账支票	1002 银行存款
3	银行汇票	1012 其他货币资金
4	电汇	1002 银行存款

（4）应付款子系统期初余额设置。应付账款 12 月 31 日明细余额，如表 7-86 所示。

表 7-86 应付账款 12 月 31 日明细余额

日期	供应商	摘要	贷方金额（元）
2015-10-31	辽宁本溪钢厂	购买原材料	106 050
2015-10-19	山西长治焦煤厂	购买原材料	40 950

三、账务处理系统日常经济业务（以下业务在相应的模块中进行操作）

（1）1 月 2 日，从辽宁本溪钢厂购入钢坯一批，增值税专用发票上注明数量为 10 吨，不含税单价为 4 000 元；增值税额为 6 800 元，价税合计 46 800 元，材料已验收入库，货税款以银行存款支付（转账支票号为 ZW001，从工行支付），附件 3 张。

（2）1 月 3 日，公司董事长黄小军出差回来，报销差旅费 7 600 元，余款以现金退回，原借支 8 000 元，附件 2 张。

（3）1 月 5 日，制造部领用钢坯 20 吨，焦煤 20 吨，用于 30cm 石油管材生产，附件 1 张。

（4）1 月 7 日，收到泛美集团投资资金 20 000 美元，汇率 6.2 元（转账支票号为 2PW001，存入招行），附件 1 张。

（5）1 月 8 日，开出现金支票提取备用金 1 000 元，现金支票号为 XJ001，附件 1 张。

（6）1 月 12 日，行政管理部支付业务招待费 5 000 元，转账支票号为 ZW002，附件 1 张。

（7）1 月 16 日，向中石化湖南分公司销售产品一批，增值税专用发票列明 30cm 石油管材 200 吨，不含税单价为 6 000 元，增值税额为 204 000 元，价税合计 1 404 000 元，货税款尚未收到，附件 2 张。

（8）1 月 18 日，结转已销 200 吨 30cm 石油管材的成本，每吨成本 5 448 元，附件 1 张。

（9）1 月 22 日，用银行存款支付前欠山西长治焦煤厂货税款 40 950 元（转账支票号为 ZW003，从工行支付），附件 1 张。

（10）1 月 24 日，购入不需要安装的生产设备一台，价款 50 000 元，取得增值税专用发票，增值税额为 8 500 元，已用银行存款付讫（转账支票为 ZW004，从工行支付），附件 2 张。

（11）1 月 31 日，对各部门、各类人员的工资费用进行分配，并以"应发合计"（基本工资+岗位津贴）为基数计提工资（100%）。

（12）1 月 31 日，计提本月固定资产折旧。

（13）1 月 31 日，结转分配生产 30cm 石油管材应承担制造费用，附件 1 张。

（14）1 月 31 日，完工 30cm 石油管材 37.3 吨，本月投产产品已全部完工入库，结转本月完工产品生产成本，附件 2 张。

（15）1月31日，结转本月期间损益（不考虑所得税计提），收入、支出类生成1张凭证即可，附件0张。

四、系统结账

账套主管对应收、应付、薪资、固定资产、总账系统进行月末结账。

五、账表操作

（1）在D盘中新建一个文件夹，文件夹名为"考生号"。

（2）将1月份的序时账输出为Excel文件，保存在D盘的"考生号"文件夹中，Excel文件的文件名为"考生号+序时账"。

（3）将1月份的余额表输出为Excel文件，保存在D盘的"考生号"文件夹中，Excel文件的文件名为"考生号+余额表"。

（4）将1月份的银行存款日记账输出为Excel文件，保存在D盘的"考生号"文件夹中，Excel文件的文件名为"考生号+银行存款日记账"。

六、系统备份

（1）在D盘的"考生号"文件夹中再新建一个文件夹，文件夹名为"账套备份"。

（2）利用软件备份功能对账套进行备份，并将备份文件保存在"账套备份"文件夹中。

七、报表的生成与输出

利用报表功能分别生成1月份的利润表和资产负债表，均以Excel文件输出，Excel文件的文件名分别为"考生号+利润表"和"考生号+资产负债表"，保存在考生号文件夹中。

财务管理系统实务操作题 4

任务描述： 根据资料完成初始化设置；记账凭证的填制与审核；财务系统、薪资管理、固定资产、应收应付款等系统的记账和结账；编制报表；账表查询输出和账套备份等操作。

一、企业的基本情况

企业的基本情况如表7-87所示。

表7-87　　　　　　　　　　企业的基本情况

企业名称、所属行业	株洲南峰有限公司（简称南峰公司）、工业企业（2007年1月1日起实施新企业会计准则）
主要业务及产品类型	服装生产与销售
单位地址	湖南省株洲市石峰区田心大道168号
法人代表	方五行
开户银行及账号	中国建设银行股份有限公司田心支行、4367055506660888218
注册资金及记账本位币	1 500万元、人民币（RMB）
纳税人性质	增值税一般纳税人
适用税率（征收率）	增值税税率为17%，企业所得税（按季预缴）税率为25%，城建税税率为7%，教育费附加征收率为3%

续表

存货核算方法	存货采用实际成本计价核算，发出存货采用先进先出法计算确定，销售商品的成本逐笔确认
主要会计岗位及人员	赵金（账套主管）、钱木（出纳）、孙水（制单）、李火（审核）、周土（购销存）
组织机构	财务部、行政部、销售部、生产部

二、初始化设置

1．用户及权限

用户及权限如表 7-88 所示。

表 7-88 用户及权限

部门	编号	操作员	赋权
财务部	441	赵金	账套主管，拥有所有的权限
财务部	442	钱木	总账—凭证—出纳签字、总账—出纳权限
财务部	443	孙水	公共目录设置、总账—凭证—凭证处理；总账—期末—转账设置、转账生成；薪资管理、固定资产管理、应收款管理、应付款管理
财务部	444	李火	公共目录设置、总账—凭证—审核凭证
财务部	445	周土	公共目录设置、采购管理、销售管理、库存管理、存货核算

2．账套信息

（1）账套信息。账套号：044；账套名称：株洲南峰有限公司；账套路径：默认；启用时间：2016 年 7 月；会计期间设置：7 月 1 日至 12 月 31 日。

（2）单位信息。单位名称：株洲南峰有限公司；单位简称：南峰公司；单位地址：湖南省株洲市石峰区田心大道 168 号；法人代表：方五行。

（3）核算类型。记账本位币：人民币（RMB）；企业类型：工业；行业性质：2007 年新会计制度科目；账套主管：赵金；科目预置语言：中文（简体）；要求按行业性质预置会计科目。

（4）基础信息。存货、客户、供应商均无分类，无外币业务。

（5）分类编码方案。科目编码级次采用 4222；其他编码级次设置采用默认值。

（6）数据精度。数据精度采用系统默认值。

（7）系统启用。启用模块：总账；启用时间：2014 年 1 月 1 日。

3．基础档案

（1）部门档案，如表 7-89 所示。

表 7-89 部门档案

部门编码	1	2	3	4
部门名称	财务部	行政部	销售部	生产部

（2）人员档案（部分），如表 7-90 所示。

表 7-90 人员档案（部分）

人员编码	职员姓名	人员类别	所属部门	性别	是否业务员
101	赵金	在职人员	财务部	女	是

续表

人员编码	职员姓名	人员类别	所属部门	性别	是否业务员
102	钱木	在职人员	财务部	男	是
201	方五行	在职人员	行政部	男	是

（3）客户档案，如表7-91所示。

表7-91　　　　　　　　　　　　客户档案

客户编码	客户名称	客户简称
01	广东清风公司	广东清风
02	广西建宁公司	广西建宁

（4）供应商档案，如表7-92所示。

表7-92　　　　　　　　　　　　供应商档案

供应商编码	供应商名称	供应商简称
001	株洲金缘公司	株洲金缘
002	衡阳珠晖公司	衡阳珠晖

（5）凭证类别。凭证类别为记账凭证。

（6）项目核算，如表7-93所示。

表7-93　　　　　　　　　　　　项目核算

会计核算科目	项目大类	项目分类 一级分类		项目目录	
		分类编码	分类名称	项目编号	项目名称
原材料	存货类	1	材料类	11	棉麻
				12	棉布
				13	丝绸
库存商品		2	产品类	21	女上装
生产成本—直接材料					
生产成本—直接人工					
生产成本—制造费用				22	连衣裙
主营业务收入					
主营业务成本					

（7）存货档案及计量单位。

① 计量单位组。01：数量，无换算率，如表7-94所示。

表7-94　　　　　　　　　　　　计量单位组

计量单位编号	计量单位名称	计量单位组编号	换算率
0101	米	01	无换算率
0102	件	01	无换算率

② 存货档案，如表 7-95 所示。

表 7-95   存货档案

存货编码	存货名称	计量单位	属性
0001	棉麻	米	外购、生产耗用
0002	棉布	米	外购、生产耗用
0003	丝绸	米	外购、生产耗用
0004	女上装	件	自制、销售
0005	连衣裙	件	自制、销售
0006	运费	元	外购、应税劳务

（8）结算方式，如表 7-96 所示。

表 7-96   结算方式

编号	结算名称
1	现金支票
2	转账支票
3	商业承兑汇票
4	银行承兑汇票

① 银行档案。银行编码：05；银行名称：中国银行；账号长度为 16 位。
② 账户信息本单位开户银行：中国建设银行株洲支行；编号：001；银行账号：
2951129980074568。
（9）仓库档案，如表 7-97 所示。

表 7-97   仓库档案

仓库编码	仓库名称	计价方式	是否货位管理
01	材料库	先进先出法	否
02	成品库	先进先出法	否

（10）收发类别仓库档案，如表 7-98 所示。

表 7-98   收发类别仓库档案

编号	结算名称
1	采购入库
2	销售出库

（11）采购类型和销售类型，如表 7-99 所示。

表 7-99   采购类型和销售类型

编号	名称	收发类别
01	普通采购	采购入库
02	普通销售	销售出库

4．会计科目设置及总账系统期初余额表

根据 2016 年 6 月 30 日余额信息设置相应的明细科目及辅助科目，录入相关余额至 2016 年 7 月初，并进行试算平衡操作。

（1）各总账账户及部分明细账户余额表，如表 7-100 所示。

表 7-100 各总账账户及部分明细账户余额表

2016 年 6 月 30 日　　　　　　　　　　　　　　　　单位：元

会计科目	辅助核算	计量单位	数量	单价（元）	借方余额（元）	贷方金额（元）
库存现金	日记账（指定科目）				13 400	
银行存款	银行、日记账（指定科目）				283 500	
其他货币资金					24 000	
银行汇票存款					11 700	
存出投资款					12 300	
交易性金融资产					42 000	
成本					40 000	
公允价值变动					2 000	
应收账款	客户往来（不受控）				100 000	
其他应收款	个人往来				3 200	
坏账准备						1 000
应收账款						1 000
原材料					56 000	
棉麻	项目核算、数量核算	米	4 000	8	32 000	
棉布	项目核算、数量核算	米	2 000	4	8 000	
丝绸	项目核算、数量核算	米	500	32	16 000	
库存商品					105 000	
女上装	项目核算、数量核算	件	50	100	5 000	
连衣裙	项目核算、数量核算	件	400	250	100 000	
固定资产					2 000 000	
累计折旧						300 000
应付账款	供应商往来（不受控）					40 000
预收账款	客户往来（不受控）					52 000
应付职工薪酬						142 500
工资						100 000
社会保险费						30 000
住房公积金						12 500
职工福利费						
工会经费						
教育费经费						

续表

会计科目	辅助核算	计量单位	数量	单价（元）	借方余额（元）	贷方金额（元）
非货币性福利						
应交税费						
应交增值税						
进项税额						
销项税额						
已交税金						
应交城建税						
应交教育费附加						
应交个人所得税						
实收资本						1 800 000
资本公积						78 600
盈余公积						155 000
利润分配						58 000
未分配利润						58 000
生产成本						
直接材料						
女上装	项目核算					
连衣裙	项目核算					
直接人工						
女上装	项目核算					
连衣裙	项目核算					
制造费用						
女上装	项目核算					
连衣裙	项目核算					
制造费用						
主营业务收入						
女上装	项目核算、数量核算	件				
连衣裙	项目核算、数量核算	件				
主营业务成本						
女上装	项目核算、数量核算	件				
连衣裙	项目核算、数量核算	件				
合计					2 627 100	2 627 100

（2）应收账款明细账 2016 年 6 月 30 日余额表，如表 7-101 所示。

表 7-101　　　　　　　　　　应收账款明细账余额表
2016 年 6 月 30 日

日期	客户	摘要	借方金额（元）
2016-6-27	广东清风公司	销售商品	100 000

（3）其他应收款明细账 2016 年 6 月 30 日余额表，如表 7-102 所示。

表 7-102 　　　　　　　　　　其他应收款明细账余额表

2016 年 6 月 30 日

日期	个人	摘要	借方金额（元）
2016-6-24	赵金	借支差旅费	3 200

（4）应付账款明细账 2016 年 6 月 30 日余额表，如表 7-103 所示。

表 7-103 　　　　　　　　　　应付账款明细账余额表

2016 年 6 月 30 日

日期	供应商	摘要	贷方金额（元）
2016-6-30	株洲全缘公司	采购原材料	40 000

（5）预收账款明细账 2016 年 6 月 30 日余额表，如表 7-104 所示。

表 7-104 　　　　　　　　　　预收账款明细账余额表

2016 年 6 月 30 日

日期	客户	摘要	贷方金额（元）
2016-6-30	广西建宁公司	预收货款	52 000

5．各模块系统参数设置

（1）薪资管理子系统。

① 工资类别：单个。

② 从工资中代扣个人所得税。

③ 需增加的工资项目，如表 7-105 所示。

表 7-105 　　　　　　　　　　需增加的工资项目

工资项目名称	类型	长度	小数	增减项
基本工资	数字	8	2	增项
岗位津贴	数字	8	2	增项
缺勤扣款	数字	8	2	减项
缺勤天数	数字	8	0	其他

④ 银行名称：中国银行，账号长度为 14 位，录入时自动带出账号 11 位。

⑤ 在职人员档案，如表 7-106 所示。

表 7-106 　　　　　　　　　　在职人员档案

职员编码	职员姓名	人员类别	所属部门	性别	银行账号
001	赵金	在职人员	财务部	男	10011020088001
002	钱木	在职人员	财务部	男	10011020088002
003	孙水	在职人员	财务部	女	10011020088003
004	李火	在职人员	财务部	男	10011020088004
005	周土	在职人员	财务部	女	10011020088005
006	陈明	在职人员	销售部	男	10011020088006
007	李财	在职人员	行政部	男	10011020088007
008	张芳	在职人员	生产部	男	10011020088008

（2）固定资产系统

① 控制参数。

本账套计提折旧，折旧方法为平均年限法（一），折旧分配周期为1个月，其余参数采用系统默认。

资产类别编码方式为2112，固定资产编码方式为类别编码+部门编码+序号，卡片序号长度为3位。

与账务系统进行对账：固定资产对账科目为固定资产（1601）；累计折旧对账科目为累计折旧（1602）。

② 资产类别，如表7-107所示。

表7-107　　　　　　　　　　　　　　　资产类别

类别编码	类别名称	净残值率	计提属性	折旧方法	卡片样式
01	房屋及建筑物	3%	正常计提	平均年限法（一）	通用样式
02	机器设备	3%	正常计提	平均年限法（一）	通用样式

③ 部门对应折旧科目，如表7-108所示。

表7-108　　　　　　　　　　　　　　部门对应折旧科目

部门名称	折旧对应科目
行政部	管理费用
财务部	管理费用
销售部	销售费用
生产部	制造费用

④ 固定资产原始卡片，如表7-109所示。

表7-109　　　　　　　　　　　　　　固定资产原始卡片

固定资产名称	类别编码	部门名称	增加方式	使用状况	使用年限（年）	折旧方法	开始使用日期	原值（元）	累计折旧（元）
办公楼	01	行政部	在建工程转入		30			1 000 000	150 000
计算机	02	财务部	直接购入	在用	5	平均年限法（一）	2015-12-20	490 000	73 000
打印机	02	财务部	直接购入		5			10 000	2 000
制衣机	02	生产部	直接购入		6			500 000	75 000

（3）应收款管理系统。

① 参数设置，如表7-110所示。

表7-110　　　　　　　　　　　　　　　参数设置

应收款核销方式	按单据	单据审核日期依据	单据日期
控制科目依据	按客户	受控科目制单方式	明细到单据
产品销售科目依据	按存货	坏账处理方式	应收账款余额百分比法

② 初始设置。基本科目设置如下。

应收科目：应收账款。

预收科目：预收账款。

销售收入：主营业务收入。

税金科目：销项税额。

银行承兑科目：应收票据。

商业承兑科目：应收票据。

③ 期初余额。

应收账款明细账 2016 年 6 月 30 日余额表，如表 7-111 所示。

表 7-111 应收账款明细账余额表

2016 年 6 月 30 日

日期	客户	摘要	借方金额（元）
2016-6-27	广东清风公司	销售商品	100 000

预收账款明细账 2016 年 6 月 30 日余额表，如表 7-112 所示。

表 7-112 预收账款明细账余额表

2016 年 6 月 30 日

日期	客户	摘要	贷方金额（元）
2016-6-30	广西建宁公司	预收货款	52 000

（4）应付款管理系统。

① 参数设置，如表 7-113 所示。

表 7-113 参数设置

应付款核销方式	按单据	单据审核日期依据	单据日期
控制科目依据	按供应商	受控科目制单方式	明细到单据
产品销售科目依据	按存货	汇兑损益方式	月末处理

② 初始设置。基本科目设置如下。

应付科目：应付账款。

预付科目：预付账款。

采购科目：原材料。

采购税金：进项税额。

银行承兑科目：应付票据。

商业承兑科目：应付票据。

结算方式科目设置：现金支票、转账支票科目均为银行存款。

③ 期初余额。应付账款 2016 年 6 月 30 日余额表，如表 7-114 所示。

表 7-114 应付账款余额表

2016 年 6 月 30 日

日期	供应商	摘要	贷方金额（元）
2016-6-30	株洲金缘公司	采购原材料	40 000

三、账务处理系统日常经济业务

根据下列资料，完成相关操作。所有涉用的采购及销售业务均为无税单价。

（1）7月2日，领用相关原材料生产产品，领料情况如表 7-115 所示，附件 1 张。

表 7-115　　　　　　　　　　　　　　　领料情况

领料用途	原材料料名称								
	棉麻			棉布			丝绸		
	数量（米）	单价（元）	金额（元）	数量（米）	单价（元）	金额（元）	数量（米）	单价（元）	金额（元）
生产女上装	1 000	8	8 000	500	4	2 000	120	32	3 840
生产连衣裙	1 200	8	9 600	300	4	1 200	80	32	2 560
合计	2 200		17 600	800		3 200	200		6 400

（2）7月4日，签发转账支票 39 200 元偿还前欠株洲金缘公司货款 40 000 元（2016 年 6 月 30 日购销时株洲金缘公司给予的现金折扣条件为 2/10、1/20、n/30，折扣基数为全部未结清款项），附件 1 张。

（3）7月6日，从衡阳珠晖公司购入棉麻 1 000 米，单价为 8 元，增值税专用发票上注明的买价为 8 000 元，增值税为 1 360 元；购入棉布 500 米，单价为 4 元，增值税专用发票号为 15116856，发票上注明的买价为 2 000 元，增值税为 340 元；上述货款及增值税以银行汇票存款结清；上述原材料如数验收入库，附件 2 张。

（4）7月13日，收到广东清风公司金额为 100 000 元的银行汇票 1 张，以归还前欠货款，附件 1 张。

（5）7月17日，销售给广西建宁公司女上装 30 件（不含税销售单价为 240 元，单件成本为 100 元）和连衣裙 300 件（不含税销售单价为 400 元，单件成本为 250 元），合计不含税销售收入为 127 200 元，增值税为 21 624 元，并开具增值税专用发票（发票号为 18374798），收到金额为 96 824 元的银行承兑汇票 1 张，以补收余款（注意，此前此客户已预付货款 52 000 元），确认收入与结转成本的附件分别为 2 张和 1 张。

（6）7月17日，以普通支票支付运费给株洲华兴物流公司，以将所售商品运送给客户广西建宁公司，取得株洲华兴物流公司开具给本公司的增值税专用发票，金额为 1 110 元，发票上注明运费 1 000 元，增值税 110 元，附件 1 张。

（7）7月23日，行政部总经理方五行借支差旅费 5 000 元，以现金支付，附件 2 张。

（8）7月25日，提取现金 6 000 元，以备用日常零星支出，附件 1 张。

（9）7月25日，以转账支票支付职工上月工资 65 000 元。上月应发职工工资 100 000 元，代扣个人所得税 9 000 元，代扣社会保险费 11 000 元（其中，代扣职工医疗保险 2 000 元、代扣职工基本养老保险 8 000 元、代扣职工失业保险 1 000 元），代扣职工个人住房公积金 15 000 元，附件 2 张。

（10）7月31日，确认本月职工薪酬，分配本月职工工资，具体计提情况如表 7-116 所示，附件 1 张。

表 7-116　　　　　　　　　　　　　具体计提情况

职员姓名	所属部门	基本工资（元）	岗位津贴（元）
赵金	财务部	6 000	200

续表

职员姓名	所属部门	基本工资（元）	岗位津贴（元）
钱木	财务部	5 500	150
孙水	财务部	4 000	100
李火	财务部	5 500	150
周土	财务部	5 000	100
陈明	销售部	4 500	100
李财	行政部	5 000	150
张芳	生产部	4 500	100

（11）7月31日，交易性金融资产的收盘价为40 200元，附件1张。

（12）7月31日，计提1月份固定资产折旧，附件1张。

（13）7月31日，结转本月制造费用（按生产工时比例分配），附件1张，如表7-117所示。

表7-117　　　　　　　　　　制造费用分配表

2016年7月31日

分配对象	分配标准（生产工时）	分配率	分配金额（元）
女上装	625		
连衣裙	4 000		
合计	4 625		

审核：李火　　　　　　　　　　　　　　　　　　制单：钱木

（14）7月31日，以电汇方式交纳本月应交增值税，附件1张。

（15）7月31日，结转本月损益类账户的发生额（要求通过"转账定义"集成一笔结转），附件0张。

四、系统结账

账套主管完成当月系统结账。

五、会计报表的生成与输出

（1）在D盘中新建一个文件夹，文件夹名为"考生号"。

（2）将1月份的序时账以Excel文件输出，输出Excel文件的文件名为"考生号+序时账"，保存在"考生号"文件夹中。

（3）将1月份的余额表以Excel文件输出，输出Excel文件名为"考生号+余额表"，保存在"考生号"文件夹中。

（4）利用报表功能分别生成1月份的利润表和资产负债表，并分别输出Excel文件，保存在"考生号"文件夹中，Excel文件的文件名分别为"考生号+利润表"和"考生号+资产负债表"。

六、系统备份

（1）在D盘的"考生号"文件夹中再新建一个文件夹，文件夹名为"账套备份"。

（2）利用软件备份功能对账套进行备份，并将备份文件保存在"账套备份"文件夹中。

七、财务分析

利用报表功能编制自定义报表，并输出Excel文件，文件名为"简易财务分析表"，保存在

"考生号"文件夹中，如表 7-118 所示。

表 7-118　　　　　　　　简易财务分析表

单位：　　　　　　　　年　月　日

序号	指标项目	2016-07-31
1	资产负债率	
2	产权比率	
3	权益乘数	

编制人：

财务管理系统实务操作题 5

任务描述：根据资料完成初始化设置；记账凭证的填制与审核；财务系统、薪资管理、固定资产、应收应付款等系统的记账和结账；编制报表；账表查询输出和账套备份等操作。

一、企业的基本情况

企业的基本情况如表 7-119 所示。

表 7-119　　　　　　　　企业的基本情况

企业名称（所属行业）	湖南星月水泵有限责任公司（商业）
主要业务及产品类型	QDX0.75KW 单相泵
单位地址及联系电话	地址：衡阳市蒸湘区望星路 30 号 电话：0734-2321888
开户行及账号	中国银行股份有限公司凌雁支行 261656876499201
纳税人登记号	430413873405776
适用税率	增值税税率为 17% 城建税税率为 7% 教育费附加为 3%
存货核算方法	存货采用实际成本计价核算 存货发出成本采用先进先出法核算 计算数据保留 2 位小数
主要会计岗位及人员	账套主管：李泉　　审核员：李泉 制单及会计：涂伟　　出纳员：赵红
其他	会计核算采用记账凭证账务处理程序

二、初始化设置

1. 用户及权限

用户及权限如表 7-120 所示。

表 7-120　　　　　　　　用户及权限

部门	编码	操作员	赋权
管理部门	303	李泉	账套主管，负责各项初始设置、审核凭证、编制会计报表、记账
管理部门	304	涂伟	具有总账中除审核凭证和出纳签字之外的所有权限，应收款管理、应付款管理、存货核算模块的全部权限，公用目录设置、公共单据

续表

部门	编码	操作员	赋权
管理部门	305	赵红	具有总账—出纳签字权限，公用目录设置、公共单据
管理部门	306	杨芳	具有薪资管理、固定资产管理模块的全部权限，公用目录设置、公共单据，总账中填制凭证的权限
管理部门	307	袁梅	具有采购管理模块的所有权限，公用目录设置、公共单据
管理部门	401	彭敏娇	具有销售管理模块的所有权限，公用目录设置、公共单据
管理部门	402	陈珍珍	具有库存管理模块的所有权限，公用目录设置、公共单据

2．账套信息

（1）账套信息。账套号：333；账套名称：湖南星月水泵有限责任公司；账套路径：默认；启用会计期：2016 年 1 月；

（2）单位信息。单位名称：湖南星月水泵有限责任公司；单位简称：星月水泵；单位地址：衡阳市蒸湘区望城路 30 号；法人代表：夏毅；邮政编码：421002；联系电话及传真：0734-2321888；电子邮件：hnfq@126.com；税号：430413873405776。

（3）核算类型。记账本位币：人民币（RMB）；企业类型：商业；行业性质：2007 年新会计制度科目；账套主管：李泉；科目预置语言：中文（简体）；要求按行业性质预置会计科目。

（4）基础信息。该企业无外币核算，对存货、客户、供应商无分类。

（5）分类编码方案。科目编码级次采用 4222；其他编码级次设置采用默认值。

（6）数据精度。数据精度采用系统默认值。

（7）系统启用。启动模块：总账、报账中心、应收系统、应付系统、薪酬系统、固定资产系统，启用时间均为 2016 年 1 月 1 日。

3．基础档案

（1）部门档案，如表 7-121 所示。

表 7-121　　　　　　　　　　　　部门档案

部门编码	部门名称	部门属性	成立日期
1	总经理室	管理部门	2014-1-1
2	财务室	管理部门	2014-1-1
3	采购部	管理部门	2014-1-1
4	仓管部	管理部门	2014-1-1
5	专设销售机构	产品营销	2014-1-1

（2）人员类别，如表 7-122 所示。

表 7-122　　　　　　　　　　　　人员类别

编号	一级人员类别	二级人员类别
10101	正式工	管理人员
10102	正式工	经营人员

（3）人员档案，如表 7-123 所示。

表 7-123　　　　　　　　人员档案

人员编码	人员姓名	性别	人员类别	行政部门	是否业务员	生效日期		
101	夏毅		管理人员	总经理室	是	2014-1-1		
201	李泉		管理人员	财务部	是	2014-1-1		
202	涂伟		管理人员	财务部	是	2014-1-1		
203	赵红		管理人员	财务部	是	2014-1-1		
204	杨芳		管理人员	财务部	是	2014-1-1		
301	袁梅		管理人员	采购部	是	2014-1-1		
401	陈珍珍		管理人员	仓管部	是	2014-1-1		
501	彭敏娇		经营人员	销售部	是	2014-1-1		
502	刘额		经营人员	销售部	是	2014-1-1		

（4）客户档案，如表 7-124 所示。

表 7-124　　　　　　　　客户档案

客户编码	客户名称	客户简称	所属分类	币种	国内/国外
001	衡阳华实农机公司	华实农机	01	人民币	国内
002	怀化乐鹏五金机电公司	怀化乐鹏	01	人民币	国内
003	湖北荆州加宜农机公司	加宜农机	01	人民币	国内
客户编码	税号	开户银行	银行账号	默认值	
001	430413873405678	中国银行	50813507316275	是	
002	430454873405456	农业银行	50813507333478	是	
003	530763873405345	中国银行	50813507327890	是	

（5）供应商档案，如表 7-125 所示。

表 7-125　　　　　　　　供应商档案

供应商编码	供应商名称	简称	所属分类	币种	采购/服务
001	力源水泵厂	力源水泵	01	人民币	采购
002	浙江环华泵部件铸造厂	环华泵部	01	人民币	采购

（6）结算方式，如表 7-126 所示。

表 7-126　　　　　　　　结算方式

结算方式编码	结算方式名称	票据管理	对应票据类型
1	现金结算	否	
2	支票结算	否	
201	现金支票	是	现金支票
202	转账支票	是	转账支票
3	电汇	否	

（7）账户信息，如表 7-127 所示。

表 7-127　　　　　　　　　　　　　　　　账户信息

编码	银行账号	开户日期	币种	开户银行	所属银行编码	机构号	联行号
01	261656876499201	2014 年 1 月 1 日	人民币	中国银行凌雁支行	00002	0001	4008

（8）凭证类别，如表 7-128 所示。

表 7-128　　　　　　　　　　　　　　　　凭证类别

类别编号	类别名称	限制类型	限制科目
01	记账凭证	无	无

（9）存货档案，如表 7-129 所示。

表 7-129　　　　　　　　　　　　　　　　存货档案

存货编码	存货名称	计量单位组	主计量单位	计价方式	单价（元）	存货属性
01	QDX0.75KW 单相泵泵体	01	个		80	外购/销售
04	叶轮	01	个		25	外购/销售
16	QDX0.75KW 单相泵	01	个		712	外购/销售

（10）仓库档案，如表 7-130 所示。

表 7-130　　　　　　　　　　　　　　　　仓库档案

仓库编码	仓库名称	所属部门	负责人	计价方式
01	商品库	仓管部	陈珍珍	先进先出法

（11）收发类别，如表 7-131 所示。

表 7-131　　　　　　　　　　　　　　　　收发类别

收发类别编码	收发类别名称	收发标志
11	采购入库	收
12	销售出库	发

（12）采购类型，如表 7-132 所示。

表 7-132　　　　　　　　　　　　　　　　采购类型

采购类型编码	采购类型名称	入库类别	是否默认值
1	正常采购	采购入库	是

（13）销售类型，如表 7-133 所示。

表 7-133　　　　　　　　　　　　　　　　销售类型

销售类型编码	销售类型名称	出库类别	是否默认值
1	正常销售	销售出库	是

（14）会计科目及余额表。

① 期初余额表，如表 7-134 所示。

表 7-134　　　　　　　　　　　期初余额表
2016 年 1 月 1 日

科目名称	明细科目		借方余额（元）	贷方余额（元）
库存现金			7 375	
银行存款			887 939	
	工商银行		887 939	
应收账款		客户往来（不受控）	260 000	
坏账准备				1 160
	应收账款			1 160
库存商品			389 880	
	QDX0.75kW 单相泵泵体	数量 500，单价 80	40 000	
	单相泵电机	数量 500，单价 180	90 000	
	QDX0.75kW 单相泵	数量 365，单价 712	259 880	
长期股权投资				
固定资产			2 452 285	
累计折旧				875 500
应付账款				225 000
		供应商往来（不受控）		225 000
应付职工薪酬				
	工资			
应交税费				
	应交增值税			
	应交城市维护建设税			
	应交教育费附加			
长期借款				600 000
实收资本				2 100 000
	衡阳湘水公司			2 100 000
资本公积				
	资本溢价			
盈余公积				67 940
	法定盈余公积			67 940
利润分配				127 879
	未分配利润			127 879
本年利润				
合计			3 997 479	3 997 479

② 应收账款期初余额表，如表 7-135 所示。

表 7-135　　　　　　　　　　　应收账款期初余额表

客户	业务员	方向	金额（元）
衡阳华源机电公司	彭敏娇	借	210 000
怀化乐鹏五金机电公司	彭敏娇	借	50 000

③ 应付账款期初余额表，如表 7-136 所示。

表 7-136　　　　　　　　　　　应付账款期初余额表

供应商	业务员	方向	金额（元）
力源水泵厂	袁梅	贷	180 000
浙江环华泵部件铸造厂	袁梅	贷	45 000

4．薪资管理子系统初始化设置

（1）薪资管理子系统账套初始化。实行单个工资类别，币别为人民币，不核算计件工资，从工资中代扣个人所得税，工资发放不扣零。

（2）人员档案，如表 7-137 所示。

表 7-137　　　　　　　　　　　人员档案

人员编码	人员姓名	人员类别	行政部门	计税中文	进入日期	银行名称	银行账号
101	夏毅	管理人员	经理办公室	均计提个人所得税中方人员	2014-1-1	中国银行	46829010188C400001
201	李泉	管理人员	财务部		2014-1-1	中国银行	46829010188C400003
202	涂伟	管理人员	财务部		2014-1-1	中国银行	46829010188C400004
203	赵红	管理人员	财务部		2014-1-1	中国银行	46829010188C400005
204	杨芳	管理人员	财务部		2014-1-1	中国银行	46829010188C400006
301	袁梅	管理人员	采购部		2014-1-1	中国银行	46829010188C400008
401	彭敏娇	经营人员	销售部		2014-1-1	中国银行	46829010188C400009
501	刘额	经营人员	销售部		2014-1-1	中国银行	46829010188C400002
502	陈珍珍	管理人员	仓管部		2014-1-1	中国银行	46829010188C400010

（3）工资项目，如表 7-138 所示。

表 7-138　　　　　　　　　　　工资项目

项目名称	类型	长度	小数位数	增减项
基本工资	数字	8	2	增项
岗位津贴	数字	8	2	增项
养老保险	数字	8	2	减项
医疗保险	数字	8	2	减项
住房公积金	数字	8	2	减项

续表

项目名称	类型	长度	小数位数	增减项
请假扣款	数字	8	2	减项
请假天数	数字	8	2	其他
应纳税所得额	数字	8	2	其他

（4）计算公式，如表 7-139 所示。

表 7-139　　　　　　　　　　　　　　计算公式

工资项目	定义公式
养老保险	（基本工资+岗位津贴）×0.08

（5）选项扣税设置。收入额合计数为应纳税所得额；计税基数为 3 500；月度扣税方式和年终奖扣税方式均为代扣税。

（6）工资发放表，如表 7-140 所示。

表 7-140　　　　　　　　　　　　　　工资发放表

编号	姓名	类别	部门	基本工资（元）
101	夏毅	管理人员	经理办公室	16 800
201	李泉	管理人员	财务部	13 000
202	涂伟	管理人员	财务部	10 500
203	赵红	管理人员	财务部	8 000
204	杨芳	管理人员	财务部	8 000
301	袁梅	管理人员	采购部	12 000
401	彭敏娇	销售人员	销售部	13 000
501	刘额	销售人员	销售部	10 000
502	陈珍珍	管理人员	仓管部	8 000
合计				

（7）工资分摊设置，如表 7-141 所示。

表 7-141　　　　　　　　　　　　　　工资分摊设置

工资分摊类型	计提比例	工资项目
计提工资	100%	应发合计

5. 固定资产管理子系统初始化设置

（1）固定资产控制参数设置。

约定与说明：同意。

启用月份：2016 年 1 月。

折旧信息：本账套计提折旧；折旧方法：平均年限法（一）；折旧汇总分配周期：1 个月；当"月初已计提月份"="可使用月份"-1 时，将剩余折旧全部提足。

编码方式：资产类别编码方式为 2112；固定资产编码方式为按"类别编码+部门编码+序号"自动编码；卡号长度为 3 位。

财务接口：与财务系统进行对账；对账科目：固定资产对账科目为 1601 固定资产，累计折旧对账科目为 1602 累计折旧。

补充参数：业务发生后立即制单；月末结账前一定要完成制单登账业务；固定资产缺省入账科目为 1601，累计折旧缺省入账科目为 1602。

（2）资产类别，如表 7-142 所示。

表 7-142　　　　　　　　　　　　　　　资产类别

编码	类别名称	净残值率	计提属性
01	办公用房	10%	正常计提
02	办公设备	5%	正常计提

（3）部门对应折旧科目，如表 7-143 所示。

表 7-143　　　　　　　　　　　　　　部门对应折旧科目

部门	对应折旧科目
总经理办公室	管理费用
财务部	管理费用
采购部	管理费用
销售部	销售费用
仓管部	管理费用

（4）增减方式及对应入账科目，如表 7-144 所示。

表 7-144　　　　　　　　　　　增减方式及对应入账科目

增减方式目录	对应入账科目
增加方式	
直接购入	1002 银行存款
减少方式	
毁损	1606 固定资产清理

（5）固定资产原始卡片，如表 7-145 所示。

表 7-145　　　　　　　　　　　　　　固定资产原始卡片

固定资产名称	类别编码	所在部门	增加方式	可使用年限（年）	数量	开始使用日期	单个原值（元）	累计折旧（元）	对立折旧科目名称
办公楼	01	经理办公室 25%，财务部 25%，销售部 25%，采购部 25%	在建工程转入	30	1	2014-12-1	2 427 285	870 700	管理费用、销售费用
计算机	02	财务部	直接购入	5	1	2014-12-1	15 000	2 880	管理费用
打印机	02	财务部	直接购入	5	1	2014-12-1	10 000	1 920	管理费用

说明：办公楼的残值率为 10%，其余的残值率均为 4%，使用状况为"在用"，折旧方法均采用平均年限法（一）。

6. 应收款管理子系统初始化设置

（1）应收款管理子系统业务参数。单据审核日期依据：单据日期；汇兑损益方式：月末处理；坏账处理方式：直接转销法；整单容差和单笔容差为 1，取消核销生成凭证。

（2）基本科目，如表 7-146 所示。

表 7-146 基本科目

基本业务	币别	对应会计科目
应收科目	人民币	1122 应收账款
预收科目	人民币	2203 预收账款
税金科目	人民币	22210102 应交税费—应交增值税（销项税额）
销售收入科目	人民币	6001 主营业务收入

（3）结算科目设置，如表 7-147 所示。

表 7-147 结算科目设置

结算方式	涉及币种	对应科目
1	现金结算	1001 库存现金
201	现金支票	1002 银行存款
202	转账支票	1002 银行存款
3	银行汇票	1002 银行存款
4	电汇	1002 银行存款

（4）应收款子系统期初余额设置。应收账款期初余额如表 7-148 所示。

表 7-148 应收账款期初余额

客户名称	业务员	销售部门	方向	应收款项内容	金额（元）
衡阳华源机电公司	彭敏娇	销售部	借	货款及运费	210 000
怀化乐鹏五金机电公司	彭敏娇	销售部	借	货款及运费	50 000

7. 应付款子系统初始化设置

（1）应付款管理系统业务参数。单据审核日期依据：单据日期；汇兑损益方式：月末处理；整单容差和单笔容差为 1，取消核销生成凭证。

（2）基本科目设置，如表 7-149 所示。

表 7-149 基本科目设置

基本业务	币种	对应会计科目
采购科目	人民币	1402 在途物资
采购税金科目	人民币	22210101 应交税费—应交增值税（进项税额）
应付科目	人民币	2202 应付账款

（3）结算科目设置，如表 7-150 所示。

表 7-150　　　　　　　　　　　　　结算科目设置

结算方式	涉及币种	对应科目
1	现金结算	1001 库存现金
201	现金支票	1002 银行存款
202	转账支票	1002 银行存款
3	银行汇票	101202 银行汇票存款
4	电汇	1002 银行存款

（4）应付款子系统期初余额设置。应付账款期初余额如表 7-151 所示。

表 7-151　　　　　　　　　　　　　应付账款期初余额

客户名称	业务员	销售部门	方向	应收款项内容	金额（元）
力源水泵厂	袁梅	采购部	贷	货款及运费	180 000
浙江环华泵部件铸造厂	袁梅	采购部	贷	货款及运费	45 000

三、账务处理系统日常经济业务（以下业务在相应的模块中进行操作）

（1）4 日，采购部袁梅从力源水泵厂购入 150 台单相水泵，不含税单价为 700 元，税率为 17%，收到对方开出的增值税专用发票，货款当日以转账支票支付。另支付运费 1 200 元，并收到运输部门开出的运费增值税专用发票。货已到。

（2）销售部收到怀化乐鹏五金机电公司转来的面值为 40 000 元的转账支票 1 张，票号为 2002，用以归还前欠货款。

（3）12 日，销售部王华向怀化乐鹏五金机电公司售出单相泵 280 台，不含税单价为 950 元，税率为 17%，开出销售专用发票 1 张，票号为 0101，款未收。

（4）13 日，总经理办公室购入笔记本电脑一台，增值税专用发票上注明不含税单价为 8 000 元，增值税为 1 360 元，以转账支票支付。

（5）29 日，用电汇支付浙江环华泵部件铸造厂上月欠款 30 000 元。

（6）本月所有员工按基本工资发放工资，无任何扣款。

（7）计提本月的折旧。

四、系统结账

账套主管对应收、应付、薪资、固定资产系统进行月末结账。

第八章
财务供应链集成实务操作题

财务供应链集成实务操作题 1

任务描述：根据资料完成初始化设置、财务供应链系统集成记账凭证的填制与审核、记账和结账、编制报表、账表查询输出和账套备份等操作。

一、企业的基本情况

企业的基本情况如表 8-1 所示。

表 8-1   企业的基本情况

企业名称（所属行业）	湖南博文文具有限公司（工业）
主要业务及产品类型	单色签字笔、双色签字笔、三色签字笔
单位地址及联系电话	地址：衡阳市华新大道 588 号 电话：0734-8867678
开户行及账号	中国建设银行华新支行 900589488654456
纳税人登记号	430011555666777
适用税率	增值税税率为 17% 城建税税率为 7% 教育费附加为 3%
存货核算方法	存货采用实际成本计价核算 存货发出成本采用全月一次加权平均法核算 计算数据保留 2 位小数
主要会计岗位及人员	账套主管：李晶　　　审核员：王红 制单及会计：陈平　　出纳员：赵立
其他	会计核算采用记账凭证账务处理程序

二、初始化设置

1. 用户及权限

用户及权限如表 8-2 所示。

表 8-2   用户及权限

编号	姓名	口令	所属部门	权限
101	李晶		财务部	账套主管，拥有所有的权限

编号	姓名	口令	所属部门	权限
102	赵立		财务部	总账—凭证—出纳签字、总账—出纳权限
103	陈平		财务部	公共目录设置，总账—凭证—凭证处理； 总账—期末—转账设置、转账生成； 薪资管理、固定资产管理、应收款管理、应付款管理
104	王红		财务部	公共目录设置、总账—凭证—审核凭证
105	李明		业务部	公共目录设置、采购管理、销售管理、库存管理、存货核算

2．套信息

（1）账套信息。账套号：666；账套名称：湖南博文文具有限公司；账套路径：默认；启用会计期：2016 年 1 月；会计期间设置：1 月 1 日至 12 月 31 日。

（2）单位信息。单位名称：湖南博文文具有限公司；单位简称：湖南博文；单位地址：衡阳市华新大道 588 号；法人代表：张军；联系电话及传真：0734-88667678。

（3）核算类型。记账本位币：人民币（RMB）；企业类型：商业；行业性质：2007 年新会计制度科目；账套主管：李晶；要求按行业性质预置会计科目。

（4）基础信息。存货、客户、供应商无分类，无外币业务。

（5）分类编码方案。科目编码：42222；其他采用系统默认。

（6）数据精度。数据精度采用系统默认值。

（7）系统启用。启用模块：总账、薪资管理、固定资产管理、应收款、应付款、采购管理、销售管理、库存管理、存货核算；启用时间：2016 年 1 月 1 日。

3．基础档案

（1）部门档案，如表 8-3 所示。

表 8-3　　　　　　　　　　　　部门档案

部门编码	部门名称
1	综合管理部
2	财务部
3	业务部
4	生产部

（2）人员档案，如表 8-4 所示。

表 8-4　　　　　　　　　　　　人员档案

职员编码	职员姓名	人员类别	所属部门	性别	是否业务员
001	张军	在职人员	综合管理部	男	
002	张磊	在职人员	综合管理部	男	是
003	李晶	在职人员	财务部	女	是
004	赵立	在职人员	财务部	男	否
005	王红	在职人员	财务部	女	是
006	陈平	在职人员	财务部	男	是
007	李明	在职人员	业务部	男	是
008	张宇	在职人员	生产部	男	是

（3）客户档案，如表 8--5 所示。

表 8-5　　　　　　　　　　　　　　　　客户档案

客户编码	客户名称	客户简称	税号	开户行及账号
001	衡阳科达公司	衡阳科达	210200987654321	工行华新支行 21007654321
002	长沙恒利公司	长沙恒利	110200987654321	建行芙蓉支行 11007654321

（4）供应商档案，如表 8-6 所示。

表 8-6　　　　　　　　　　　　　　　　供应商档案

供应商编号	供应商名称	供应商简称	税号	开户行及账号
001	衡阳佳佳公司	衡阳佳佳	340200123456789	工行珠晖支行 21021234567
002	长沙明达公司	长沙明达	310100123456789	建行天心支行 11021234567

（5）存货档案及计量单位。

① 计量单位组。01：自然单位，无换算率；02：支与盒，固定换算率，如表 8-7 所示。

表 8-7　　　　　　　　　　　　　　　　计量单位

计量单位编号	计量单位名称	计量单位组编号	换算率
0101	元	01	无换算率
0201	支	02	10
0202	盒	02	1

② 存货档案，如表 8-8 所示。

表 8-8　　　　　　　　　　　　　　　　存货档案

存货编码	存货名称	计量单位	属性
0001	笔芯	支	外购、生产耗用
0002	笔套	支	外购、生产耗用
0003	单色签字笔	支	自制、销售
0004	双色签字笔	支	自制、销售
0005	三色签字笔	支	自制、销售
0006	运输费	元	外购、应税劳务

（6）结算方式，如表 8-9 所示。

表 8-9　　　　　　　　　　　　　　　　结算方式

编号	结算名称
1	现金支票
2	转账支票
3	商业承兑汇票
4	银行承兑汇票

（7）银行档案。银行编码：C5；银行名称：中国银行；账号长度为16位。

（8）账户信息。编号：001；银行账号：900589488654456；开户行：中国建设银行华新支行。

（9）凭证类别。凭证类别为记账凭证。

（10）仓库档案，如表8-10所示。

表8-10   仓库档案

仓库编码	仓库名称	计价方式	是否货位管理
01	材料库	全月加权平均法	否
02	成品库	全月加权平均法	否

（11）收发类别，如表8-11所示。

表8-11   收发类别

编号	结算名称
1	采购入库
2	销售出库
3	领料出库
4	产成品入库

（12）采购类型和销售类型，如表8-12所示。

表8-12   采购类型和销售类型

编号	名称	收发类别
01	普通采购	采购入库
02	普通销售	销售出库

（13）期初余额。

① 会计科目设置及总账系统期初余额表，如表8-13所示。

表8-13   会计科目设置及总账系统期初余额表

类型	科目编码	科目名称	计量单位	辅助账类型	余额方向	期初余额（元）
资产	1001	库存现金		日记	借	53 300
资产	1002	银行存款		银行、日记	借	400 000
资产	1121	应收票据		客户往来	借	
资产	1122	应收账款		客户往来	借	80 000
资产	1221	其他应收款		个人往来	借	
资产	1123	预付账款		供应商往来	借	
资产	1403	原材料			借	53 700
资产	140301	笔芯		数量金额	借	30 000
						60 000 支
资产	140302	笔套		数量金额	借	23 700
						47 400 支
资产	1405	库存商品			借	417 000
资产	140501	单色签字笔		数量金额	借	75 000
						50 000 支

续表

类型	科目编码	科目名称	计量单位	辅助账类型	余额方向	期初余额（元）
资产	140502	双色签字笔		数量金额	借	132 000
						60 000 支
资产	140501	三色签字笔		数量金额	借	210 000
						75 000 支
资产	1601	固定资产			借	1 162 000
负债	2001	短期借款			贷	120 000
负债	2201	应付票据		供应商往来	贷	
负债	2202	应付账款		供应商往来	贷	46 000
负债	2203	预收账款		客户往来	贷	
权益	4001	实本资本			贷	2 000 000
损益	6001	主营业务收入			贷	
损益	600101	单色签字笔		数量金额（支）	贷	
损益	600102	双色签字笔		数量金额（支）	贷	
损益	600102	三色签字笔		数量金额（支）	贷	
损益	6401	主营业务成本			贷	
损益	640101	单色签字笔		数量金额（支）	贷	
损益	640102	双色签字笔		数量金额（支）	贷	
损益	640102	三色签字笔		数量金额（支）	贷	

② 应收账款期初余额表，如表 8-14 所示。

表 8-14 应收账款期初余额表

客户名称	单据日期	金额（元）
衡阳科达公司	2015-10-16	50 000
长沙恒利公司	2015-10-28	30 000

③ 应付账款期初余额表，如表 8-15 所示。

表 8-15 应付账款期初余额表

客户名称	单据日期	金额（元）
衡阳佳佳公司	2015-10-16	46 000

4. 各模块系统参数设置

（1）应收款管理系统。

① 参数设置，如表 8-16 所示。

表 8-16 参数设置

应收款核销方式	按单据	单据审核日期依据	单据日期
控制科目依据	按客户	受控科目制单方式	明细到单据
产品销售科目依据	按存货	坏账处理方式	应收账款余额百分比法

② 初始设置

基本科目设置：应收科目为应收账款；预收科目为预收账款；销售收入为主营业务收入；税金科目为销项税额；银行承兑科目为应收票据；商业承兑科目为应收票据。

③ 期初余额，如表 8-17 所示。

表 8-17　　　　　　　　　　　　　　　应收账款期初余额

客户名称	单据日期	金额（元）
衡阳科达公司	2015-10-16	50 000
长沙恒利公司	2015-10-28	30 000

（2）应付款管理系统。

① 参数设置，如表 8-18 所示。

表 8-18　　　　　　　　　　　　　　　　参数设置

应付款核销方式	按单据	单据审核日期依据	单据日期
控制科目依据	按供应商	受控科目制单方式	明细到单据
产品销售科目依据	按存货	汇兑损益方式	月末处理

② 初始设置。

基本科目设置：应付科目为应付账款；预付科目为预付账款；采购科目为原材料；采购税金为进项税额；银行承兑科目为应付票据；商业承兑科目为应付票据。

结算方式科目设置：现金支票、转账支票科目均为银行存款。

③ 应付账款期初余额，如表 8-19 所示。

表 8-19　　　　　　　　　　　　　　　应付账款期初余额

客户名称	单据日期	金额（元）
衡阳佳佳公司	2015-10-16	46 000

（3）采购管理系统。允许超订单到货及入库；专用发票默认税率为17%；期初无余额。

（4）销售管理系统。

① 参数设置：能有委托代销业务，有零售日报业务；报价不含税；其他设置系统默认。

② 期初余额。

a. 2015 年 10 月 28 日，向衡阳科达发出三色签字笔 5 000 支，单价为 4 元，由成品仓库发出。

b. 2015 年 10 月 18 日，向长沙恒利发出双色签字笔 3 000 支，单价为 2.8 元，由成品仓库发出。

（5）库存管理系统。

① 参数设置。有组装拆卸业务、委托代销业务，由库存生成销售出库单，不允许超可用量出库，其他设置由系统默认。

② 期初余额，如表 8-20 所示。

表 8-20　　　　　　　　　　　　　　　库存商品期初余额

仓库名称	存货编码	存货名称	数量（支）	单价（元）	金额（元）
材料库	0001	笔芯	30 000	0.5	15 000

续表

仓库名称	存货编码	存货名称	数量（支）	单价（元）	金额（元）
材料库	0002	笔套	64 500	0.6	38 700
成品库	0003	单色签字笔	50 000	1.5	75 000
成品库	0004	双色签字笔	60 000	2.2	132 000
成品库	0005	三色签字笔	75 000	2.8	210 000
合计					470 700

（6）存货核算系统。

① 参数设置。核算方式：按仓库核算；暂估方式：单到回冲；销售成本核算方式：按销售发票；其他设置由系统默认。

② 期初余额，同库存管理系统。

三、账务处理系统日常经济业务

根据下列资料，完成相关操作，所有涉用的采购及销售业务均为无税单价。

（1）1月2日，业务部李明向衡阳佳佳公司订购笔芯 3 000 支，单价为 0.45 元，计划到货期为 1 月 5 日。

（2）1月2日，生产部在材料库领用材料一批，用于生产双色签字笔，如表 8-21 所示。

表 8-21　　　　　　　　　　　领用材料

存货名称	领用数量（支）
笔芯	5 000
笔套	5 000

（3）1月4日，长沙恒利公司向公司询价双色签字笔，要求采购 30 000 支，业务部李明对其报价 4 元/支。

（4）1月5日，业务部李明向公司财务部申请货款 2 000 元用于预付衡阳佳佳公司原料采购款，经总经理同意后，财务部开具建行转账支票 1 张用来支付该笔款项。

（5）1月5日，收到衡阳佳佳公司发来的笔芯及其专用发票，发票号为 ZY0003，开票日期为 2016 年 1 月 5 日。该批笔芯由业务部李明于 1 月 5 日订购。发票上载明笔芯 3 000 支，0.45 元/支。同时收到运费发票 1 张，发票号为 YF0001，运输费为 200 元（增值税税率为 11%）。经检验质量全部合格验收入库。财务部确认并以预付款冲销此次应付款项。

（6）根据 1 月 4 日报价，1 月 5 日本公司与长沙恒利公司协商，对方同意双色签字笔销售单价为 3.9 元，订货数量减至 28 000 元，公司确认后发货并出库，并以现金代垫运费 600 元。当日开具销售专用发票，发票号为 Z001，货款尚未收到。

（7）1月10日，直接向佳佳公司购买笔芯 6 000 支，笔套 3 000 支，货已入材料库，对方单位尚未开具发票。

（8）1月17日，生产部完成双色签字笔 6 000 支的生产，入产成品仓库。

（9）1月29日，衡阳科达对 2015 年 10 月 28 日对其发货的三色签字笔 5 000 支分批开票，财务第一次开具的普通发票（票号为 Z0004）上注明数量为 40 000 支，单价为 4 元。对方收到发票后用商业承兑汇票（票据号为 999，签发日期为 2016 年 1 月 30 日，到期日为 2016 年 4 月 30 日）全额支付了第一次货款。

（10）1月29日，衡阳恒利根据其公司的销售情况，与本公司结算2015年10月8日出的双色签字笔2 000支，并以转账支票的方式进行现结，一次性结清货款，公司已对衡阳恒利公司开具了增值税专用发票（发票号及开票日期采用系统默认）。

（11）1月30日，财务部检查已入库未结算的入库单，并对其暂估处理，暂估价参照存货期初数据表。

（12）1月31日，对当月材料出库业务进行材料成本结转。

（13）1月31日，结转制造费用，本月全部计入双色签字笔。

（14）1月31日，结转本月已销产品成本。

（15）1月31日，结转本月期间损益。

四、系统结账

账套主管完成当月系统结账。

五、会计报表的生成与输出

（1）在D盘中新建一个文件夹，文件夹名为"考生号"。

（2）利用报表功能分别生成1月的利润表和资产负债表，并分别输出为Excel文件，保存在"考生号"文件夹中，Excel文件的文件名分别为"考生号+利润表"和"考生号+资产负债表"。

六、系统备份

（1）在D盘的"考生号"文件夹中再新建一个文件夹，文件夹名为"账套备份"。

（2）利用软件备份功能对账套进行备份，并将备份文件保存在"账套备份"文件夹中。

七、财务分析

利用报表功能编制自定义报表，并输出Excel文件，文件名为"简易财务分析表"，保存在"考生号"文件夹中。简易财务分析表如表8-22所示。

表8-22　　　　　　　　　　　简易财务分析表

单位：　　　　　　　　　　年　月　日

序号	指标项目	2016-01-31
1	流动比率	
2	速动比率	
3	主营业务毛利率	

编制人：

财务供应链集成实务操作题2

任务描述：根据资料完成初始化设置；财务供应链系统集成记账凭证的填制与审核；记账和结账；编制报表；账表查询输出和账套备份等操作。

一、企业的基本情况

企业的基本情况如表8-23所示。

表 8-23　　　　　　　　　　　企业的基本情况

企业名称、所属行业	株洲南峰有限公司（简称南峰公司），工业企业（2007 年 1 月 1 日起实施新企业会计准则）
主要业务及产品类型	服装生产与销售
单位地址	湖南省株洲市石峰区田心大道 168 号
法人代表	方五行
开户银行及账号	中国建设银行股份有限公司田心支行 4367055506660888218
注册资金及记账本位币	1 500 万元、人民币（RMB）
纳税人性质	增值税一般纳税人
适用税率（征收率）	增值税税率为 17%，企业所得税（按季预缴）税率为 25%，城建税税率为 7%，教育费附加征收率为 3%
存货核算方法	存货采用实际成本计价核算，发出存货采用先进先出法计算确定，销售商品的成本逐笔确认
主要会计岗位及人员	赵金（账套主管）、钱木（出纳）、孙水（制单）、李火（审核）、周土（购销存）
组织机构	财务部、行政部、销售部、生产部

二、初始化设置

1. 用户及权限

用户及权限如表 8-24 所示。

表 8-24　　　　　　　　　　　用户及权限

部门	编号	操作员	赋权
财务部	441	赵金	账套主管，拥有所有的权限
财务部	442	钱木	总账—凭证—出纳签字、总账—出纳权限
财务部	443	孙水	公共目录设置、总账—凭证—凭证处理； 总账—期末—转账设置、转账生成； 薪资管理、固定资产管理、应收款管理、应付款管理
财务部	444	李火	公共目录设置、总账—凭证—审核凭证
财务部	445	周土	公共目录设置、采购管理、销售管理、库存管理、存货核算

2. 账套信息

（1）账套信息。账套号：044；账套名称：株洲南峰有限公司；账套路径：默认；启用时间：2016 年 7 月；会计期间设置：7 月 1 日至 12 月 31 日。

（2）单位信息。单位名称：株洲南峰有限公司；单位简称：南峰公司；单位地址：湖南省株洲市石峰区田心大道 168 号；法人代表：方五行。

（3）核算类型。记账本位币：人民币（RMB）；企业类型：工业；行业性质：2007 年新会计制度科目；账套主管：赵金；科目预置语言：中文（简体）；要求按行业性质预置会计科目。

（4）基础信息。存货、客户、供应商均无分类，无外币业务。

（5）分类编码方案。科目编码级次采用 4222；其他编码级次设置采用默认值。

（6）数据精度。数据精度采用系统默认值。

（7）系统启用。启用模块：总账；启用时间：2014 年 1 月 1 日。

3．基础档案

（1）部门档案，如表 8-25 所示。

表 8-25　　　　　　　　　　　　　部门档案

部门编码	1	2	3	4
部门名称	财务部	行政部	销售部	生产部

（2）人员档案（部分），如表 8-26 所示。

表 8-26　　　　　　　　　　　　人员档案（部分）

人员编码	职员姓名	人员类别	所属部门	性别	是否业务员
101	赵金	在职人员	财务部	女	是
102	钱木	在职人员	财务部	男	是
201	方五行	在职人员	行政部	男	是

（3）客户档案，如表 8-27 所示。

表 8-27　　　　　　　　　　　　客户档案

客户编码	客户名称	客户简称
01	广东清风公司	广东清风
02	广西建宁公司	广西建宁

（4）供应商档案，如表 8-28 所示。

表 8-28　　　　　　　　　　　　供应商档案

供应商编码	供应商名称	供应商简称
001	株洲金缘公司	株洲金缘
002	衡阳珠晖公司	衡阳珠晖

（5）凭证类别。凭证类别为记账凭证。

（6）项目核算，如表 8-29 所示。

表 8-29　　　　　　　　　　　　项目核算

会计核算科目	项目大类	项目分类 一级分类		项目目录	
		分类编码	分类名称	项目编号	项目名称
原材料	存货类	1	材料类	11	棉麻
库存商品				12	棉布
				13	丝绸
生产成本—直接材料		2	产品类	21	女上装
生产成本—直接人工				22	连衣裙
生产成本—制造费用					
主营业务收入					
主营业务成本					

（7）存货档案及计量单位。

① 计量单位组。01：数量，无换算率，如表8-30所示。

表8-30 计量单位

计量单位编号	计量单位名称	计量单位组编号	换算率
0101	米	01	无换算率
0102	件	01	无换算率

② 存货档案，如表8-31所示。

表8-31 存货档案

存货编码	存货名称	计量单位	属性
0001	棉麻	米	外购、生产耗用
0002	棉布	米	外购、生产耗用
0003	丝绸	米	外购、生产耗用
0004	女上装	件	自制、销售
0005	连衣裙	件	自制、销售
0006	运费	元	外购、应税劳务

③ 结算方式，如表8-32所示。

表8-32 结算方式

编号	结算名称
1	现金支票
2	转账支票
3	商业承兑汇票
4	银行承兑汇票

（8）银行档案。银行编码：05；银行名称：中国银行；账号长度为16位。

（9）账户信息。编号：001，银行账号：2951129980074568；开户行：中国建设银行株洲支行。

（10）仓库档案，如表8-33所示。

表8-33 仓库档案

仓库编码	仓库名称	计价方式	是否货位管理
01	材料库	先进先出法	否
02	成品库	先进先出法	否

（11）收发类别，如表8-34所示。

表 8-34 收发类别

编号	结算名称
1	采购入库
2	销售出库

（12）采购类型和销售类型，如表 8-35 所示。

表 8-35 采购类型和销售类型

编号	名称	收发类别
01	普通采购	采购入库
02	普通销售	销售出库

4. 会计科目设置及总账系统期初余额表

根据 2016 年 6 月 30 日余额信息设置相应的明细科目及辅助科目，录入相关余额至 2016 年 7 月初，并进行试算平衡操作。

① 各总账账户及部分明细账户余额表，如表 8-36 所示。

表 8-36 账户余额表

2016 年 6 月 30 日

会计科目	辅助核算	计量单位	数量	单价（元）	借方余额（元）	贷方金额（元）
库存现金	日记账（指定科目）				13 400	
银行存款	银行、日记账（指定科目）				283 500	
其他货币资金					24 000	
银行汇票存款					11 700	
存出投资款					12 300	
交易性金融资产					42 000	
成本					40 000	
公允价值变动					2 000	
应收账款	客户往来（不受控）				100 000	
其他应收款	个人往来				3 200	
坏账准备						1 000
应收账款						1 000
原材料					56 000	
棉麻	项目核算、数量核算	米	4 000	8	32 000	
棉布	项目核算、数量核算	米	2 000	4	8 000	
丝绸	项目核算、数量核算	米	500	32	16 000	
库存商品					105 000	
女上装	项目核算、数量核算	件	50	100	5 000	

续表

会计科目	辅助核算	计量单位	数量	单价（元）	借方余额（元）	贷方金额（元）
连衣裙	项目核算、数量核算	件	400	250	100 000	
固定资产					2 000 000	
累计折旧						300 000
应付账款	供应商往来（不受控）					40 000
预收账款	客户往来（不受控）					52 000
应付职工薪酬						142 500
工资						100 000
社会保险费						30 000
住房公积金						12 500
职工福利费						
工会经费						
教育经费						
非货币性福利						
应交税费						
应交增值税						
进项税额						
销项税额						
已交税金						
应交城建税						
应交教育费附加						
应交个人所得税						
实收资本						1 800 000
资本公积						78 600
盈余公积						155 000
利润分配						58 000
未分配利润						58 000
生产成本						
直接材料						
女上装	项目核算					
连衣裙	项目核算					
直接人工						
女上装	项目核算					
连衣裙	项目核算					

续表

会计科目	辅助核算	计量单位	数量	单价（元）	借方余额（元）	贷方金额（元）
制造费用						
女上装	项目核算					
连衣裙	项目核算					
制造费用						
主营业务收入						
女上装	项目核算、数量核算	件				
连衣裙	项目核算、数量核算	件				
主营业务成本						
女上装	项目核算、数量核算	件				
连衣裙	项目核算、数量核算	件				
合计					2 627 100	2 627 100

② 应收账款明细账 2016 年 6 月 30 日余额表，如表 8–37 所示。

表 8-37　　　　　　　　　　　应收账款明细账

日期	客户	摘要	借方金额（元）
2016–6–27	广东清风公司	销售商品	100 000

③ 其他应收款明细账 2016 年 6 月 30 日余额表，如表 8–38 所示。

表 8-38　　　　　　　　　　　其他应收款明细账

日期	个人	摘要	借方金额（元）
2016–6–24	赵金	借支差旅费	3 200

④ 应付账款明细账 2016 年 6 月 30 日余额表，如表 8–39 所示。

表 8-39　　　　　　　　　　　应付账款明细账

日期	供应商	摘要	贷方金额（元）
2016–6–30	株洲金缘公司	采购原材料	40 000

⑤ 预收账款明细账 2016 年 6 月 30 日余额表，如表 8–40 所示。

表 8-40　　　　　　　　　　　预收账款明细账

日期	客户	摘要	贷方金额（元）
2016–6–30	广西建宁公司	预收货款	52 000

5．各模块系统参数设置

（1）薪资管理子系统。

① 工资类别：单个。

② 从工资中代扣个人所得税。

③ 需增加的工资项目，如表 8-41 所示。

表 8-41　　　　　　　　　　　　　需增加的工资项目

工资项目名称	类型	长度	小数	增减项
基本工资	数字	8	2	增项
岗位津贴	数字	8	2	增项
缺勤扣款	数字	8	2	减项
缺勤天数	数字	8	0	其他

④ 银行名称为中国银行，账号长度为 14 位，录入时自动带出账号 11 位。

⑤ 在职人员档案，如表 8-42 所示。

表 8-42　　　　　　　　　　　　　在职人员档案

职员编码	职员姓名	人员类别	所属部门	性别	银行账号
001	赵金	在职人员	财务部	男	10011020088001
002	钱木	在职人员	财务部	男	10011020088002
003	孙水	在职人员	财务部	女	10011020088003
004	李火	在职人员	财务部	男	10011020088004
005	周土	在职人员	财务部	女	10011020088005
006	陈明	在职人员	销售部	男	10011020088006
007	李财	在职人员	行政部	男	10011020088007
008	张芳	在职人员	生产部	男	10011020088008

（2）固定资产系统。

① 控制参数。

本账套计提折旧，折旧方法为平均年限法（一），折旧分配周期为 1 个月，其余参数采用系统默认。

资产类别编码方式为 2112，固定资产编码方式为类别编码+部门编码+序号，卡片序号长度为 3 位。

与账务系统进行对账：固定资产对账科目为固定资产（1601）；累计折旧对账科目为累计折旧（1602）。

② 资产类别，如表 8-43 所示。

表 8-43　　　　　　　　　　　　　资产类别

类别编码	类别名称	净残值率	计提属性	折旧方法	卡片样式
01	房屋及建筑物	3%	正常计提	平均年限法（一）	通用样式
02	机器设备	3%	正常计提	平均年限法（一）	通用样式

③ 部门对应折旧科目，如表 8-44 所示。

表 8-44　　　　　　　　　　　　　部门对应折旧科目

部门名称	折旧对应科目
行政部	管理费用

续表

部门名称	折旧对应科目
财务部	管理费用
销售部	销售费用
生产部	制造费用

④ 固定资产原始卡片，如表 8-45 所示。

表 8-45 固定资产原始卡片

固定资产名称	类别编码	部门名称	增加方式	使用状况	使用年限	折旧方法	开始使用日期	原值（元）	累计折旧（元）
办公楼	01	行政部	在建工程转入		30	平均年限法（一）	2015-12-20	1 000 000	150 000
计算机	02	财务部	直接购入		5			490 000	73 000
打印机	02	财务部	直接购入		5			10 000	2 000
制衣机	02	生产部	直接购入		6			500 000	75 000

（3）应收款管理系统。

① 参数设置，如表 8-46 所示。

表 8-46 参数设置

应收款核销方式	按单据	单据审核日期依据	单据日期
控制科目依据	按客户	受控科目制单方式	明细到单据
产品销售科目依据	按存货	坏账处理方式	应收账款余额百分比法

② 初始设置。基本科目设置如下。

应收科目：应收账款。

预收科目：预收账款。

销售收入：主营业务收入。

税金科目：销项税额。

银行承兑科目：应收票据。

商业承兑科目：应收票据。

③ 期初余额。应收账款明细账 2016 年 6 月 30 日余额表，如表 8-47 所示。

表 8-47 应收账款明细账 2016 年 6 月 30 日余额表

日期	客户	摘要	借方金额（元）
2016-6-27	广东清风公司	销售商品	100 000

④ 预收账款明细账 2016 年 6 月 30 日余额表，如表 8-48 所示。

表 8-48 预收账款明细账 2016 年 6 月 30 日余额表

日期	客户	摘要	贷方金额（元）
2016-6-30	广西建宁公司	预收货款	52 000

（4）应付款管理系统。

① 参数设置，如表 8-49 所示。

表 8-49   参数设置

应付款核销方式	按单据	单据审核日期依据	单据日期
控制科目依据	按供应商	受控科目制单方式	明细到单据
产品销售科目依据	按存货	汇兑损益方式	月末处理

② 初始设置。基本科目设置如下。

应付科目：应付账款。

预付科目：预付账款。

采购科目：原材料。

采购税金：进项税额。

银行承兑科目：应付票据。

商业承兑科目：应付票据。

结算方式科目设置：现金支票、转账支票科目均为银行存款。

③ 期初余额。应付账款明细账 2016 年 6 月 30 日余额表，如表 8-50 所示。

表 8-50   应付账款明细账 2016 年 6 月 30 日余额表

日期	供应商	摘要	贷方金额（元）
2016-6-30	株洲金缘公司	采购原材料	40 000

（5）采购管理系统。允许超订单到货及入库；专用发票默认税率为 17%；期初无余额。

（6）销售管理系统。参数设置：有委托代销业务，有零售日报业务；报价不含税；其他设置系统默认。

（7）库存管理系统。

① 参数设置：组装拆卸业务、委托代销业务，由库存生成销售出库单，不允许超可用量出库，其他设置由系统默认。

② 期初余额，如表 8-51 所示。

表 8-51   库存商品期初余额

仓库名称	存货编码	存货名称	数量	单价（元）	金额（元）
材料库	0001	棉麻	4 000 米	8	32 000
材料库	0002	棉布	2 000 米	4	8 000
材料库	0003	丝绸	500 米	32	16 000
成品库	0004	女上装	50 件	100	100 000
成品库	0005	连衣裙	400 件	250	1 000 000

（8）存货核算系统。

① 参数设置如下。

核算方式：按仓库核算。

暂估方式：单到补差。

销售成本核算方式：按销售发票；其他设置由系统默认。

② 期初余额，同库存管理系统。

三、账务处理系统日常经济业务

根据下列资料，完成相关操作，所有涉用的采购及销售业务均为无税单价。

（1）7月2日，领用相关原材料生产产品，领料情况如表 8-52 所示，附件 1 张。

表 8-52　　　　　　　　　　　　　　　　领料情况

领料用途	原材料料名称								
	棉麻			棉布			丝绸		
	数量（米）	单价（元）	金额（元）	数量（米）	单价（元）	金额（元）	数量（米）	单价（元）	金额（元）
生产女上装	1 000	8	8 000	500	4	2 000	120	32	3 840
生产连衣裙	1 200	8	9 600	300	4	1 200	80	32	2 560
合计	2 200		17 600	800		3 200	200		6 400

（2）7月4日，签发转账支票 39 200 元用来偿还前欠株洲金缘公司货款 40 000 元（2016 年 6 月 30 日购销时株洲金缘公司给予的现金折扣条件为 2/10、1/20、n/30，折扣基数为全部未结清款项），附件 1 张。

（3）7月6日，从衡阳珠晖公司购入棉麻 1 000 米，单价为 8 元，增值税专用发票上注明的买价为 8 000 元，增值税为 1 360 元；购入棉布 500 米，单价为 4 元，增值税专用发票号为 15116856，发票上注明的买价为 2 000 元，增值税为 340 元；上述货款及增值税以银行汇票存款结清；上述原材料如数验收入库，附件 2 张。

（4）7月13日，收到广东清风公司金额为 100 000 元的银行汇票 1 张，以归还前欠货款，附件 1 张。

（5）7月17日，销售给广西建宁公司女上装 30 件（不含税销售单价为 240 元，单件成本为 100 元）和连衣裙 300 件（不含税销售单价为 400 元，单件成本为 250 元），合计不含税销售收入为 127 200 元，增值税为 21 624 元，并开具增值税专用发票（发票号为 18374798），收到金额为 96 824 元的银行承兑汇票 1 张，以补收余款（注意，此前该客户已预付货款 52 000 元），确认收入与结转成本的附件分别为 2 张和 1 张。

（6）7月17日，以普通支票支付运费给株洲华兴物流公司，以将所售商品运送给客户广西建宁公司，取得株洲华兴物流公司开具给本公司的增值税专用发票，金额为 1 110 元，发票上注明运费为 1 000 元，增值税为 110 元，附件 1 张。

（7）7月23日，行政部总经理方五行借支差旅费 5 000 元，以现金支付，附件 2 张。

（8）7月25日，提取现金 6 000 元，以备用日常零星支出，附件 1 张。

（9）7月25日，以转账支票支付职工上月工资 65 000 元。上月应发职工工资 100 000 元，代扣个人所得税 9 000 元，代扣社会保险费 11 000 元（其中，代扣职工医疗保险 2 000 元、代扣职工基本养老保险 8 000 元、代扣职工失业保险 1 000 元），代扣职工个人住房公积金 15 000 元，附件 2 张。

（10）7月31日，确认本月职二薪酬，分配本月职工工资，具体计提情况如表 8-53 所示，附件 1 张。

表 8-53　　　　　　　　　　　　　　　　工资表

职员姓名	所属部门	基本工资（元）	岗位津贴（元）
赵金	财务部	6 000	200

续表

职员姓名	所属部门	基本工资（元）	岗位津贴（元）
钱木	财务部	5 500	150
孙水	财务部	4 000	100
李火	财务部	5 500	150
周土	财务部	5 000	100
陈明	销售部	4 500	100
李财	行政部	5 000	150
张芳	生产部	4 500	100

（11）7月31日，交易性金融资产的收盘价为40 200元，附件1张。

（12）7月31日，计提1月固定资产折旧，附件1张。

（13）7月31日，结转本月制造费用（按生产工时比例分配），附件1张，如表8-54所示。

表 8-54　　　　　　　　　　　　制造费用分配表

2016 年 7 月 31 日　　　　　　　　　　　　　　　　　　单位：元

分配对象	分配标准（生产工时）	分配率	分配金额
女上装	625		
连衣裙	4 000		
合计	4 625		

审核：李火　　　　　　　　　　　　　　制单：钱木

（14）7月31日，以电汇方式交纳应交本月增值税，附件1张。

（15）7月31日，结转本月损益类账户的发生额（要求通过"转账定义"集成一笔结转），附件为0张。

四、系统结账

账套主管完成当月系统结账。

五、会计报表的生成与输出

（1）在D盘中新建一个文件夹，文件夹名为"考生号"。

（2）将1月份的序时账以Excel文件输出，输出Excel文件的文件名为"考生号+序时账"，保存在"考生号"文件夹中。

（3）将1月份的余额表以Excel文件输出，输出Excel文件的文件名为"考生号+余额表"，保存在"考生号"文件夹中。

（4）利用报表功能分别生成1月的利润表和资产负债表，并分别输出为Excel文件，保存在"考生号"文件夹中，Excel文件的文件名分别为"考生号+利润表"和"考生号+资产负债表"。

六、系统备份

（1）在D盘的"考生号"文件夹中再新建一个文件夹，文件夹名为"账套备份"。

（2）利用软件备份功能对账套进行备份，并将备份文件保存在"账套备份"文件夹中。

七、财务分析

利用报表功能编制自定义报表，并输出 Excel 文件，文件名为"简易财务分析表"，保存在"考生号"文件夹中，如表 8-55 所示。

表 8-55 　　　　　　　　　　　简易财务分析表

单位：　　　　　　　　　　　　　　年　　月　　日

序号	指标项目	2016-07-31
1	资产负债率	
2	产权比率	
3	权益乘数	

编制人：

财务供应链集成实务操作题 3

任务描述：根据资料完成初始化设置、财务供应链系统集成记账凭证的填制与审核、记账和结账、编制报表、账表查询输出和账套备份等操作。

一、企业的基本情况

企业的基本情况如表 8-56 所示。

表 8-56 　　　　　　　　　　　企业的基本情况

企业名称（所属行业）	湖南金鑫有限公司（工业）
主要业务及产品类型	计算机
单位地址及联系电话	地址：衡阳珠晖区粤路58号 电话：0734-88123456
开户行及账号	中国银行粤路路分理处 9005600589432188654
纳税人登记号	430011222333444
适用税率	增值税税率为17% 城建税税率为7% 教育费附加为3% 运输费按11%抵扣
存货核算方法	存货采用实际成本计价核算 存货发出成本采用全月一次加权平均法核算
其他	会计核算采用记账凭证账务处理程序

二、初始化设置

1. 建立账套，增加操作员及财务分工

（1）账套号：学号最后 3 位；账套名称：湖南金鑫有限公司；启用会计期：2016 年 1 月 1 日。

（2）单位名称：湖南金鑫有限公司；简称：金鑫。

（3）记账本位币：人民币；企业类型：工业；行业性质：2007 年新会计制度科目；按行业性质预置科目。

（4）存货、客户、供应商均不分类，有外币核算。

（5）会计科目编码级次为 4222；部门编码级次为 12。

启用模块：总账系统、应收系统、应付系统、固定资产、销售管理、采购管理、库存管理、存货核算、薪资管理等；启用日期：2016 年 1 月 1 日。

（6）用户及权限设置，如表 8-57 所示。

表 8-57 用户及权限设置

编码	用户名	权限
201	学生人	账套主管，负债各项初始设置、审核凭证、记账、编制报表
202	顾君	总账—凭证—出纳签字，出纳的所有权限
203	李梅	公共目录设置；总账（凭证处理—填制凭证、期末）；应收系统；应付系统；（不含收付款单填制）存货核算；固定资产管理；薪资管理模块的权限
301	白雪	采购管理模块的所有权限
401	赵斌	销售管理模块的所有权限
501	朱斌	库存管理模块的所有权限

2．总账初始化设置

（1）部门档案，如表 8-58 所示。

表 8-58 部门档案

部门编码	部门名称	部门属性
1	总经理办公室	综合管理
2	财务部	财务管理
3	采购部	采购供应
4	销售部	市场营销
5	仓管部	仓库管理

（2）人员档案，如表 8-59 所示。

表 8-59 人员档案

职员编码	职员名称	所属部门	人员类别
101	陈芳	总经理办公室	正式工
201	学生本人	财务部	正式工
202	顾君	财务部	正式工
203	李梅	财务部	正式工
301	白雪	采购部	正式工
401	赵斌	销售部	正式工
402	宋佳	销售部	正式工
501	朱斌	仓管部	正式工

（3）客户档案，如表 8-60 所示。

表 8-60　　　　　　　　　　　　　客户档案

客户编码	客户简称	税号	开户银行	账号
001	华荣公司	31000315466	工行	1121
002	新月贸易公司	31010877788	中行	5676

（4）供应商档案，如表 8-61 所示。

表 8-61　　　　　　　　　　　　供应商档案

供应商编码	供应商简称	所属分类	税号
001	兴盛公司	原料供应商	31082138522
002	昌达公司	原料供应商	31482570533

（5）定义计量单位，如表 8-62 所示。

表 8-62　　　　　　　　　　　　定义计量单位

计量单位组编码	计量单位组名称	计量单位编号	计量单位名称	所属计量单位组	计量单位组类别
1	数量	01	盒	无换算关系	无换算
		02	台	无换算关系	无换算

（6）存货档案，如表 8-63 所示。

表 8-63　　　　　　　　　　　　存货档案

存货编码	存货名称	计量单位	税率	存货属性
001	PIII 芯片	盒	17%	外购、生产耗用
002	40G 硬盘	盒	17%	外购、生产耗用、销售
003	计算机	台	17%	自制、内销、外销

（7）设置凭证类别为记账凭证。

（8）外币：美元；币符：USD；固定汇率为 1 : 6.64。

（9）结算方式设置，如表 8-64 所示。

表 8-64　　　　　　　　　　　　结算方式设置

结算方式编码	结算方式名称	票据管理
1	现金结算	否
2	支票结算	是
201	现金支票	是
202	转账结算	是

（10）定义本企业开户银行为中国银行粤路路分理处，账号为 9005600589432188654。

（11）定义仓库档案，如表 8-65 所示。

表 8-65　　　　　　　　　　　　定义仓库档案

仓库编码	仓车名称	计价方式
001	原料仓库	全月一次加权平均法
002	成品仓库	全月一次加权平均法

（12）定义收发类别，如表 8-66 所示。

表 8-66　　　　　　　　　　　　定义收发类别

类别编码	类别名称	收发类别
1	入库	收
11	采购入库	收
12	产成品入库	收
2	出库	发
21	销售出库	发
21	生产领用	发

（13）定义采购类型，如表 8-67 所示。

表 8-67　　　　　　　　　　　　定义采购类型

采购类型编码	采购类型名称	入库类型
01	普通采购	采购入库

（14）定义销售类型，如表 8-68 所示。

表 8-68　　　　　　　　　　　　定义销售类型

销售类型编码	销售类型名称	出库类型
01	普通销售	销售出库

（15）2016 年 1 月 1 日的期初余额如表 8-69 所示。

表 8-69　　　　　　　　　　　　期初余额

科目编码	科目名称	辅助核算账类	方向	期初余额（元）
1001	库存现金	指定现金科目	借	5 000
1002	银行存款	指定银行科目	借	500 000
100201	中行人民币户			500 000
100202	工行美元户			
1122	应收账款	客户往来	借	37 740
1231	坏账准备		贷	800
1402	在途物资		借	
1403	原材料	数量核算	借	1 004 000
140301	PIII 芯片	数量核算	借	840 000
				700 盒
140302	40G 硬盘	数量核算	借	164 000

续表

科目编码	科目名称	辅助核算账类	方向	期初余额（元）
				200 盒
1405	库存商品	数量核算	借	1 824 000
140501	计算机	数量核算		1 824 000
				380 台
1601	固定资产		借	5 500 000
1602	累计折旧		贷	260 253
2201	短期借款		贷	200 000
2202	应付账款	供应商往来	贷	143 910
220201	一般应付款	供应商往来（受控）	贷	
2220202	暂估应付款		贷	
2211	应付职工薪酬		贷	37 700
221101	工资		贷	37 700
2221	应交税费		贷	
222101	应交增值税		贷	
22210101	进项税		贷	
22210102	销项税		贷	
222102	应交城建税		贷	
22210103	应交教育费附加		贷	
4001	实收资本		贷	3 500 000
4101	盈余公积			770 947
410101	法定盈余公积			770 947
4104	利润分配		贷	3 969 830
410401	未分配利润		贷	3 969 830
6601	销售费用		借	
660101	工资		借	
660102	办公费		借	
660103	差旅费		借	
6602	管理费用		借	
660201	工资		借	
660202	办公费		借	
660203	差旅费		借	
6603	财务费用		借	
660301	利息		借	
660302	手续费		借	
6001	主营业务收入	数量核算	贷	
600101	计算机	数量核算	贷	
6401	主营业务成本	数量核算	借	
640101	计算机	数量核算	借	

3．薪资管理系统初始化设置

（1）工资业务控制参数。

（2）湖南金鑫实行单个工资类别，币别为人民币，不核算计件工资，从工资中代扣个人所得税，工资发放不扣零。

（3）人员档案，如表 8-70 所示。

表 8-70　　　　　　　　　　　　　　人员档案

人员编码	人员姓名	人员类别	部门名称	计税中方	进入日期	银行名称	银行账号
101	陈芳	正式工	总经理办公室	计税中方	2015-1-1	中国银行	4682901018804000001
201	学生本人	正式工	财务部	计税中文	2015-1-1	中国银行	4682901018804000002
202	顾君	正式工	财务部	计税中方	2015-1-1	中国银行	4682901018804000003
203	李梅	正式工	财务部	计税中方	2015-1-1	中国银行	4682901018804000004
301	白雪	正式工	采购部	计税中方	2015-1-1	中国银行	4682901018804000005
401	赵斌	正式工	销售部	计税中方	2015-1-1	中国银行	4682901018804000006
402	宋佳	正式工	销售部	计税中文	2015-1-1	中国银行	4682901018804000007
501	朱斌	正式工	仓管部	计税中文	2015-1-1	中国银行	4682901018804000008

（4）项目设置，如表 8-71 所示。

表 8-71　　　　　　　　　　　　　　项目设置

项目名称	类型	长度	小数位数	增减项
基本工资	数字	8	2	增项
岗位津贴	数字	8	2	增项
养老金	数字	8	2	减项
医保金	数字	8	2	减项
请假扣款	数字	8	2	减项
请假天数	数字	8	2	其他
应纳税所得额	数字	8	2	其他

（5）选项扣税设置。计税基数为 3 500。

4．固定资产管理子系统初始化设置

（1）固定资产控制参数设置。

约定与说明：同意。

启用月份：2016 年 1 月。

折旧信息：本账套计提折旧；折旧方法：平均年限法（一）；折旧汇总分配周期：1 个月；当"月初已计提月份"="可使用月份"-1 时，将剩余折旧全部提足。

编码方式：资产类别编码方式为 2112；固定资产编码方式为按"类别编码+部门编码+序号"自动编码；卡号长度为 3 位。

财务接口：与财务系统进行对账；对账科目：固定资产对账科目为 1601 固定资产；累计折旧对账科目为 1602 累计折旧。

补充参数：业务发生后立即制单；月末结账前一定要完成制单登账业务；固定资产缺省入账科目为 1601，累计折旧缺省入账科目为 1602。

（2）资产类别，如表 8-72 所示。

表 8-72　　　　　　　　　　　　　资产类别

编码	类别名称	净残值率	计提属性
01	房屋及建筑物	10%	正常计提
02	电子设备	4%	正常计提
03	运输设备	4%	正常计提

（3）部门对应折旧科目，如表 8-73 所示。

表 8-73　　　　　　　　　　部门对应折旧科目

部门	对应折旧科目
总经理办公室	管理费用—折旧费
财务部	管理费用—折旧费
采购部	销售费用—折旧费
销售部	管理费用—折旧费
仓管部	管理费用—折旧费

（4）增减方式及对应入账科目，如表 8-74 所示。

表 8-74　　　　　　　　　增减方式及对应入账科目

增减方式目录	对应入账科目
增加方式	
直接购入	1002 银行存款
在建工程转入	1604 在建工程
减少方式	
毁损	1606 固定资产清理

（5）固定资产原始卡片，如表 8-75 所示。

表 8-75　　　　　　　　　　　　　固定资产原始卡片

卡片编号	固定资产名称	类别编号	折旧方法	使用部门	开始使用日期	原值（元）	使用年限（年）	净残值率
00001	捷达汽车	03	平均年限法（一）	销售部	2014-08-01	120 000	10	4%
00002	房屋	01	平均年限法（一）	仓管部	2013-08-01	58 338 000	50	10%
00003	笔记本电脑	02	平均年限法（一）	总经理办公室	2013-08-01	42 000	5	4%

说明：房屋及建筑物净残值率为 10%，电子设备、运输设备净残值率为 4%，使用状况为"在用"，折旧方法均采用平均年限法（一）。

5．应收款管理子系统初始化设置

应收系统参数设置：选项/凭证/销售科目，修改为"按存货"。

设置应收系统中的常用科目（在应收系统中，进入初始设置）。

（1）基本科目设置，如表 8-76 所示。

表 8-76　　　　　　　　　　　基本科目设置

基础科目种类	科目	币种
应收科目	1122	人民币
预收科目	2203	人民币
坏账入账科目	1231	人民币

（2）控制科目设置，如表 8-77 所示。

表 8-77　　　　　　　　　　　控制科目设置

客户编码	客户名称	应收科目	预收科目
001	华荣	1122	人民币
002	新月	1122	人民币

（3）产品控制科目设置，如表 8-78 所示。

表 8-78　　　　　　　　　　　产品控制科目设置

产品名称	销售科目	产品税金科目
003 计算机	600101	22210102

（4）结算方式设置，如表 8-79 所示。

表 8-79　　　　　　　　　　　结算方式设置

结算方式	结算方式名称	科目
1	现金结算	1001
201	现金支票	1002
202	转账支票	1002

（5）应收期初余额录入，如表 8-80 所示。

表 8-80　　　　　　　　　　　应收期初余额录入

日期	凭证号	客户名称	摘要	数量（台）	无税单价（元）	金额（元）
2015-12-25	记-15	华荣	销售 003 产品	5	6 400	37 440

6. 应付款管理子系统初始化设置

应付系统参数设置：选项/凭证/销售科目，修改为"按存货"。

设置应付系统中的常用科目：（在应付系统中，进入初始设置）。

（1）基本科目设置，如表 8-81 所示。

表 8-81　　　　　　　　　　　基本科目设置

基础科目种类	科目	币种
应付科目	220201	人民币
预付科目	1123	人民币

（2）控制科目设置，如表 8-82 所示。

表 8-82 控制科目设置

供应商编码	供应商简称	应付科目	预付科目
001	兴盛	220201	1123
002	昌达	220201	1123

（3）产品科目设置，如表 8-83 所示。

表 8-83 产品科目设置

存货编码	存货名称	采购科目	采购税金科目
001	PIII 芯片	1402	22210101
002	40G 硬盘	1402	22210101

（4）应付期初余额录入，如表 8-84 所示。

表 8-84 应付期初余额录入

日期	凭证号	供应名称	摘要	数量（盒）	无税单价（元）	金额（元）
2014–12–20	记–31	兴盛	采购 001 PIII	150	820	143 910

7. 采购期初记账

进行采购期初认账。

8. 库存管理系统初始化设置

进入库存管理系统，录入各仓库期初库存，如表 8-85 所示。

表 8-85 各仓库期初库存

仓库名称	存货名称	数量
原料仓库	PIII 芯片	700 盒
原料仓库	40G 硬盘	200 盒
成品仓库	计算机	380 台

9. 存货系统初始化设置

（1）存货科目设置，如表 8-86 所示。

表 8-86 存货科目设置

存货编码	存货名称	对应科目
001	PIII 芯片	原材料 140301
002	40G 硬盘	原材料 140302
003	计算机	库存商品 140501

（2）在存货系统中设置存货的对方科目，如表 8-87 所示。

表 8-87 存货的对方科目

收发类别编码	收发类别	存货编码	存货名称	对方科目
11	采购入库	001	PIII 芯片	1402
11	采购入库	002	40G 硬盘	1402

续表

收发类别编码	收发类别	存货编码	存货名称	对方科目
21	销售出库	003	计算机	640101
22	生产领用	001	PIII 芯片	5001
22	生产领用	002	40G 硬盘	5001

（3）在存货系统中录入各仓库期初余额，如表 8-88 所示。

表 8-88 各仓库期初余额

仓库名称	存货名称	数量	单价（元）
原料仓库	PIII 芯片	700 盒	1 200
原料仓库	40G 硬盘	200 盒	820
成品仓库	计算机	380 台	4 800

三、账务处理系统日常经济业务

根据下列资料，完成相关操作，所有涉用的采购及销售业务均为无税单价。

（1）1 月 3 日，业务员李平向兴盛公司询问 40G 硬盘的价格（820 元/盒），觉得价格合适，随后向公司上级主管提出请购要求，请购数量为 100 盒。

（2）1 月 4 日，上级主管同意向兴盛公司订购 40G 硬盘 100 盒，单价为 820 元，要求到货日期为 2016-01-10。

（3）1 月 5 日，新月贸易公司想购买 100 台计算机，向销售部了解价格，报价为 6 400 元/台。

（4）1 月 6 日，该客户了解情况后，要求订购 100 台，要求发货日期为 2016-01-16。

（5）1 月 10 日，收到所订购的 40G 硬盘 100 盒。收到的货物验收入原材料仓库。当天收到该笔货物的专用发票一张。业务部将采购发票交给财务部，财务部确认此业务所涉及的应付账款及采购成本。

（6）1 月 11 日，从兴盛公司购入的 40G 硬盘质量有问题，退回 2 盒，单价为 820 元，同时收到票号为 ZY665218 的红字专用发票 1 张。

（7）1 月 15 日，领用 PIII 芯片 100 盒、单价为 1 200 元，40G 硬盘 100 盒、单价为 820 元，用于计算机生产。

（8）1 月 16 日，销售部从成品仓库向新月贸易公司发出其所订货物。

（9）1 月 17 日，销售部售给新月公司的计算机因质量问题退回 1 台，单价为 6 400 元，收回成品仓库。开具相应的专用发票 1 张，发票号为 ZY0208997，数量为 99 台。

（10）1 月 20 日，向昌达公司购买 PIII 芯片 200 盒，单价为 1 200 元，验收入原料仓库。同时收到专用发票 1 张，票号为 ZY8501233。另外，在采购的过程中，发生了一笔运输费 500 元，税率为 11%，收到相应的运费发票一张，票号为 56788989，货款未付。

（11）1 月 22 日，生产部完工计算机 100 台，入产成品仓库。

（12）1 月 31 日，对当月材料出库业务进行材料成本结转。

（13）1 月 31 日，结转本月已销产品成本。

（14）1 月 31 日，结转期间损益。

四、系统结账

账套主管完成当月系统结账。

五、会计报表的生成与输出

（1）将1月份的序时账输出为Excel文件，保存在F盘的"考生姓名"文件夹中，文件名为"考生姓名+序时账"。

（2）将1月份的余额表以Excel文件输出，输出Excel文件的文件名为"考生号+余额表"，保存在"考生号"文件夹中。

（3）将1月份的库存现金日记账、应收账款—新月贸易公司明细账和应交税费—应交增值税明细账以Excel文件输出，Excel文件的文件名为"考生号+＊＊账"，并将以上文件保存在"考生号"文件夹中。

（4）利用报表功能分别生成1月份的利润表和资产负债表，并分别输出为Excel文件，保存在"考生号"文件夹中，Excel文件的文件名分别为"考生号+利润表"和"考生号+资产负债表"。

六、系统备份

（1）在D盘的"考生号"文件夹中再新建一个文件夹，文件夹名为"账套备份"。

（2）利用软件备份功能对账套进行备份，并将备份文件保存在"账套备份"文件夹中。

七、财务分析

利用报表功能编制自定义报表，并输出Excel文件，文件名为"简易财务分析表"，保存在"考生号"文件夹中，如表8-89所示。

表8-89   简易财务分析表

单位：   年 月 日

序号	指标项目	2016-01-31
1	流动比率	
2	速动比率	
3	主营业务利润率	

财务供应链集成实务操作题4

任务描述：根据资料完成初始化设置、财务供应链系统集成记账凭证的填制与审核、记账和结账、编制报表、账表查询输出和账套备份等操作。

一、企业的基本情况

企业的基本情况如表8-90所示。

表8-90   企业基本情况

企业名称（所属行业）	湖南万科机械厂（制造企业）
主要业务和产品类型	生产、销售活塞式压缩机和螺旋式压缩机
单位地址	湖南省长沙市金星中路825号

联系电话	0731-88642083
开户行及账号	中国工商银行金星路支行 4301119870405687499
纳税人识别号	430324754768265
适应税率	增值税税率为 17%
账务处理程序	记账凭证账务处理程序
存货核算方法	库存存货采用实际成本计价,发出存货成本采用全月一次加权平均法计价
主要会计岗位及人员	账套主管:黄雅莉　　　审核员:陈方远 制单及会计:钟亚明　　出纳员:张榆林
备注	从 2008 年 1 月 1 日起执行新企业会计准则,计算过程中保留 2 位小数

二、初始化设置

1. 用户及权限

用户及权限如表 8-91 所示。

表 8-91　　　　　　　　　　　　用户及权限

编号	姓名	口令	所属部门	权限
121	黄雅莉		财务部	账套主管,拥有所有的权限
122	钟亚明		财务部	公共目录设置、总账—凭证—凭证处理、 总账—期末—转账设置、转账生成
123	陈方远		财务部	公共目录设置、总账—凭证—审核凭证
124	张榆林		财务部	总账—凭证—出纳签字、总账—出纳权限

2. 账套信息

账套号:012;账套名称:湖南万科机械厂;启用时间:2016 年 1 月 1 日;企业类型:工业;行业性质:2007 年新会计制度科目(按行业性质预置科目);账套主管:黄雅莉;基础信息:存货、供应商、客户均无分类,无外币业务;科目编码:4222,其余编码系统默认;启用模块:总账;启用日期:2016 年 1 月 1 日。

3. 基础档案

(1)部门档案,如表 8-92 所示。

表 8-92　　　　　　　　　　　　部门档案

部门编码	部门名称
1	财务部
2	管理部
3	销售部
4	制造部
5	技术部

(2)部分人员档案,如表 8-93 所示。

表 8-93   部分人员档案

职员编码	职员姓名	人员类别	所属部门	性别	是否业务员
101	黄雅莉	在职人员	财务部	女	是
102	钟亚明	在职人员	财务部	女	是
103	陈方远	在职人员	财务部	男	是
104	张榆林	在职人员	财务部	男	是
201	王辉	在职人员	管理部	男	是
301	贺婷婷	在职人员	销售部	女	是
401	王红涛	在职人员	制造部	男	是
501	陈旺	在职人员	技术部	男	是

（3）客户档案，如表 3-94 所示。

表 8-94   客户档案

客户编码	客户名称	客户简称	税号	开户行及账号
01	湖北胜利公司	湖北胜利	310200987654321	工行华新支行 31007654321
02	北京远大公司	北京远大	120200987654321	建行芙蓉支行 12007654321

（4）供应商档案，如表 8-95 所示。

表 8-95   供应商档案

供应商编号	供应商名称	供应商简称	税号	开户行及账号
001	湘潭钢铁厂	湘钢	240200123456789	工行珠晖支行 24021234567
002	涟源钢铁厂	涟钢	320100123456789	建行天心支行 32021234567

（5）存货档案及计量单位。

① 计量单位组。01：自然单位，无换算率；02：支与盒，固定换算率，如表 8-98 所示。

表 8-96   计量单位

计量单位编号	计量单位名称	计量单位组编号	换算率
01	数量	01	无换算率
0101	公斤	01	
0102	台	01	

② 存货档案，如表 8-97 所示。

表 8-97   存货档案

存货编码	存货名称	计量单位	属性
0001	铜管	公斤	外购、生产耗用
0002	铝片	公斤	外购、生产耗用
0003	焊料		外购、生产耗用
0004	活塞式压缩机	台	自制、销售
0005	螺旋式压缩机	台	自制、销售

（6）结算方式，如表8–98所示。

表 8-98　　　　　　　　　　　　　　　　结算方式

编号	结算名称
1	现金支票
2	转账支票
3	商业承兑汇票
4	银行承兑汇票

（7）银行档案。银行编码：05；银行名称：中国银行；账号长度为16位。

（8）账户信息。编号：001；银行账号：900589488654456；开户行：中国建设银行华新支行。

（9）凭证类别。凭证类别为记账凭证。

（10）仓库档案，如表8–99所示。

表 8-99　　　　　　　　　　　　　　　　仓库档案

仓库编码	仓库名称	计价方式	是否货位管理
01	材料库	全月加权平均法	否
02	成品库	全月加权平均法	否

（11）收发类别，如表8–100所示。

表 8-100　　　　　　　　　　　　　　　收发类别

编号	结算名称
1	采购入库
2	销售出库

（12）采购类型和销售类型，如表8–101所示。

表 8-101　　　　　　　　　　　　采购类型和销售类型

编号	名称	收发类别
01	普通采购	采购入库
02	普通销售	销售出库

4．期初余额

（1）会计科目设置及总账系统期初余额表，如表8–102所示。

表 8-102　　　　　　　　　会计科目设置及总账系统期初余额表

	科目名称	计量单位	辅助账类型	余额方向	期初余额（元）
资产	库存现金		日记账	借方	10 600
资产	银行存款			借方	
资产	工行存款		日记账	借方	840 000
资产	应收账款		客户往来（不受控）	借方	1 412 000

续表

	科目名称	计量单位	辅助账类型	余额方向	期初余额（元）
资产	坏账准备			贷方	56 000
资产	应收票据			借方	300 000
资产	其他应收款		个人往来	借方	200 000
资产	原材料			借方	780 000
资产	铜管	公斤	数量核算 30 000	借方	66 000
资产	铝片	公斤	数量核算 200 000	借方	480 000
资产	焊料			借方	234 000
成本	生产成本			借方	720 000
成本	活塞式压缩机			借方	500 000
成本	螺旋式压缩机			借方	220 000
成本	制造费用			借方	
资产	库存商品			借方	560 000
资产	活塞式压缩机	台	数量核算 20	借方	420 000
资产	螺旋式压缩机	台	数量核算 7	借方	140 000
资产	固定资产			借方	2 328 800
资产	累计折旧			贷方	400 000
资产	在建工程			借方	
负债	应交税费			贷方	90 000
负债	应交增值税			贷方	
负债	销项税额			贷方	
负债	进项税额			贷方	
负债	应交所得税			贷方	90 000
负债	应付职工薪酬			贷方	81 500
损益	主营业务收入				
	活塞式压缩机	台	数量核算		
	螺旋式压缩机	台	数量核算		
损益	主营业务成本				
	活塞式压缩机	台	数量核算		
	螺旋式压缩机	台	数量核算		
权益	实收资本			贷方	5 418 500
权益	资本公积			贷方	200 000

续表

	科目名称	计量单位	辅助账类型	余额方向	期初余额（元）
权益	盈余公积			贷方	305 400
权益	利润分配			贷方	600 000
权益	未分配利润			贷方	600 000

（2）应收账款期初余额，如表8-103所示。

表8-103　　　　　　　　　　应收账款期初余额

日期	客户	摘要	借方金额（元）
2018-12-20	湖北胜利	销售商品	1 250 000
2018-08-05	北京远大	销售商品	162 000

（3）其他应收账款期初余额，如表8-104所示。

表8-104　　　　　　　　　　其他应收账款期初余额

日期	个人	摘要	借方金额（元）
2018-12-24	黄雅莉	借支差旅费	120 000
2018-10-21	钟亚明	借支差旅费	80 000

5. 各模块系统参数设置

（1）薪资管理子系统。

① 工资类别：多个。

② 从工资中代扣个人所得税。

③ 工资类别设置。编码：001；类别名称：在职人员。

④ "在职人员"需增加的工资项目，如表8-105所示。

表8-105　　　　　　　　　　需增加的工资项目

工资项目名称	类型	长度	小数	增减项
基本工资	数字	8	2	增项
津贴	数字	8	2	增项
缺勤扣款	数字	8	2	减项
缺勤天数	数字	8	0	其他

⑤ 银行名称为中国银行，账号长度为14位，录入时自动带出账号11位。

⑥ 在职人员档案，如表8-106所示。

表8-106　　　　　　　　　　在职人员档案

职员编码	职员姓名	人员类别	所属部门	性别	银行账号
101	黄雅莉	在职人员	财务部	女	20011020088001
102	钟亚明	在职人员	财务部	女	20011020088002

续表

职员编码	职员姓名	人员类别	所属部门	性别	银行账号
103	陈方远	在职人员	财务部	男	2001102008&003
104	张榆林	在职人员	财务部	男	2001102008&004
201	王辉	在职人员	管理部	男	2001102008&005
301	贺婷婷	在职人员	销售部	女	2001102008&006
401	王红涛	在职人员	制造部	男	2001102008&007
501	陈旺	在职人员	技术部	男	2001102008&008

（2）固定资产系统。

① 控制参数：本账套计提折旧，折旧方法为平均年限法（一），折旧分配周期为 1 个月，当"月初已计提月份"="可使用月份" - 1 时，将剩余折旧全部提足。

资产类别编码方式为 2112，固定资产编码方式为类别编码+部门编码+序号，卡片序号长度为 3。

与账务系统进行对账：固定资产对账科目为固定资产（1601）；累计折旧对账科目为累计折旧（1602）。

② 资产类别，如表 8–107 所示。

表 8-107 资产类别

类别编码	类别名称	净残值率	计提属性	折旧方法	卡片样式
01	房屋及建筑物	2%	正常计提	平均年限法（一）	通用样式
02	机器设备	2%	正常计提	平均年限法（一）	通用样式

③ 部门对应折旧科目，如表 8–108 所示。

表 8-108 部门对应折旧科目

部门名称	折旧对应科目
管理部	管理费用
财务部	管理费用
销售部	销售费用
制造部	制造费用
技术部	制造费用

④ 固定资产原始卡片，如表 8–109 所示。

表 8-109 固定资产原始卡片

固定资产名称	类别编码	部门名称	增加方式	使用状况	使用年限（年）	折旧方法	开始使用日期	原值（元）	累计折旧（元）
综合楼	01	管理部、财务部、销售部、技术部	在建工程转入	在用	30	平均年限法（一）	2013-10-08	950 000	0
计算机	02	财务部	直接购入		5			9 000	0
打印机	02	财务部	直接购入		5			3 000	0
轿车	02	销售部	直接购入		6			200 000	0

（3）应收款管理系统

① 参数设置，如表 8-110 所示。

表 8-110 参数设置

应收款核销方式	按单据	单据审核日期依据	单据日期
控制科目依据	按客户	受控科目制单方式	明细到单据
产品销售科目依据	按存货	坏账处理方式	应收账款余额百分比法

② 初始设置。基本科目设置如下。

应收科目：应收账款。

预收科目：预收账款。

销售收入：主营业务收入。

税金科目：销项税额。

银行承兑科目：应收票据。

商业承兑科目：应收票据。

③ 期初余额。应收账款期初余额表，如表 8-111 所示。

表 8-111 应收账款期初余额表

日期	客户	摘要	借方金额（元）
2018-12-20	湖北胜利	销售商品	1 250 000
2018-08-05	北京远大	销售商品	162 000

（4）应付款管理系统。

① 参数设置，如表 8-112 所示。

表 8-112 参数设置

应付款核销方式	按单据	单据审核日期依据	单据日期
控制科目依据	按供应商	受控科目制单方式	明细到单据
产品销售科目依据	按存货	汇兑损益方式	月末处理

② 初始设置。

基本科目设置：应付科目为应付账款；预付科目为预付账款；采购科目为原材料；采购税金为进项税额；银行承兑科目为应付票据；商业承兑科目为应付票据。

结算方式科目设置：现金支票、转账支票科目均为银行存款。

（5）采购管理系统。允许超订单到货及入库；专用发票默认税率为 17%，期初无余额。

（6）销售管理系统。参数设置：能有委托代销业务，有零售日报业务；报价不含税；其他设置系统默认。

（7）库存管理系统。

① 参数设置：有组装拆卸业务、委托代销业务，由库存生成销售出库单，不允许超可用量出库，其他设置由系统默认。

② 库存商品期初余额表，如表 8-113 所示。

表 8-113 库存商品期初余额表

仓库名称	存货编码	存货名称	数量	单价（元）	金额（元）
材料库	0001	铜管	30 000 公斤	2.2	66 000
材料库	0002	铝片	200 000 公斤	2.4	480 000
材料库	0003	焊料			234 000
成品库	0004	活塞式压缩机	20 台	21 000	420 000
成品库	0005	螺旋式压缩机	7 台	20 000	140 000
合计					1 340 000

（8）存货核算系统。

① 参数设置。

核算方式：按仓库核算。

暂估方式：单到回冲。

销售成本核算方式：按销售发票。

其他设置由系统默认。

② 期初余额，同库存管理系统。

三、账务处理系统日常经济业务

根据下列资料，完成相关操作，所有涉用的采购及销售业务均为无税单价。

（1）1月2日，预付广东恒达公司货款 10 000 元，转账支付，附件 1 张。

（2）1月6日，从广东恒达公司购入原材料铜管 40 000 千克，增值税专用发票上注明的不含税单价为 2.5 元，购入原材料铝片 ≤5 000 千克，不含税单价为 2.4 元。该货一部分已预付，剩余货款及增值税开出转账支票支付，材料已验收入库，附件 3 张。

（3）1月6日，用现金购买办公用品价值 500 元，直接交给管理部门使用，附件 1 张。

（4）1月8日，开出增值税专用发票，销售给北京远大公司活塞式压缩机 5 台，不含税单价为 60 000 元，售价及税金已办妥托收手续，货已经发出，附件 3 张。

（5）1月9日，湖北胜利公司原欠货款 1 250 000 元已收回到公司账户，附件 1 张。

（6）1月10日，用银行存款支付上月工资 81 500 元，如表 8-114 所示，附件 2 张。

表 8-114 工资费用结算表

2016 年 1 月 10 日

单位：元

账号	姓名	应发工资	代扣款项				实发工资
			养老保险（8%）	医疗保险（2%）	失业保险（0.5%）	住房公积金（8%）	
001	黄雅莉	5 000	400	100	25	400	4 075
002	钟亚明	2 000	160	40	10	160	1 630
003	陈方远	4 000	320	80	20	320	3 260
004	张榆林	1 000	80	20	5	80	815
…	…	…	…	…	…	…	…
合计		100 000	8 000	2 000	500	8 000	81 500

制单：钟亚明

（7）1月12日，销售部贺婷婷借支差旅费2 000元，以现金支付，附件1张。

（8）1月18日，因质量问题，北京远大公司退回1台活塞式压缩机，附件2张。

（9）1月22日， 向银行借款100 000元，期限为3年，存入银行，附件1张。

（10）1月31日，汇总本期领用的原材料。为生产活塞式压缩机领用铜管30 000公斤，车间一般耗用焊料5 000元，管理部门领用焊料10 000元，如表8-115所示，附件1张。

表8-115

发料凭证汇总表

2016年1月31日

单位：元

项目	铝片			焊料
	数量	单价	金额	
生产活塞式压缩机领用				
车间一般领用				5 000
管理部门领用				10 000
合计				15 000

复核：王平 制单：钟亚明

（11）1月31日，分配本月职工工资及福利费，如表8-116所示，附件1张。

表8-116

工资费用分配及福利费计算表

2016年1月31日

单位：元

项目		工资金额	应计提福利费（14%）	合计
车间生产工人	活塞式压缩机	40 000		
	螺旋式压缩机	20 000		
车间管理人员		20 000		
管理部门管理人员		40 000		
合计		120 000		

制单：彭一

（12）1月31日，计提本月固定资产折旧，附件1张。

（13）1月31日，结转制造费用，如表8-117所示，附件1张。

表8-117

制造费用分配表

2016年1月31日

产品	分配标准（生产工时）	分配率	分配金额
活塞式压缩机	4 000		
螺旋式压缩机	2 780		
合计	6 780		

复核：陈方远 制单：钟亚明

（14）1月31日，结转本月已销售活塞式压缩机的成本，如表8-118所示，附件1张。

表 8-118 产品销售成本计算表

2016 年 1 月 31 日 单位：元

产品名称	计量单位	销售数量	单位成本	金额
合计				

制表人：钟亚明

（15）1 月 31 日，结转本月损益类账户的余额，生成 2 张凭证，附件 0 张。

四、系统结账

账套主管完成当月系统结账。

五、会计报表的生成与输出

（1）在 D 盘中新建一个文件夹，文件夹名为"考生号"。

（2）将 1 月份的序时账以 Excel 文件输出，输出 Excel 文件的文件名为"考生号+序时账"，保存在"考生号"文件夹中。

（3）将 1 月份的余额表以 Excel 文件输出，输出 Excel 文件的文件名为"考生号+余额表"，保存在"考生号"文件夹中。

（4）将 1 月份的库存现金日记账、银行存款日记账和应交税费—应交增值税明细账以 Excel 文件输出，Excel 文件的文件名为"考生号+＊＊账"，并将以上文件保存在"考生号"文件夹中。

（5）利用报表功能分别生成 1 月份的利润表和资产负债表，并分别输出为 Excel 文件，保存在"考生号"文件夹中，Excel 文件的文件名分别为"考生号+利润表"和"考生号+资产负债表"。

六、系统备份

（1）在 D 盘的"考生号"文件夹中再新建一个文件夹，文件夹名为"账套备份"。

（2）利用软件备份功能对账套进行备份，并将备份文件保存在"账套备份"文件夹中。

七、财务分析

利用报表功能编制自定义报表，并输出 Excel 文件，文件名为"简易财务分析表"，保存在"考生号"文件夹中，如表 8-119 所示。

表 8-119 简易财务分析表

单位： 年 月 日

序号	指标项目	2016-01-31
1	流动比率	
2	速动比率	
3	主营业务利润率	

编制人：黄雅莉

财务供应链集成实务操作题 5

任务描述：根据资料完成初始化设置；财务供应链系统集成记账凭证的填制与审核；记账

和结账；编制报表；账表查询输出和账套备份等操作。

一、企业的基本情况

企业的基本情况如表 8-120 所示。

表 8-120　　　　　　　　　　　　企业的基本情况

企业名称（所属行业）	湖南星月水泵有限责任公司（商业）
主要业务及产品类型	QDX0.75KW 单相泵
单位地址及联系电话	地址：衡阳市蒸湘区望星路 30 号 电话：0734-2321888
开户行及账号	中国银行股份有限公司凌雁支行 261656876499201
纳税人登记号	430413873405776
适用税率	增值税税率为 17% 城建税税率为 7% 教育费附加为 3%
存货核算方法	存货采用实际成本计价核算 存货发出成本采用先进先出法核算 计算数据保留 2 位小数
主要会计岗位及人员	账套主管：李泉　　　　审核员：李泉 制单及会计：涂伟　　　出纳员：赵红
其他	会计核算采用记账凭证账务处理程序

二、初始化设置

1. 用户及权限

用户及权限如表 8-121 所示。

表 8-121　　　　　　　　　　　　用户及权限

部门	编码	操作员	赋权
管理部门	303	李泉	账套主管，负责各项初始设置、审核凭证、编制会计报表、记账
管理部门	304	涂伟	具有总账中除审核凭证和出纳签字之外的所有权限，应收管理、应付款管理、存货核算模块的全部权限，公用目录设置、公共单据
管理部门	305	赵红	具有总账—出纳签字权限，公用目录设置、公共单据
管理部门	306	杨芳	具有薪资管理、固定资产管理模块的全部权限，公用目录设置、公共单据，总账中填制凭证的权限
管理部门	307	袁梅	具有采购管理模块的所有权限，公用目录设置、公共单据
管理部门	401	彭敏娇	具销售管理模块的所有权限，公用目录设置、公共单据
管理部门	402	陈珍珍	具有库存管理模块的所有权限，公用目录设置、公共单据

2. 账套信息

（1）账套信息。账套号：333；账套名称：湖南星月水泵有限责任公司；账套路径：默认；
启用会计期：2016 年 1 月。

（2）单位信息。单位名称：湖南星月水泵有限责任公司；单位简称：星月水泵；单位地址：衡阳市蒸湘区望城路 30 号；法人代表：夏毅；邮政编码：421002；联系电话及传真：0734-2321888；电子邮件：hnfq@126.com；税号：430413873405776。

（3）核算类型。记账本位币：人民币（RMB）；企业类型：商业；行业性质：2007 年新会计制度科目；账套主管：李泉；科目预置语言：中文（简体）；要求按行业性质预置会计科目。

（4）基础信息。该企业无外币核算，对存货、客户、供应商无分类。

（5）分类编码方案。科目编码级次采用 4222；其他编码级次设置采用默认值。

（6）数据精度。数据精度采用系统默认值。

（7）系统启用。启用模块：总账、报账中心、应收系统、应付系统、薪酬系统、固定资产系统，启用时间均为 2016 年 1 月 1 日。

3．基础档案

（1）部门档案，如表 8-122 所示。

表 8-122 部门档案

部门编码	部门名称	部门属性	成立日期
1	总经理室	管理部门	2014-1-1
2	财务室	管理部门	2014-1-1
3	采购部	管理部门	2014-1-1
4	仓管部	管理部门	2014-1-1
5	专设销售机构	产品营销	2014-1-1

（2）人员类别，如表 8-123 所示。

表 8-123 人员类别

编号	一级人员类别	二级人员类别
10101	正式工	管理人员
10102	正式工	经营人员

（3）人员档案，如表 8-124 所示。

表 8-124 人员档案

人员编码	人员姓名	性别	人员类别	行政部门	是否业务员	生效日期		
101	夏毅		管理人员	总经理室	是	2014-1-1		
201	李泉		管理人员	财务部	是	2014-1-1		
202	涂伟		管理人员	财务部	是	2014-1-1		
203	赵红		管理人员	财务部	是	2014-1-1		
204	杨芳		管理人员	财务部	是	2014-1-1		
301	袁梅		管理人员	采购部	是	2014-1-1		
401	陈珍珍		管理人员	仓管部	是	2014-1-1		
501	彭敏娇		经营人员	销售部	是	2014-1-1		
502	刘额		经营人员	销售部	是	2014-1-1		

（4）客户档案，如表 8-125 所示。

表 8-125 客户档案

客户编码	客户名称	客户简称	所属分类	币种	国内/国外
001	衡阳华实农机公司	华实农机	01	人民币	国内
002	怀化乐鹏五金机电公司	怀化乐鹏	01	人民币	国内
003	湖北荆州加宜农机公司	加宜农机	01	人民币	国内

客户编码	税号	开户银行	银行账号	默认值
001	430413873405678	中国银行	50813507316275	是
002	430454873405456	农业银行	50813507333478	是
003	530763873405345	中国银行	50813507327890	是

（5）供应商档案，如表 8-126 所示。

表 8-126 供应商档案

供应商编码	供应商名称	简称	所属分类	币种	采购/服务
001	力源水泵厂	力源水泵	01	人民币	采购
002	浙江环华泵部件铸造厂	环华泵部	01	人民币	采购

（6）结算方式，如表 8-127 所示。

表 8-127 结算方式

结算方式编码	结算方式名称	票据管理	对应票据类型
1	现金结算	否	
2	支票结算	否	
201	现金支票	是	现金支票
202	转账支票	是	转账支票
3	电汇	否	

（7）账户信息。编码：01；银行账号：261656876499201；开户日期：2014 年 1 月 1 日；币种：人民币；开户银行：中国银行股份有限公司凌雁支行；所属银行编码：00002；机构号：0001；联行号：4008。

（8）凭证类别，如表 8-128 所示。

表 8-128 凭证类别

类别编号	类别名称	限制类型	限制科目
01	记账凭证	无	无

（9）存货档案，如表 8-129 所示。

表 8-129 存货档案

存货编码	存货名称	计量单位组	主计量单位	计价方式	单价（元）	存货属性
01	QDX0.75KW 单相泵泵体	01	个		80	外购/销售
04	叶轮	01	个		25	外购/销售
16	QDX0.75KW 单相泵	01	个		712	外购/销售

（10）仓库档案，如表 8-130 所示。

表 8-130 仓库档案

仓库编码	仓库名称	所属部门	负责人	计价方式
01	商品库	仓管部	陈珍珍	先进先出法

（11）收发类别，如表 8-131 所示。

表 8-131 收发类别

收发类别编码	收发类别名称	收发标志
11	采购入库	收
12	销售出库	发

（12）采购类型，如表 8-132 所示。

表 8-132 采购类型

采购类型编码	采购类型名称	入库类别	是否默认值
1	正常采购	采购入库	是

（13）销售类型，如表 8-133 所示。

表 8-133 销售类型

销售类型编码	销售类型名称	出库类别	是否默认值
1	正常销售	销售出库	是

（14）期初余额

① 会计科目及期初余额表，如表 8-134 所示。

表 8-134 会计科目及期初余额表

2016 年 1 月 1 日

科目名称	明细科目	借方余额（元）	贷方余额（元）
库存现金		7 375	
银行存款			
	工商银行	887 939	
应收账款	客户往来（不受控）	260 000	
坏账准备	应收账款		1 160
库存商品		389 880	
	QDX0.75KW 单相泵泵体	数量 500，单价 80	40 000
	单相泵电机	数量 500，单价 180	90 000
	QDX0.75KW 单相泵	数量 365，单价 712	259 880
长期股权投资			
固定资产		2 452 285	

续表

科目名称	明细科目	借方余额（元）	贷方余额（元）
累计折旧			875 500
应付账款	供应商往来（不受控）		225 000
应付职工薪酬			
	工资		
应交税费			
	应交增值税		
	应交城市维护建设税		
	应交教育费附加		
长期借款			600 000
实收资本			2 100 000
	衡阳湘水公司		2 100 000
资本公积			
盈余公积	资本溢价		67 940
利润分配	法定盈余公积		127 879
本年利润	未分配利润		
合计		3 997 479	3 997 479

② 应收账款期初余额表，如表 8-135 所示。

表 8-135 　　　　　　　　应收账款期初余额表

客户	业务员	方向	金额（元）
衡阳华源机电公司	彭敏娇	借	210 000
怀化乐鹏五金机电公司	彭敏娇	借	50 000

③ 应付账款期初余额表，如表 8-136 所示。

表 8-136 　　　　　　　　应付账款期初余额表

供应商	业务员	方向	金额（元）
力源水泵厂	袁梅	贷	180 000
浙江环华泵部件铸造厂	袁梅	贷	45 000

4. 应收款管理子系统初始化设置

（1）应收款管理子系统业务参数。单据审核日期依据：单据日期；汇兑损益方式：月末处理；坏账处理方式：直接转销法；整单容差和单笔容差为1，取消核销生成凭证。

（2）基本科目，如表 8-137 所示。

表 8-137 　　　　　　　　基本科目

基本业务	币别	对应会计科目
应收科目	人民币	1122 应收账款
预收科目	人民币	2203 预收账款
税金科目	人民币	22210102 应交税费—应交增值税（销项税额）
销售收入科目	人民币	6001 主营业务收入

（3）结算科目设置，如表 8-138 所示。

表 8-138   结算科目设置

结算方式	涉及币种	对应科目
1	现金结算	1001 库存现金
201	现金支票	1002 银行存款
202	转账支票	1002 银行存款
3	银行汇票	1002 银行存款
4	电汇	1002 银行存款

（4）应收款管理子系统期初余额设置。

应收账款期初余额表，如表 8-139 所示。

表 8-139   应收账款期初余额表

客户名称	业务员	销售部门	方向	应收款项内容	金额（元）
衡阳华源机电公司	彭愍娇	销售部	借	货款及运费	210 000
怀化乐鹏五金机电公司	彭愍娇	销售部	借	货款及运费	50 000

5. 应付款管理子系统初始化设置

（1）应付款管理子系统业务参数。单据审核日期依据：单据日期；汇兑损益方式：月末处理；整单容差和单笔容差为 1，取消核销生成凭证。

（2）基本科目设置，如表 8-140 所示。

表 8-140   基本科目设置

基本业务	币种	对应会计科目
采购科目	人民币	1402 在途物资
采购税金科目	人民币	22210101 应交税费—应交增值税（进项税额）
应付科目	人民币	2202 应付账款

（3）结算科目设置，如表 8-141 所示。

表 8-141   结算科目设置

结算方式	涉及币种	对应科目
1	现金结算	1001 库存现金
201	现金支票	1002 银行存款
202	转账支票	1002 银行存款
3	银行汇票	101202 银行汇票存款
4	电汇	1002 银行存款

（4）应付款管理子系统期初余额设置。

应付账款期初余额表，如表 8-142 所示。

表 8-142   应付账款期初余额表

客户名称	业务员	销售部门	方向	应收款项内容	金额（元）
力源水泵厂	袁梅	采购部	贷	货款及运费	180 000
浙江环华泵部件铸造厂	袁梅	采购部	贷	货款及运费	45 000

6．采购管理子系统初始化设置

进行采购期初记账。

7．库存管理子系统初始化设置

库存期初数据录入，如表 8-143 所示。

表 8-143   库存期初数据录入

存货编码	存货名称	计量单位	税率	数量	单价（元）	金额（元）
01	QDX0.75KW 单相泵泵体	个	17%	500	80	40 000
02	单相泵电机	个	17%	500	180	90 000
03	QDX0.75KW 单相泵	台	17%	365	712	259 880

8．存货核算子系统初始化设置

（1）期初数据录入，如表 8-144 所示。

表 8-144   期初数据录入

存货编码	存货名称	计量单位	税率	数量	单价（元）	金额（元）
01	QDX0.75KW 单相泵泵体	个	17%	500	80	40 000
02	单相泵电机	个	17%	500	180	90 000
03	QDX0.75KW 单相泵	台	17%	365	712	259 880

（2）对方科目的设置，如表 8-145 所示。

表 8-145   对方科目的设置

收发类别编码	收发类别名称	对方科目代码	对方科目名称
11	采购入库	1402	在途物资
22	销售出库	6401	主营业务成本

三、账务处理系统日常经济业务（以下业务在供应链中进行操作）

（1）1 月 4 日，采购部袁梅向力源水泵厂询问单相水泵的价格为 720 元/台，税率为 17%，运费由力源水泵厂承担，觉得价格合适，随后向公司上级主管提出请购要求，请购数量为 150 台。业务员据此填制请购单。

（2）1 月 5 日，经上级主管同意向力源水泵厂订购单相水泵 150 台，单价为 700 元，要求到货日期为 1 月 8 日。当日与对方签订采购合同。

（3）1 月 6 日，收到力源水泵厂所发来的单相水泵 150 台并将收到的货物验收入库，当天收到该笔货物的增值税专用发票 1 张。发票上注明不含税单价为 700 元，税率为 17%。另支付运费 1 200 元，并收到运输部门开出的运费增值税专用发票，货未到。

（4）1 月 6 日，采购部袁梅将采购发票交给财务部门，财务部门确认此业务所涉及的应付账款及采购成本，并开出转账支票用来支付上述款项。

（5）1月8日，上述150台水泵已验收入库。

（6）1月12日，怀化乐鹏五金机电公司想购买单相水泵300台，向销售部了解价格。销售部报价为950元/台。

（7）1月15日，该客户了解情况后，要求订购280台，订购数量为950台，要求发货日期为1月16日，并与对方签订销售合同。

（8）1月16日，销售部王华从商品库向怀化乐鹏五金机电公司发出其所订货物，并据此开具专用销售发票1张，发票号为ZY0798。

（9）1月16日，业务部门将销售发票交给财务部门，财务部门结转收入及成本。

四、系统结账

账套主管对应收、应付、采购、销售、库存、存货系统进行月末结账。

五、会计报表的生成与输出

（1）在D盘中新建一个文件夹，文件夹名为"考生号"。

（2）将1月份的序时账以Excel文件输出，输出Excel文件的文件名为"考生号+序时账"，保存在"考生号"文件夹中。

（3）将1月份的余额表以Excel文件输出，输出Excel文件的文件名为"考生号+余额表"，保存在"考生号"文件夹中。

（4）将1月份的库存现金日记账、银行存款日记账和应交税费—应交增值税明细账以Excel文件输出，Excel文件的文件名为"考生号+＊＊账"，并将以上文件保存在"考生号"文件夹中。

（5）利用报表功能分别生成1月份的利润表和资产负债表，并分别输出为Excel文件，保存在"考生号"文件夹中，Excel文件的文件名分别为"考生号+利润表"和"考生号+资产负债表"。

六、系统备份

（1）在D盘的"考生号"文件夹中再新建一个文件夹，文件夹名为"账套备份"。

（2）利用软件备份功能对账套进行备份，并将备份文件保存在"账套备份"文件夹中。

七、财务分析

利用报表功能编制自定义报表，并输出Excel文件，文件名为"简易财务分析表"，保存在"考生号"文件夹中，如表8-146所示。

表8-146　　　　　　　　简易财务分析表

单位：　　　　　　　　年　月　日

序号	指标项目	2016-01-31
1	流动比率	
2	速动比率	
3	主营业务利润率	

编制人：黄雅莉

参考文献

[1] 财政部会计资格评价中心. 初级会计资格 初级会计实务[M]. 北京：中国财政经济出版社，2016.

[2] 财政部会计资格评价中心. 中级会计资格 中级会计实务[M]. 北京：中国财政经济出版社，2016.

[3] 财政部会计资格评价中心. 中级会计资格 财务管理[M]. 北京：中国财政经济出版社，2016.

[4] 湖南省会计从业资格证考试学习丛书编委会. 会计电算化[M]. 北京：中国人民大学出版社，2016.

[5]中华会计网校.会计电算化应试指南[M]. 北京：人民出版社，2016.